Das Vorenthalten der Sozialversicherungsbeiträge
in der Insolvenz der GmbH

Europäische Hochschulschriften

Publications Universitaires Européennes
European University Studies

Reihe II
Rechtswissenschaft

Série II Series II
Droit
Law

Bd./Vol. 3234

PETER LANG
Frankfurt am Main · Berlin · Bern · Bruxelles · New York · Oxford · Wien

Olaf Hans Schmitt

Das Vorenthalten der Sozialversicherungsbeiträge in der Insolvenz der GmbH

PETER LANG
Europäischer Verlag der Wissenschaften

Die Deutsche Bibliothek - CIP-Einheitsaufnahme

Schmitt, Olaf Hans:

Das Vorenthalten der Sozialversicherungsbeiträge in der Insolvenz der GmbH / Olaf Hans Schmitt. - Frankfurt am Main ; Berlin ; Bern ; Bruxelles ; New York ; Oxford ; Wien : Lang, 2001
(Europäische Hochschulschriften : Reihe 2, Rechtswissenschaft ; Bd. 3234)
Zugl.: Frankfurt (Main), Univ., Diss., 2001
ISBN 3-631-38118-2

D 30
ISSN 0531-7312
ISBN 3-631-38118-2

www.peterlang.de

Meinen Eltern

Vorwort

Die vorliegende Abhandlung wurde im Wintersemester 2000/2001 vom Fachbereich Rechtswissenschaft der Johann Wolfgang Goethe-Universität in Frankfurt am Main als Dissertation angenommen.

Mein besonderer Dank gilt meinem Doktorvater, Herrn Professor Dr. Klaus Günther. Die fachlichen Gespräche mit ihm haben mich inspiriert und er wußte mich stets zu motivieren und aufzumuntern. Ebenso danke ich Herrn Professor Dr. Klaus Lüderssen für die Übernahme und zügige Erstellung des Zweitgutachtens.

Meiner Mutter, Frau Barbara Schmitt, danke ich für das mühsame Korrekturlesen. All meine Freunde unterstützten mich während des Entstehungszeitraums in vielfacher Hinsicht. Besonders hervorheben möchte ich hierbei Herrn Dr. Arnd Hermann, der den „Leidensweg" des Promovierens mit mir gemeinsam gegangen ist.

1. Teil: Einführung

Der Straftatbestand des Vorenthaltens von Beiträgen an die Sozialversicherung gemäß § 266 a Abs. 1 StGB wurde bereits ausführlich in der Literatur behandelt.[1] Es mögen deshalb auf den ersten Blick Zweifel an der Notwendigkeit einer weiteren Monographie zu diesem Thema aufkommen. Interessanterweise hat bisher aber noch keine intensivere Auseinandersetzung mit dem Straftatbestand in seiner eigentlich typischen Erscheinungsform stattgefunden, nämlich dem Vorenthalten in der Insolvenz des Arbeitgebers. Immerhin kommt es gerade in dieser Konstellation zu einigen Schwierigkeiten, die nicht ohne weiteres dogmatisch umschifft werden können.[2]

Zu einer Zuspitzung der Probleme kommt es bei dem Vorenthalten durch juristische Personen. Das Augenmerk der vorliegenden Arbeit konzentriert sich folglich auf den Unternehmer als Straftäter bzw. das Unternehmen als juristische Person. Einen feststehenden Rechtsbegriff „Unternehmen" kennt unsere Rechtsordnung allerdings nicht.[3] Einigkeit besteht darin, daß je nach Verwendung eine Konkretisierung des Unternehmensbegriffs möglich ist.[4] Bezogen auf den vorliegenden Fall stellt uns der Unternehmensbegriff nicht vor allzu große Schwierigkeiten. Juristische Personen, wie die Aktiengesellschaft und die GmbH, gelten unstreitig als Unternehmen. Exemplarisch konzentrieren wir uns hier auf die GmbH. Aufgrund der personalistischen Prägung dieser Rechtsform wird bei ihr das Dilemma besonders deutlich. Diese Struktur erklärt es auch, warum im Rahmen dieser Untersuchung wechselseitig von Unternehmen und Unternehmer als unternehmerisch tätigem Gesellschafter einer GmbH gesprochen wird.

Im zweiten Teil der Arbeit erfolgt der Problemaufriß, das heißt es wird herausgearbeitet, welche besonderen Probleme sich bei § 266 a Abs. 1 StGB in der Insolvenz der GmbH ergeben. Im dritten Teil der Arbeit werden die Schwierigkeiten aufgezeigt, die strafrechtliche Lösungsversuche mit sich bringen. Im vierten Teil der Arbeit wenden wir uns schließlich den außerstrafrechtlichen Lösungsansätzen zu, die uns schließlich hin zu einer Entkriminalisierung dieses Bereichs führen. Wir werden sehen, daß sich die Hoffnungen eines effektiven Rechtsgüterschutzes des Sozialversicherungsaufkommens hierauf konzentrieren sollten. Das Strafrecht jedenfalls, obwohl oder vielleicht gerade weil die

---

[1] Man denke nur an die umfangreiche Arbeit von Tag, Diss. oder von Bente, Diss., oder Fritz.
[2] Siehe hierzu Rönnau, S. 13.
[3] Kübler, S. 36 ff.; K. Schmidt, Gesellschaftsrecht, S. 499, 940; M-G-Müller-Gugenberger, § 22 Rn. 3.
[4] In diesem Sinne Kübler, S. 38 f.

Erwartungen an den § 266 a StGB bei seiner Einführung sehr hoch geschraubt waren,[5] führt zu keinen befriedigenden Ergebnissen.

[5] Siehe etwa Weber, NStZ 1986, S. 481 ff.

2. Teil: Darstellung des Straftatbestands § 266 a Abs. 1 StGB und der damit in der Insolvenz verbundenen Probleme

I. Rechtsgut

1. Zum Wesen der Sozialversicherung

Bevor wir uns dem Straftatbestand des Vorenthaltens von Sozialversicherungsbeiträgen gemäß § 266 a Abs. 1 StGB im einzelnen zuwenden, ist es notwendig, sich das Wesen und die Bedeutung der Sozialversicherung zu vergegenwärtigen. Dies soll im folgenden geschehen.

a) Geschichtliche Entwicklung

Sozialrecht nach unserem heutigen Verständnis entstand etwa in der zweiten Hälfte des 19. Jahrhunderts.[6] Unter Reichskanzler Otto von Bismarck wurde ein Sozialversicherungssystem kreiert.[7] Es wurde damit ein Sozialsystem ins Leben gerufen, in das erstmals auch die wirtschaftlich Aktiven einbezogen wurden. Dieses hatte zur Aufgabe, die Arbeiterschaft vor der Verwirklichung bestehender sozialer Risiken zu bewahren, die beispielsweise durch Krankheit oder Alter entstehen.[8]

Sozialpolitik wurde aber auch vor allen Dingen als Antwort des Staates auf die „Armenfrage" gesehen. Der Staat versuchte auf diese Art und Weise der aufkeimenden Sozialdemokratie Herr zu werden, indem er die wirtschaftlich verheerende Lage der Arbeiterschaft durch eine Sozialpolitik zu verbessern suchte.[9] Der Sozialdemokratie sollte die Attraktivität genommen werden, indem der Staat die Fürsorge gegenüber seinen Bürgern demonstrierte. Bereits das Preußische Allgemeine Landrecht erkannte in der Versorgung der Bedürftigen eine Aufgabe des Staates, ohne allerdings einen Rechtsanspruch darauf zu gewähren. Eine solche gesetzliche Regelung muß sich zwangsläufig als zahnloser Tiger entpuppen.[10]

Diesbezüglich hat eine Veränderung stattgefunden. Die sozialrechtliche Versorgung ist heute kein Almosen mehr.[11] Es besteht vielmehr ein Anspruch des einzelnen darauf, der sogar grundsätzlich unter den verfassungsrechtlichen Eigentumsschutz fällt.[12] Die Eigentumsgarantie erstreckt sich demnach auf die

---

[6] Vgl. Eichenhofer, Rn. 24.
[7] Zur Entwicklung und den geschichtlichen Hintergründen der Entstehung des Sozialversicherungswesens in Deutschland siehe Willoweit, S. 284.
[8] So die Hinweise von Eichenhofer, Rn. 24.
[9] Siehe die Ausführungen bei Achinger, S. 46 ff.
[10] Vgl. Gitter, S. 10 f.
[11] Aus dem Prinzip des sozialen Rechtsstaates folgt beispielsweise ein Anspruch des Bedürftigen auf Sozialhilfe. Siehe BVerwGE 1, 159, 161 f.
[12] Guter Überblick bei Schulin, Einführung, S. XVI f.

sozialversicherungsrechtlichen Anwartschaften, weil diese wie klassisches Eigentum die freie Lebensführung des Leistungsempfängers schützen.[13]

b) Die Stellung der Sozialversicherung in Gesellschaft und Rechtsordnung

Von dem Sozialrecht gehen gesamtwirtschaftliche Wirkungen aus, die nicht unterschätzt werden dürfen. Durch das Sozialrecht findet eine Umverteilung innerhalb der zu diesem Zwecke gebildeten Solidarverbände statt. Die auferlegten Lasten richten sich dabei nach der Leistungsfähigkeit und die zuerkannten Leistungen nach der Bedürftigkeit.[14] Dieses sind die Grundmaxime, nach denen das Sozialrecht aufgebaut ist. Das Sozialversicherungsrecht wurde geschaffen, um in einer Risikogesellschaft Existenzsicherheit zu gewährleisten. Aus diesem Grunde ist die Sozialversicherung im Gegensatz zur Privatversicherung Pflichtversicherung, wird mithin gesetzlich angeordnet.[15] Die bestehenden Lasten werden auf möglichst viele Schultern verteilt und für den einzelnen erträglicher.

Deutschlands Sozialleistungsquote, das heißt der Anteil der Sozialabgaben am Bruttosozialprodukt, ist im Vergleich zu anderen europäischen Ländern hoch. Deutschland hat diesbezüglich eine lange Tradition vorzuweisen. Es gilt als der Erfinder des modernen Sozialstaats.[16] Die jeweilige Höhe der Sozialleistungsquote ist gewissen Schwankungen unterworfen. Sie wird beeinflußt vom Wirtschaftswachstum und von sozialstaatlichen Sparmaßnahmen. Eine Einsparungstendenz ist in der jüngsten Vergangenheit nicht zu übersehen. Man denke nur an die politischen Diskussionen, Kürzungen im Sozialbereich vorzunehmen. Die Sozialleistungsquote hat sich dennoch in den letzten Jahren auf dem hohen Niveau von circa 30 % eingependelt.[17]

Die Sozialleistungen bewegen sich in einer Größenordnung, die einen nicht unerheblichen volkswirtschaftlichen Faktor ausmacht.[18] Bedenkt man, daß der zu erbringende Sozialaufwand zuvor erwirtschaftet werden muß, so verdeutlicht sich die Bedeutung des Aufkommens noch eindringlicher.[19] Aufgrund dieser heute wohl weitgehend unstreitigen Erkenntnis ist eine effiziente Sozialpolitik

---

[13] Zum eigentumsähnlichen Charakter des Arbeitslosengeldes siehe BVerfGE 72, 9.
[14] Zu dem System der Sozialversicherung vgl. Eichenhofer, Rn. 54.
[15] Auf diesen Zusammenhang weist Eichenhofer, Rn. 140, hin.
[16] Mögen die Motivationen der Regierenden zur Einführung der Sozialversicherung auch keineswegs altruistischer Natur gewesen sein, sondern vielmehr begleitend zu den Sozialistengesetzen gedacht worden sein, so sollte man dennoch der Modernität dieser Reform nicht gänzlich die Anerkennung versagen. Siehe zu der geschichtlichen Entwicklung Willoweit, S. 284.
[17] BT-Drucks. 12/7130, S. 170 ff.
[18] Die Tendenz ist in diesem Bereich steigend. Für das Jahr 1992 wurden beispielsweise über 1 Billion DM ausgegeben. Siehe hierzu Eichenhofer, Rn. 54 ff.
[19] Eichenhofer, Rn. 56.

ausschlaggebend für die wirtschaftliche Prosperität einer Gesellschaft. Die wirtschaftliche Leistungsfähigkeit einer Volkswirtschaft und die Sozialpolitik stehen zueinander in einem Verhältnis der Interdependenz.[20] Sozialpolitik und Sozialrecht sind heute ein integraler Bestandteil einer marktwirtschaftlichen Ordnung.[21] Marktwirtschaft als effiziente, freiheitliche und nachfrageorientierte Wirtschaftsordnung macht nämlich eine sozialrechtlich motivierte Umverteilung erst möglich. Da Marktwirtschaft zwar die bestmögliche Versorgung, nicht aber die bestmögliche Verteilung gewährleistet, ist es unter anderem Aufgabe des Sozialrechts hier regulierend einzugreifen.[22] Mit aus diesem Grunde ist die Krankenkasse als Trägerin der Sozialversicherung sogar dazu verpflichtet, die fälligen Beiträge einzutreiben, da sie ansonsten Gefahr läuft, selbst haftbar gemacht zu werden.[23]

Das SGB IV regelt die gemeinsamen Vorschriften für die Sozialversicherung, die Teil dieser sozialen Vorsorge ist. In § 20 Abs. 1 SGB IV wird festgelegt, wie die Mittel der Sozialversicherung aufgebracht werden, nämlich durch die Beiträge der Versicherten, der Arbeitgeber, durch Dritte und durch staatliche Zuschüsse. In erster Linie wird sie aber in Form von Beiträgen aufgebracht, die jeweils hälftig durch die Arbeitnehmer und die Arbeitgeber getragen und den entsprechenden Trägern zugeführt werden. Der Arbeitgeber führt den Gesamtsozialversicherungsbeitrag an die jeweiligen Einzugsstellen ab, wobei er den Arbeitnehmeranteil von dem Bruttolohn des Arbeitnehmers einbehält. Im Zuge einer Vereinfachung des Lohnabzugssystems während des 2. Weltkriegs kam es dazu, die verschiedenen Beiträge zur Sozialversicherung zu einem Gesamtsozialversicherungsbeitrag zusammenzuführen und von einer gemeinsamen Einzugsstelle einziehen zu lassen.[24] Der Gesamtsozialversicherungsbeitrag setzt sich zusammen aus den Beiträgen zur Renten-, Kranken-, Pflege- und Arbeitslosenversicherung, wird vom Arbeitgeber einheitlich vom Lohn der Arbeitnehmer abgezogen und an die Sozialversicherungsträger abgeführt.[25] Der Arbeitnehmer hat keinen Einfluß darauf, ob der Arbeitgeber tatsächlich die Beitragszahlung vornimmt oder nicht.

Die angesammelten Beiträge dienen dazu, vorsorgefähige Risiken abzudecken. Die Allgemeinheit soll vor vermeidbaren Sozialhilfekosten geschützt werden.[26] Die Sozialhilfe ist eine Art ultima ratio des Sozialrechts. Um diese Ziele zu erreichen, ist die Sozialversicherung als sogenannte Zwangsversicherung aus-

---

[20] Siehe zu diesem Aspekt Achinger, S. 1, 114 ff.; ebenso Eichenhofer, Rn. 69 ff.
[21] Zu dem gesamten Komplex vgl. Zacher, S. 184 ff.
[22] Eichenhofer, Rn. 58.
[23] Vgl. Fisseler, S. 52.
[24] 2. Lohnabzugs-Vereinfachungs-VO, RGBl. I 1942, S. 252 ff.
[25] Zu den Einzelheiten Eichenhofer, Rn. 284.
[26] Hierzu Schulin, Einführung, S. XIV.

gestaltet worden, was jedoch nicht bedeutet, daß die gesamte Bevölkerung von ihr umfaßt ist. Das Gesetz weist vielmehr die Versicherungspflicht einzeln und enumerativ auf. Dennoch ist letztendlich der größte Teil der Bevölkerung in der Sozialversicherung zwangsversichert.[27]

Ein solches Sozialversicherungsverhältnis kommt nicht durch Vertrag, sondern per Gesetz zustande. Es unterscheidet sich diesbezüglich nicht unerheblich von einer Privatversicherung. Der Grundsatz der Vertragsfreiheit besteht nur sehr eingeschränkt. Der Versicherungspflichtige kann zwar unter verschiedenen Anbietern seine Krankenkasse auswählen. Er kann sich aber nicht für oder gegen den Versicherungsschutz entscheiden. Gemeinsam mit der Privatversicherung ist der Sozialversicherung aber die kollektive Vorsorge.[28] Der Versicherungszweck ist jedenfalls der gleiche. Sieht man hingegen in der Sozialversicherung keine Versicherung, sondern eine öffentlich-rechtliche sozialpolitische Fürsorge, ist ein Vergleich freilich schwierig. Diese Auffassung wurde früher verbreitet vertreten,[29] dürfte inzwischen aber als überholt anzusehen sein.

Aufgrund der Eigenheit des Versichertenverhältnisses in der Sozialversicherung gelten darin besondere Maßstäbe, die von beiden Seiten zu beachten sind. So besteht eine gegenseitige Verpflichtung sich vor vermeidbaren versicherungsrechtlichen Schäden zu bewahren.[30] Die Fürsorgepflicht der Sozialversicherungsträger gegenüber den Versicherungsnehmern kann zu erhöhten Anforderungen führen, was sich etwa in besonderen Beratungspflichten und dergleichen niederschlagen kann.[31] Der Arbeitgeber hat auch keinerlei Einfluß auf den Beginn der Mitgliedschaft seiner versicherungspflichtigen Arbeitnehmer bei einer Krankenkasse. Diese beginnt kraft Gesetzes gemäß § 186 Abs. 1 SGB V mit dem Tage des Eintritts der versicherungspflichtigen Beschäftigung. Hierbei ist es ohne Bedeutung, ob eine Anmeldung erfolgte oder ob bereits Beiträge gezahlt wurden.[32] Die Ansprüche der Arbeitnehmer gegenüber den Sozialversicherungsträgern entstehen unabhängig von einer Zahlung der Beiträge.[33] Der Arbeitgeber kann deshalb schädigend auf die Sozialversicherung einwirken, indem er die fälligen Beiträge nicht abführt, da die Träger um ihre Leistungspflicht nicht umhin können. Diese Beeinflussungsmöglichkeit der Leistungsfähigkeit der Sozialversicherung durch den Arbeitgeber sollte

[27] Schulin, Sozialrecht, Rn. 42 ff.
[28] Gitter, S. 54 f.
[29] In diesem Sinne Rosin, S. 255 ff.
[30] So die Entscheidung BSGE 34, 124, 128.
[31] Siehe die Ausführungen in BSGE 32, 60, 64 f.
[32] Schulin, Sozialrecht, Rn. 166.
[33] Näher hierzu die Ausführungen unter III. 1.

unterbunden werden.[34] Der Gesetzgeber hat diese Abführungspflicht derart hoch eingeschätzt, daß er sie als Straftatbestand ausgestaltet hat, was zur Schaffung des § 266 a Abs. 1 StGB führte.

2. Der Weg zur Einführung des § 266 a StGB

Lange Zeit vor Einführung des § 266 a StGB, bereits in den frühsten Anfängen der Sozialversicherung, war das Problem des Vorenthaltens von Sozialversicherungsbeiträgen bekannt. Die Schädigung der Kassen war soweit fortgeschritten, daß sogar ihr Ruin befürchtet werden mußte. Es bestand akuter Handlungsbedarf, diesbezüglich lenkend einzugreifen und ein weiteres Vorgehen dieser Art zu unterbinden.[35] Im Reichstag wurde debattiert, ob mittels einer Strafvorschrift einer systematischen Schädigung der Kassen entgegenzutreten wäre.[36] Damals ging es allein um die Sicherung des Sozialversicherungsaufkommens und nicht etwa darum, einem etwaigen Vertrauensverlust der Arbeiterschaft in die Sozialversicherung vorzubeugen bzw. entgegenzuwirken.

Die Urform einer Sanktionierung der Beitragsvorenthaltung ist dann im Jahre 1892 entstanden. Die entsprechenden Normen verstreuten sich in den darauffolgenden Jahrzehnten auf verschiedene Gesetze.[37] Mit Inkrafttreten des Zweiten Gesetzes zur Bekämpfung der Wirtschaftskriminalität[38] wurde der Tatbestand des § 266 a StGB, Vorenthalten und Veruntreuen von Arbeitsentgelt, in das Strafgesetzbuch eingeführt. Seine Entstehung zog sich über einen Zeitraum von fast zwei Jahrzehnten hin.[39] Durch die Aufnahme des Vorenthaltens und Veruntreuens von Arbeitsentgelt als Tatbestand des Strafgesetzbuchs sollte in jedem Fall der Blickwinkel auf derartige Vorgehensweisen fokussiert werden, die noch immer recht weit verbreitet sind und bei der Versichertengemeinschaft erhebliche Schäden entstehen lassen.[40] Die „Aufmerksamkeit des Normaljuristen" wurde, wie Hans Achenbach sich ausdrückte, auf diese bislang entlegene Materie gelenkt.[41] Dadurch sollte die präventive Wirkung erhöht werden.[42]

Außerdem sollten mit Hilfe des § 266 a StGB Strafbarkeitslücken geschlossen werden, die im Falle des Vorenthaltens von Sozialversicherungsbeiträgen

---

[34] Fisseler, S. 57.
[35] Siehe die Erläuterungen bei Fisseler, S. 34.
[36] Verhandlungen des Reichstages 1890-92, Bd. 5, S. 3235 ff.
[37] §§ 529, 1428 RVO, § 150 AVG, § 234 RKG, § 225 AFG, § 13 Abs. 6 HZvG.
[38] 2. WiKG, in Kraft seit 01.08.1986, BGBl. Teil I., 1986, S. 721 ff.
[39] Siehe zur Entstehungsgeschichte im einzelnen Achenbach, S. 1835.
[40] So schon BT-Drucks. 10/318, S. 25. Vgl. auch Weber, NStZ 1986, S. 487.
[41] Achenbach, S. 1839.
[42] So die in BT-Drucks. 10/318, S.12, ausgedrückte Hoffnung. Bühler, S. 87 f., nennt den Tatbestand des § 266 a StGB eine gelungene Norm.

häufig auftraten. Dem Arbeitnehmer entsteht trotz des Vorenthaltens der Sozialversicherungsbeiträge durch den Arbeitgeber kein Schaden, da der Leistungsanspruch des Arbeitnehmers gegenüber den Sozialversicherungsträgern mit Aufnahme der Beschäftigung entsteht.[43] Mangels Schaden konnte daher eine Strafbarkeit wegen Betrugs gemäß § 263 StGB nicht in Betracht kommen. Eine Vermögensbetreuungspflicht des Arbeitgebers gegenüber dem Arbeitnehmer wurde zudem allgemein abgelehnt. Deshalb war auch eine Strafbarkeit wegen Untreue gemäß § 266 StGB nicht gegeben.[44]

Diese mannigfachen Lücken galt es zu schließen, was mit Einführung des § 266 a StGB durch das 2. WiKG in Angriff genommen wurde. Die Verabschiedung des 2. WiKG ist deshalb wohl auch auf eine breite Zustimmung gestoßen.[45]

3. Schutzzweck des § 266 a Abs. 1 StGB

Eine nähere Beschäftigung mit dem Straftatbestand des Vorenthaltens von Beiträgen zur Sozialversicherung macht es notwendig, zunächst den Schutzzweck genauer herauszuarbeiten. Hierbei sollte bedacht werden, daß § 266 a StGB mit dem 2. WiKG geschaffen wurde, indem man in ihm mehrere Normen zusammenführte. Dies deutet darauf hin, daß ein einheitlicher Schutzzweck gar nicht existiert.[46]

Ein Blick in die Entstehungsgeschichte der Norm unterstreicht diese These. Der Diskussionsbericht aus dem Rechtsausschuß belegt, daß eine unterschiedliche Schutzrichtung des § 266 a StGB vom Gesetzgeber gesehen und gewollt war.[47] Bezüglich des Schutzzwecks des § 266 a Abs. 1 StGB ist in den Drucksachen des Deutschen Bundestages ein Hinweis zu finden, dieser bezwecke den ausschließlichen Schutz des Sozialversicherungsaufkommens.[48] Derartige Hinweise sind sicherlich ein gewichtiges Indiz, welches keine Interpretation ignorieren kann,[49] es verbietet auf der anderen Seite aber auch nicht von vornherein jede andere Auslegung.[50] Trotz der diesbezüglich aufschlußreichen Gesetzesmaterialien wird eine Auslegung folglich keineswegs obsolet.

Das Sozialversicherungsaufkommen stellt ein aus dem Volkseinkommen hinreichend abgrenzbares und in sich geschlossenes Bezugsfeld dar. Es ist

[43] Vgl. Martens/Wilde, S. 75.
[44] Näher darauf eingehend Fisseler, S. 23 f.
[45] Wenngleich auch einige Anliegen zur Bekämpfung der Wirtschaftskriminalität auf der Strecke blieben. Vgl. Weber, NStZ 1986, S. 481.
[46] Diesen naheliegenden Denkanstoß liefert Schlüchter, 2. WiKG, S: 164.
[47] BT-Drucks. 10/5058, S. 31.
[48] BT-Drucks. 10/5058, S. 31.
[49] In diesem Sinne auch Larenz, S. 328 und S. 332.
[50] Ebenso Bente, Diss., S. 28.

deshalb grundsätzlich als Rechtsgut geeignet, um gegen sozialinadäquates Verhalten geschützt zu werden.[51] Die Sozialversicherung wird traditionell im Wege der sogenannten Selbstverwaltung, verteilt auf die Schultern der Versicherten und der Arbeitgeber, durchgeführt.[52] Schert einer der Beteiligten aus, indem er zum Beispiel die Beiträge an die Krankenkassen vorenthält, gefährdet er das System als Ganzes, dessen Existenz für den Sozialstaat jedoch von eklatanter Wichtigkeit ist.

Auf der anderen Seite erscheint es kurios, daß die Arbeitgeberanteile ganz aus dem rechtlichen Schutzsystem herausgenommen wurden, wenn es der Gesetzgeber mit dem Schutz des Sozialversicherungsaufkommens ernst meinte.[53] Ein derartiger Strafrechtsschutz bleibe schließlich im wahrsten Sinne des Wortes auf halbem Wege stehen, machen die Arbeitnehmerbeiträge doch nicht einmal die Hälfte des Sozialversicherungsaufkommens aus.[54] Ursprünglich wurde nämlich das Nichtabführen der Arbeitgeberbeiträge gemäß § 1429 RVO als Ordnungswidrigkeit geahndet. Diese Vorschrift wurde 1988 allerdings ersatzlos gestrichen.[55] § 266 a Abs. 1 StGB gewährte nun nach Auffassung des Gesetzgebers ausreichend Schutz.[56] Dem ist insoweit zuzustimmen, als das straflose Nichtabführen der Arbeitgeberanteile grundsätzlich mit dem strafbaren Nichtabführen der Arbeitnehmeranteile einhergehen wird.[57] Das Streichen der Ordnungswidrigkeitsvorschrift läßt demnach nicht den Schluß zu, der Schutz des Sozialversicherungsaufkommens habe nur zweitrangige Bedeutung. Der Gesetzgeber wäre aber wohl besser beraten gewesen, wenn er nicht an § 1429 RVO gerüttelt hätte. Unnötige Verwirrung hätte so vermieden werden können.

Bereits nach alter Rechtslage wurde die Leistungsfähigkeit der Sozialversicherung als Schutzzweck nicht völlig außer Acht gelassen. Man sah deren Schutzbedürftigkeit zumindest als Nebenzweck an.[58] Für den Schutzzweck des § 266 a Abs. 1 StGB gilt, daß das Sozialversicherungsaufkommen zumindest davon mitumfaßt wird. Zu klären bleibt nun allerdings, ob darüber hinaus speziell von § 266 a Abs. 1 StGB zusätzlich noch weitere Rechtsgüter geschützt werden.

Der Schutzzweck der unmittelbaren Vorgängervorschriften des § 266 a StGB, die im sogenannten Nebenstrafrecht angesiedelt waren, bezog sich darauf, die

---

[51] Schlüchter, 2. WiKG, S. 164.
[52] Vgl. Schulin, Einführung, S. XVII.
[53] So die Kritik von Fisseler, S. 113.
[54] Dies folgt daraus, daß der Arbeitgeber beispielsweise bei Geringverdienern allein für die Beiträge aufkommen muß. Siehe hierzu Martens, wistra 1985, S. 53.
[55] BGBl. Teil I., 1988, S. 2337.
[56] So jedenfalls BT-Drucks. 11/2221, S. 34.
[57] KG wistra 1991, S. 189.
[58] BGH BB 1964, S. 263.

treuhänderische Verwendung der Beitragsanteile der Arbeitnehmer, die dem Arbeitgeber von den Sozialversicherungsgesetzen auferlegt wurden, sicherzustellen.[59] Unterließ es der Arbeitgeber, die entsprechenden Zahlungen an die Sozialversicherungsträger abzuführen, so wurde hierin ein Veruntreuen gesehen.[60] Dieser Gedanke ist keineswegs abwegig, behält der Arbeitgeber doch stets einen Teil des Lohnes des Arbeitnehmers ein, um diesen, verbunden mit seinem eigenen Anteil, als Gesamtsozialversicherungsbeitrag an die Krankenkassen abzuführen.

Ein Blick auf die Norm selbst läßt aber vermuten, daß hier eine Änderungen des Schutzzwecks bei Einführung des § 266 a StGB gegenüber der alten Rechtslage vorgenommen wurde. Wurde in den Vorläufervorschriften noch das untreueähnliche Verhalten des „Einbehaltens" unter Strafe gestellt, bescheidet sich § 266 a Abs. 1 StGB mit dem „Weniger" des „Vorenthaltens". Diese Begrenzung spricht gegen einen Schutz der Vermögensinteressen des Arbeitnehmers.[61] Darauf hat schon der Rechtsausschuß des Bundestages hingewiesen. Die Streichung in Absatz 1 der eingrenzenden Merkmale wie „erhalten" bzw. „einbehalten" habe dies verdeutlichen wollen. Allein der Absatz 2 wolle ein untreueähnliches Verhalten des Arbeitgebers zum Nachteil des Arbeitnehmers bestrafen.[62] Dennoch spricht Brigitte Tag bei der Beitragsvorenthaltung nach § 266 a Abs. 1 StGB von einem Drei-Partner-System zwischen Arbeitgeber, Arbeitnehmer und Sozialversicherungsträger.[63] Insofern sei auch das Arbeitnehmervermögen durch § 266 a Abs. 1 StGB geschützt.[64] Sie stützt ihre Argumentation auf ein Urteil des Bundesgerichtshofs, in dem der Straftatbestand als Schutzgesetz im Sinne von § 823 Abs. 2 BGB anerkannt wurde.[65] In dem angeführten BGH-Urteil ging es jedoch um die Klage eines Sozialversicherungsträgers, es ging also um die Frage, ob § 266 a Abs. 1 StGB ein Schutzgesetz in dieser Hinsicht darstelle oder nicht. Dies wurde bejaht. Es wurde hier jedoch nicht über die Klage eines Arbeitnehmers entscheiden, sondern über die einer Krankenkasse. Für letztere ist § 266 a Abs. 1 StGB aber unstreitig ein Schutzgesetz im Sinne des § 823 Abs. 2 BGB.[66]

Für den weiterhin bestehenden untreueähnlichen Charakter des § 266 a Abs. 1 StGB spricht jedoch die Tatsache, daß der Gesetzgeber diesen in unmittelbarer Nachbarschaft des Untreuetatbestands des § 266 StGB angesiedelt hat. Hätte

---

[59] BGHZ 58, 199, 203, 206; BGH BB 1964, S. 263; OLG Oldenburg BB 1986, S. 1299.
[60] BGHSt 32, 236, 240.
[61] Fritz, S. 9.
[62] BT-Drucks. 10/5058, S. 31.
[63] Siehe die Ausführungen bei Tag, Diss., S. 35.
[64] Tag, Diss., S. 33.
[65] Vgl. BGH NJW 1992, S. 178.
[66] BGH NJW 1998, S. 1306; BGH VersR 1989, S. 303; Sch-Sch-Lenckner, § 266 a Rn. 2.

er eine andere Ausrichtung vornehmen und sein vorwiegendes Interesse an der Sicherstellung des Beitragsaufkommen unterstreichen wollen, hätte er, so könnte vermutet werden, eine Einfügung an anderer Stelle vorgenommen. Ketzerisch ließe sich behaupten, dem Gesetzgeber lag doch nicht soviel daran, dem Sozialversicherungsaufkommen eine solch herausragende Stellung einzuräumen.[67] Dem wird entgegengehalten, die Einordnung in die Nähe des Untreuetatbestands des § 266 StGB sei aus reiner Gewohnheit geschehen und ohne jegliche Bedeutung.[68] Aus Gewohnheit heraus, so wird gemutmaßt, wird teilweise noch immer von „einbehaltenen" Beiträgen gesprochen, obwohl dieses Tatbestandsmerkmal in der endgültigen Fassung des § 266 a StGB gestrichen wurde.[69] Der Jurist ist eben auch nur ein Mensch und als solcher Gewohnheitstier. Mag eine derartige Argumentation auch nicht sehr juristisch sein, ist sie dennoch nicht von der Hand zu weisen.

Deutlich gegen eine Einordnung in den Kernbereich des Untreuestrafrechts[70] spricht die Tatsache, daß der Arbeitnehmer eines solchen Schutzes überhaupt nicht bedarf. Ihm entsteht trotz Vorenthaltens des Arbeitgebers kein Schaden, da er gleichwohl Versicherungsschutz genießt. Der Schaden entsteht vielmehr der Sozialversicherung,[71] die gegebenenfalls Leistung an den Arbeitnehmer erbringen muß, ohne eine Gegenleistung, nämlich die entsprechenden Beiträge, erhalten zu haben. Ein Schutzbedürfnis des Arbeitnehmers besteht nach alldem nicht. Es liegt demnach geradezu auf der Hand, daß § 266 a Abs. 1 StGB tatsächlich, wie vom Gesetzgeber ausgeführt, lediglich den Schutz des Sozialversicherungsaufkommens schützen will und sonst nichts. Ein Treueverhältnis zwischen Arbeitgeber und Arbeitnehmer besteht in dieser Hinsicht nicht.

II. Die Charakteristik des § 266 a Abs. 1 StGB

Im Rahmen der Untersuchung muß eine rechtliche Einordnung des Straftatbestands der Beitragsvorenthaltung nach § 266 a StGB vorgenommen werden. Die Frage nach dem Deliktstyp ist zunächst zu beantworten. Dies kann an dieser Stelle jedoch nur in groben Zügen erfolgen, da auf die Einzelheiten der Tathandlung noch einzugehen sein wird.

Bei § 266 a Abs. 1 StGB handelt es sich um ein Sonderdelikt. Täter des Straftatbestands kann nicht jedermann, sondern nur ein Arbeitgeber sein.[72] Darüber

---

[67] Diese These stellt Fisseler, S. 105, auf.
[68] KG wistra 1991, S. 189.
[69] Bente, Diss., S. 28.
[70] Weber, NStZ 1986, S. 487, spricht sich hingegen klar für die Einordnung in den Kernbereich des Untreuestrafrechts aus.
[71] BGH wistra 1984, S. 67; Bente, Diss., S. 28.
[72] So auch Schlüchter, 2. WiKG, S. 165 m.w.N.

hinaus kommt nur noch ein nach § 266 a Abs. 4 StGB Gleichgestellter oder eine Person, die nach § 14 StGB qualifiziert ist, in Betracht.[73] Tatbestandsmäßig kann also nur ein gesetzlich beschränkter Kreis handeln.

§ 266 a Abs. 1 StGB stellt außerdem ein Unterlassungsdelikt dar. Carsten Wegner beispielsweise sieht in § 266 a StGB sogar ein echtes Unterlassungsdelikt.[74] Für die tatbestandliche Erfüllung ist Voraussetzung, daß die rechtlich gebotene Handlung sowohl tatsächlich als auch rechtlich möglich und zumutbar gewesen ist. Es liegt auf der Hand, daß niemand eine unmögliche Leistung erbringen kann. Zumindest sollte ein solches Unterlassen nicht strafbewehrt sein, jedenfalls nicht, solange man das Strafrecht als ultima ratio ansieht.[75] Der ultima ratio-Charakter des Strafrechts manifestiert sich auch darin, daß strafrechtliche Verantwortlichkeit einen Handlungs- bzw. Unterlassungsunwert erfordert.[76]

Von unserer Rechtsordnung soll eben nur gefordert werden, was möglich ist. Der Adressat eines Unterlassungsdelikts muß deshalb imstande gewesen sein, in der erforderlichen Weise tätig zu werden.[77] Fehlt es dem Täter im Zeitpunkt der Fälligkeit der Beiträge an der Zahlungsfähigkeit und damit an der Fähigkeit die Leistung zu bewirken, kann eine Tatbestandsverwirklichung im Sinne des § 266 a Abs. 1 StGB nicht vorgenommen werden, wegen Unmöglichkeit zum normgemäßen Verhalten.[78]

Tathandlung bei § 266 a Abs. 1 StGB ist das Unterlassen der rechtzeitigen Bezahlung der Beiträge zur Sozialversicherung durch den Arbeitgeber. Fraglich ist, ob es neben dem schlichten Nichtabführen der Beiträge noch eines bestimmten Erfolges bedarf, der zur Vollendung des Tatbestands erforderlich ist. Reichte allein das Nichtabführen zur Tatbestandsmäßigkeit aus, wäre in § 266 a Abs. 1 StGB ein abstraktes Gefährdungsdelikt zu sehen. Verlangte man hingegen zusätzlich den Eintritt eines bestimmten Erfolges, beispielsweise die Gefährdung des Aufkommens der Sozialversicherung, so wäre § 266 a Abs. 1 StGB als konkretes Gefährdungsdelikt anzusehen.

Gegen letzteres spricht jedoch schon der Wortlaut. Anders als zum Beispiel bei dem Straftatbestand des Sichentziehens der gesetzlichen Unterhaltspflicht gemäß § 170 StGB, der als konkretes Gefährdungsdelikt gesehen wird,[79] ist bei

---

[73] Wegner, S. 284.
[74] Ebenso Tröndle/Fischer, § 266 a Rn. 12; Sch-Sch-Lenckner, § 266 a Rn. 14.
[75] Hierzu mehr im 3. Teil II. 4. a)
[76] In diesem Sinne Lüderssen, Überschuldung, S. 687.
[77] Sch-Sch-Stree, Vorbem. § 13 ff Rn. 141.
[78] BGH NJW 1997, S. 134; BGH NJW 1998, S. 1306.
[79] BGHSt 12, 185, 187; BVerfGE 50, 142, 154.

§ 266 a Abs. 1 StGB keine Rede von einer Gefährdung. Die Einbeziehung von konkreten Erfolgsabwendungspflichten bei Unterlassungsdelikten ist dem Gesetz auch keineswegs unbekannt.[80] Dennoch wird eine nachprüfbare Auswirkung auf das Sozialversicherungsaufkommen bei dem Vorenthalten gemäß § 266 a Abs. 1 StGB nicht gefordert.[81]

Einer konkreten Gefährdung bedarf es demnach nicht. Das abstrakte Gefährdungsdelikt des Vorenthaltens von Beiträgen zur Sozialversicherung ist erfüllt, sobald der Arbeitgeber bei Fälligkeit die Beiträge nicht an die zuständige Einzugsstelle abführt.[82]

III. Die Pflichten des Unternehmers gegenüber den Sozialversicherungsträgern

1. Die Handlungsanweisung aus dem Sozialversicherungsverhältnis

Nach § 28 e Abs. 1 SGB IV hat der Arbeitgeber den Gesamtsozialversicherungsbeitrag an die jeweiligen Einzugsstellen abzuführen. Ihn trifft die Zahlungspflicht sowohl bezüglich des Arbeitgeber- als auch des Arbeitnehmeranteils. Damit das Sozialversicherungssystem funktionieren kann, muß die Durchsetzbarkeit der Beitragsansprüche gewährleistet werden. Eine Kontrolle seitens der Träger muß möglich sein. Aus diesem Grunde hat der Arbeitgeber verschiedene Melde- und Auskunftspflichten wahrzunehmen. Ihm obliegt es, Aufzeichnungen zu machen, Meldungen aller Art an die Sozialversicherungsträger zu erstatten, Auskünfte zu geben, Nachweise über die Aufzeichnungen vorzulegen, bei den Arbeitnehmern die jeweiligen Lohnabzüge vorzunehmen und pünktlich mitsamt dem eigenen Anteil zu überweisen. Ja sogar die Höhe der Beiträge muß der Arbeitgeber selbst errechnen.[83] Regelmäßig wird deshalb einer Vorenthaltung von Beiträgen zur Sozialversicherung nach § 266 a Abs. 1 StGB ein Verstoß gegen die Auskunfts- und Meldepflichten vorausgehen.[84] Solche Verstöße werden auch heute noch als Ordnungswidrigkeit geahndet, wie aus § 111 SGB IV hervorgeht.

Den Arbeitgeber treffen als Beitragsschuldner die vorgesehenen Zwangsmaßnahmen bei Verfehlungen bezüglich dieser Pflichten. Dem Arbeitnehmer fehlt im Falle des Vorenthaltens von Sozialversicherungsbeiträgen jegliche Handhabe, gegen den Arbeitgeber vorzugehen. Er kann lediglich auf das Bestehen einer versicherungspflichtigen Beschäftigung bei der zuständigen Krankenkasse hinweisen und den Arbeitgeber auf diese Weise unter Druck setzen,

---

[80] Sch-Sch-Stree, Vorbem. § 13 Rn. 137.
[81] Vgl. hierzu Fritz, S. 16.
[82] So auch Schlüchter, 2. WiKG, S. 165.
[83] Martens/Wilde, S. 62 ff.
[84] Zur alten Rechtslage Wank, DB 1982, S. 650.

seinen Pflichten nachzukommen.[85] Letztlich ist es für den Arbeitnehmer aber ohnehin ohne Bedeutung, ob der Arbeitgeber diesbezüglich seinen Pflichten nachkommt oder nicht, da seine Ansprüche gegen die Sozialversicherung davon unberührt bleiben.

In der GmbH ist der Geschäftsführer gemäß §§ 35 Abs. 1, 37 GmbHG, § 28 e Abs. 1 SGB IV verpflichtet, für die Abführung der Sozialversicherungsbeiträge zu sorgen. Er nimmt die Pflichten als gesetzlicher Vertreter für die juristische Person wahr, mutiert dadurch aber nicht selbst zum Arbeitgeber.[86] Die Tathandlung des Vorenthaltens nach § 266 a Abs. 1 StGB wird von dem materiellen Sozialversicherungsverhältnis zwischen Arbeitgeber und Einzugsstelle und nicht von dem Verhältnis zwischen Arbeitgeber und Arbeitnehmer geprägt.[87] Ein solches materielles Sozialversicherungsverhältnis wird durch die Aufnahme einer sozialversicherungspflichtigen Tätigkeit begründet.[88] Schon bei der Vorgängerregelung des § 529 RVO, in der sowohl vom „Vorenthalten" als auch vom „Einbehalten" die Rede war, wurde gesagt, daß sich das Vorenthalten auf das Verhältnis zwischen Kasse und Arbeitgeber bezog, während Einbehalten die Rechtsbeziehung des Sozialversicherungsträgers zum Beschäftigten meinte.[89] Nachdem das „Einbehalten" aus dem Gesetzestext gestrichen wurde, kann heute nichts anderes gelten.

Unproblematisch verhält es sich bei dem Vorenthalten der Sozialversicherungsbeiträge gemäß § 266 a Abs. 1 StGB, wenn der Arbeitgeber die fälligen Beiträge vorsätzlich nicht abführt, obwohl er über ausreichende finanzielle Mittel verfügt.[90] Entscheidend für die Beurteilung der Zahlungsfähigkeit des Täters ist der Zeitpunkt der Fälligkeit und nicht der der Entstehung der Beiträge.[91] Dieser Grundfall ist aber leider nicht der Regelfall. Schwierigkeiten treten hingegen auf, wenn der Täter zur Zahlung nicht in der Lage ist. Hierauf wird im einzelnen noch eingegangen werden.[92]

---

[85] Siehe den Hinweis bei Figge, 7.5.2.

[86] Zu dem Problem mit der strafrechtlichen Zurechnungsnorm des § 14 Abs. 1 StGB im folgenden Punkt 2.

[87] In diesem Sinne Fritz, S. 10. Tag, Diss., S. 35, spricht von einem Drei-Partner-System zwischen Arbeitgeber, Arbeitnehmer und Sozialversicherungsträger. Mangels Treueverhältnis zwischen Arbeitgeber und Arbeitnehmer hinsichtlich der Beiträge ist die Auffassung von Tag jedoch abzulehnen.

[88] Sch-Sch-Lenckner, § 266 a Rn. 6.

[89] Siehe Wank, DB 1982, S. 645.

[90] Vgl. Tag, Diss., S. 115.

[91] Tröndle/Fischer, § 266 a Rn. 11.

[92] Siehe unten unter IV.

2. Zu den allgemeinen Pflichten des Unternehmers aus strafrechtlicher Sicht

a) Unternehmensorganisation und täterschaftliche Zurechnung

(a) Die Bedeutung der Rechtsform

Häufig wird der Arbeitgeber keine natürliche Person sein. Es wird sich in der Regel meistens um eine juristische Person handeln. Die vorliegende Arbeit beschäftigt sich ausschließlich mit der GmbH als Arbeitgeber. Eine juristische Person kann selbst nicht handeln. Für eine juristische Person handelt vielmehr das zuständige Organ.[93] Dieses nimmt dann die Arbeitgeberpflichten in Person wahr.[94] Dennoch gelten die Strafvorschriften, wie § 266 a Abs. 1 StGB, nicht für die Organe in eigener Person. § 266 a Abs. 1 StGB ist hinsichtlich des Adressatenkreises ein eng gefaßtes Sonderdelikt. Ohne jegliche Ausweitungsmöglichkeit des Adressatenkreises liefe die Strafandrohung des § 266 a Abs. 1 StGB in unserer modernen Gesellschaft meistens leer. Der Arbeitgeber als natürliche Person in Form eines Einzelkaufmanns ist heute nämlich nicht mehr die Regel, sondern vielmehr die Ausnahme. Dies gilt erst recht für Unternehmen, die Angestellte in größerem Umfang beschäftigen.[95] § 14 StGB dient in diesem Zusammenhang als regulatives Moment, um etwaige Strafbarkeitslücken zu schließen und den Tatbestand des Sonderdelikts auf die für den Normadressaten Handelnden auszudehnen.[96]

(b) Die Strafbarkeitsbegründung der handelnden Organe nach § 14 Abs. 1 StGB

Die Aufgaben und Verantwortlichkeiten der geschäftsführenden Organe einer juristischen Person sind ausgesprochen umfangreich. Zu ihnen gehört es unter anderem, dafür Sorge zu tragen, daß die Gesellschaft ihre öffentlich-rechtlichen Pflichten erfüllt.[97] Das deutsche Strafrecht gilt generell nur für natürliche Personen. Die Strafmündigkeit von Unternehmen wird weitgehend abgelehnt, unter anderem deshalb, weil strafrechtliche Verantwortung nur ein Mensch übernehmen könne.[98] Damit das Strafrecht bei juristischen Personen aber nicht völlig ins Leere greifen muß, wurde die sogenannte Handelndenhaftung gemäß § 14 StGB konstruiert. Auf diese Art und Weise findet eine Überwälzung der strafrechtlichen Verantwortlichkeit auf das Organ statt.

---

[93] Palandt-Putzo, Einf. v. § 611 Rn. 6.

[94] Allein die rechtlichen Gesichtspunkten sollen für die Arbeitgebereigenschaften ausschlaggebend sein. Siehe hierzu BSGE 18, 190, 198.

[95] Mit der Größe des Unternehmens nimmt die Wahrscheinlichkeit zu, daß es in der Rechtsform der Kapitalgesellschaft organisiert ist. Siehe S. 39.

[96] Tag, Diss., S. 56.

[97] Vgl. die Ausführungen bei Scholz-Schneider, § 43 GmbHG Rn. 255 b.

[98] Zumindest nach der wohl als herrschend zu bezeichnenden Auffassung, die zum Beispiel ein Unternehmensstrafrecht ablehnt. Vgl. den 3. Teil dieser Arbeit unter II. 4.

Bezogen auf § 266 a Abs. 1 StGB bedeutet dies, daß sich das Handlungsgebot aus dem Straftatbestand nicht an die juristische Person richtet, die de jure Arbeitgeberin, sondern de facto an deren gesetzlichen Vertreter. Diesem obliegt die Pflicht, die Beiträge an die Sozialversicherungsträger abzuführen.[99] Über § 14 Abs. 1 StGB wird das Tatbestandsmerkmal „Arbeitgeber" dem handelnden Organ als natürlicher Person zugeordnet, obwohl die juristische Person Arbeitgeberin bleibt.[100] Außerdem bewirkt § 14 Abs. 1 StGB nicht zugleich eine Übernahme der sozialversicherungsrechtlichen Leistungspflichten. Diesbezüglich bleibt die vertretene GmbH weiterhin Schuldner der Sozialversicherungsbeiträge.[101] Aus diesem Grunde ist für die Beurteilung der zur Vollendung eines Unterlassungsdelikts wie § 266 a Abs. 1 StGB notwendigen Handlungsfähigkeit wiederum die vom handelnden Organ vertretene juristische Person ausschlaggebend.[102] Eigene Mittel braucht der Geschäftsführer, der in die strafrechtliche Haftung nach § 14 Abs. 1 StGB genommen wird, nicht aufzuwenden.[103] Die Rechtswirklichkeit sieht freilich anders aus. Eine Handelndenhaftung existiert nämlich zivilrechtlich dergestalt, daß das handelnde Organ über den Umweg des § 823 Abs. 2 BGB in Verbindung mit § 266 a Abs. 1 StGB persönlich für die ausstehenden Sozialversicherungsbeiträge einzustehen hat. Ob ein solcher strafrechtlicher Umweg allerdings wünschenswert ist, steht auf einem anderen Blatt.[104]

Die Zurechnungsnorm des § 14 Abs. 1 StGB bereitet insbesondere im Zusammenhang mit § 266 a Abs. 1 StGB einige Schwierigkeiten. Durch § 14 Abs. 1 StGB wird nämlich ein Merkmal des Tatbestands auf der Täterseite ausgetauscht. Die eigentlich notwendige Arbeitgebereigenschaft, die bei einem Geschäftsführer nicht gegeben ist, wird durch § 14 Abs. 1 StGB implementiert. Ohne die Vorschrift des § 14 Abs. 1 StGB würde eine derartige Strafbarkeitsausdehnung eine verbotene analoge Rechtsanwendung darstellen.[105] Aus § 266 a Abs. 1 StGB wird dadurch im Zusammenspiel mit § 14 Abs. 1 StGB ein relativ eigenständiger Tatbestand, der dem Ausgangstatbestand des § 266 a Abs. 1 StGB lediglich noch assoziiert ist.[106] Zum einen wird an die Handlung des Geschäftsleiters über § 14 StGB angeknüpft, zum anderen sind dann aber nicht seine Möglichkeiten zum normgemäßen Verhalten ausschlaggebend,

---

[99] In diesem Sinne BGH wistra 1997, S. 102. Die Pflicht folgt im übrigen aus §§ 35 Abs. 1, 37 GmbHG, § 28 e Abs. 1 SGB IV.
[100] Diese Klarstellung treffen Wegner, S. 284 und Hellmann, S. 1007.
[101] Das unterstreicht Tag, Diss., S. 123.
[102] Vgl. Hellmann, S. 1007.
[103] Darauf verweist Sch-Sch-Lenckner, § 266 a Rn. 10.
[104] Mehr dazu im 3. Teil unter I. 4.
[105] In diesem Sinne bereits RGSt 16, 121, 125. Von einer Strafausdehnung sprechen auch Tröndle/Fischer, § 14 Rn. 1. a.
[106] Auf diese Schwierigkeiten weist Marxen, JZ 1988, S. 287, hin, der seine verfassungsrechtliche Bedenken nur beruhigt sieht, wenn § 14 StGB entsprechend restriktiv ausgelegt wird.

sondern die der von ihm vertretenen juristischen Person. Ein derartiges Zusammenklauben von Tatbestandsmerkmalen zur Begründung der Strafbarkeit einer Person erscheint dogmatisch nur schwer vertretbar zu sein. § 14 Abs. 1 StGB muß deshalb, um einer etwaigen Ausuferung Einhalt zu gebieten, restriktiv ausgelegt werden. Aus kriminalpolitischer Sicht erscheint eine Ausweitung der Vertreterhaftung über § 14 Abs. 1 StGB ebenfalls nicht begrüßenswert. Eine extensive Organ- und Vertreterhaftung ist einer wirksamen Bekämpfung der Unternehmenskriminalität sogar abträglich. Schwierigkeiten treten etwa bei der Verhängung von angemessenen Geldstrafen auf, die sich gemäß § 40 Abs. 2 StGB an den wirtschaftlichen Verhältnissen des Angeklagten zu orientieren haben. Wird nun ein Geschäftsführer persönlich verurteilt, wird eine solche Geldstrafe gemessen an der Finanzkraft des dahinter stehenden Unternehmens nicht selten lächerlich wirken.[107]

Es spricht demnach einiges gegen eine Vertreterhaftung nach § 14 Abs. 1 StGB. Was die Höhe einer Geldstrafe angeht, mag diese in der Insolvenz der GmbH keinesfalls lächerlich wirken. Eine Übernahme der Geldstrafe der verurteilten Geschäftsführer, wie dies ansonsten üblich ist,[108] wird nicht zu erwarten sein. Die Bedenken gegen die strafausdehnenden Effekte bleiben aber erhalten.

(c) Die Strafbarkeit des faktischen Geschäftsführers

Vor dem Hintergrund dieser rechtsdogmatischen Bedenken gegen die Geschäftsführerhaftung bei § 266 a Abs. 1 StGB stellt sich die Frage, wie zu verfahren ist, wenn lediglich ein faktischer Geschäftsführer greifbar ist. Unter einem faktischen Geschäftsführer versteht man eine Person, die zwar nicht förmlich als geschäftsführendes Organ bestellt wurde, de facto aber auf die Gesellschaft wie ein Organ Einfluß nimmt.[109] Darüber hinaus muß das faktische Organ in seiner Organfunktion nach außen aufgetreten sein. Zuletzt bedarf es noch einer nicht unerheblichen Dauer der Organtätigkeit. Eine Tätigkeit von lediglich einiger Wochen genügt hierfür nicht.[110]

Es wird versucht, den faktischen Geschäftsführer mittels einer analogen Anwendung von § 14 Abs. 3 StGB zur strafrechtlichen Verantwortung zu ziehen.[111] Danach ist Absatz 1 anwendbar, wenn die Rechtshandlung, die die Vertretungsbefugnis begründen soll, unwirksam ist. Für die strafrechtliche Verant-

---

107 So auch Marxen, JZ 1988, S. 289.

108 Siehe hierzu Ransiek, S. 203 und ebenso Bente, Diss., S. 35.

109 Die Person, die wie ein Geschäftsführer schaltet und waltet. Siehe hierzu BGHSt 3, 32, 37; 31, 118, 121 f. Zur Stellung des faktischen Organs in der Gesellschaft siehe Stein, S. 221 ff.

110 Zu den Voraussetzungen für die Annahme einer faktischen Organstellung siehe Stein, S. 212 ff.; Dierlamm, S. 156 f.; Scholz-Schneider, § 6 Rn. 46.

111 Vg. Tröndle/Fischer, § 14 Rn. 18 m.w.N.

wortlichkeit eines faktischen Geschäftsführers soll es unschädlich sein, ob neben ihm noch ein formeller Geschäftsführer existiert.[112] Jedenfalls wird sie als kriminalpolitisch sinnvoll und notwendig erachtet, da ansonsten die Gefahr der Umgehungskonstruktionen und der mißbräuchlichen Gestaltungen bestünde. Die Geschäftsführerdelikte könnte ohne größere Schwierigkeiten in breitem Rahmen unterlaufen werden.[113]

Gegen eine Anwendung von § 14 Abs. 3 StGB spricht, daß bei dem faktischen Geschäftsführer ein Bestellungsakt gar nicht versucht wurde. Nach dem Wortlaut muß die Rechtshandlung aber unwirksam sein, was nur möglich ist, wenn eine solche überhaupt vorliegt.[114] Nur wenn die Begründung der Vertretungsbefugnis gewollt wurde, aus formellen Gründen aber nicht zur Wirksamkeit gelangte, kann § 14 Abs. 3 StGB einschlägig sein.[115] Diese Situation ist bei dem faktischen Geschäftsführer ja gerade nicht gegeben.

Zuzugeben ist allerdings, daß es wenig einleuchtend erscheint, auf der einen Seite den Geschäftsführer einer GmbH für die Nichtabführung der Sozialversicherungsbeiträge zu bestrafen, während auf der anderen der faktische Geschäftsführer keine Bestrafung befürchten muß. Schließlich ist das Unrecht in beiden Fällen das gleiche und der faktische Geschäftsführer wird nicht anders für die juristische Person tätig als der eingetragene. Offensichtlich existiert hier eine unbillige Sanktionslücke. Dies wird sogar von denjenigen so gesehen, die generell eine Anwendung des § 14 StGB auf das faktische Organ ablehnen.[116]

Die tatsächliche Betrachtungsweise, mit der beispielsweise eine strafrechtliche Verantwortlichkeit des faktischen Geschäftsführers bei §§ 64, 84 GmbHG begründet wurde,[117] kann jedoch für § 266 a Abs. 1 StGB nicht fruchtbar gemacht werden. Normadressat des § 266 a Abs. 1 StGB ist, anders als bei §§ 64, 84 GmbHG, nicht der Geschäftsführer, sondern der Arbeitgeber, mithin also die GmbH.[118] Gegen eine Ausdehnung der strafrechtlichen Haftung des faktischen Geschäftsführers gemäß § 266 a Abs. 1 StGB spricht im übrigen, daß § 14 StGB eine restriktive Auslegung erfordert. Mit einer solchen Restriktion kollidiert dann aber eine Einbeziehung des faktischen Geschäftsführers.[119] Das Strafrecht nötigt insbesondere aufgrund des ultima ratio Grundsatzes immer wieder

---

[112] Vgl. die Ausführungen bei M-G-Bieneck, § 77 Rn. 19.
[113] So die Kritik von Dierlamm, S. 155.
[114] Anders sehen dies Tröndle/Fischer, § 14 Rn. 18; Dierlamm, S. 153.
[115] In diesem Sinne SK-Samson, § 14 Rn. 7. b); ebenso Wegner, S. 285.
[116] De lege lata könne aber nun einmal nicht verfahren werden. Vgl. Wegner, S. 285; ebenso Ransiek, S. 93 ff.; Lackner/Kühl, § 14 Rn. 6.
[117] Vgl. BGHSt 31, 118, 121 ff.; 33, 21, 24.
[118] Diesen logischen Schluß zieht Wegner, S. 284 f.
[119] Ebenso Wegner, S. 285.

zur Zurückhaltung.[120] Eine strafrechtliche Haftung des faktischen Geschäftsführers gemäß §§ 266 a Abs. 1, 14 Abs. 3 StGB verbietet sich folglich.

b) Arbeitsteilung als strafrechtliches Problem

Welche Auswirkungen eine Arbeitsteilung innerhalb einer mehrköpfigen Geschäftsführung auf die strafrechtliche Zurechnung nach § 14 Abs. 1 StGB haben kann, soll im folgenden erörtert werden. Gelegentlich versuchen sich Geschäftsführer im Rahmen eines Verfahrens nach § 266 a Abs. 1 StGB mit der Behauptung zu verteidigen, nach der Geschäftsaufteilung seien sie für die Entrichtung der Krankenkassenbeiträge nicht verantwortlich gewesen, sondern ihr Mitgeschäftsführer.

Grundsätzlich sind die Rechte und Pflichten der geschäftsführenden Organe allumfassend.[121] Eine exakte Definition der Aufgaben eines Geschäftsführers kennt das Gesellschaftsrecht nicht. Letztlich hängt der Umfang der Aufgaben von Größe, Gegenstand und Struktur des jeweiligen Unternehmens ab.[122] Das Gesetz bietet hier zwar Anhaltspunkte, wie etwa die Bestimmungen der §§ 35 bis 52 GmbHG, letztlich ist jedoch jeder Einzelfall anders geregelt, so daß grundsätzlich von einer Allverantwortlichkeit auszugehen ist. Daraus ist nun aber nicht der Schluß zu ziehen, der Geschäftsführer einer GmbH müßte die anfallenden Aufgaben alle in eigener Person erfüllen. Eine Delegation auf andere Personen ist durchaus möglich. Der Geschäftsführer muß jedoch durch organisatorische Maßnahmen sicherstellen, daß die Beauftragten ihre Pflichten tatsächlich erfüllen.[123]

Bei mehreren Geschäftsführern geht das Gesetz gemäß § 35 Abs. 2 GmbHG von Gesamtgeschäftsführung und Gesamtvertretung aus, läßt eine davon abweichende Regelung aber ausdrücklich offen. Gegen eine Aufteilung nach Geschäftsbereichen ist demnach ebensowenig etwas zu sagen, wenn schon eine Delegation auf Angestellte möglich sein soll. Im Zweifelsfall kommt der jeweilige Geschäftsführer jedoch nicht umhin zu beweisen, daß eine solche Geschäftsaufteilung tatsächlich vorgenommen wurde.[124]

Bei einer mehrgliedrigen Geschäftsleitung obliegen dem einzelnen Geschäftsführer spezielle Überwachungsaufgaben, die die Geschäftsleitung als ganzes betreffen. Insoweit trifft jeden Geschäftsführer eine Organisationsverantwortlichkeit. Eine gänzliche Beseitigung der Mitverantwortlichkeit jedes Geschäfts-

---

[120] Vgl. im einzelnen im 3. Teil, II. 4. a).
[121] Siehe dazu im einzelnen K. Schmidt, Gesellschaftsrecht, S. 812 ff., 1071.
[122] Vgl. Dierlamm, S. 154.
[123] BGH wistra 1997, S. 103.
[124] Darauf verweisen Pape/Voigt, S. 831.

führers ist demnach nicht möglich.[125] Wie weit eine solche Überwachung allerdings zu gehen hat, ist wiederum eine Frage des Einzelfalls. Uns interessiert in der vorliegenden Untersuchung vor allen Dingen, inwieweit die anderen Geschäftsführer darauf zu achten haben, daß die Beiträge zur Sozialversicherung von dem zuständigen Geschäftsführer abgeführt werden. Es stellt sich die Frage, ob etwa eine einfache Mitteilungspflicht genügen sollte. Eine solch minimierte Prüfungspflicht liefe freilich darauf hinaus, daß sich die unzuständigen Geschäftsführer auf bloße Beschwichtigungen verlassen dürften. Die Prüfungspflicht wird deshalb dahingehend ausgeweitet, daß sich die unzuständigen Geschäftsführer ihr eigenes Bild von der Finanzsituation der GmbH machen müssen, um klarzustellen, daß diese ein Abführen der Sozialversicherungsbeiträge erlaubt.[126]

Diese Pflicht kommt natürlich verstärkt in wirtschaftlichen Krisensituationen zum Tragen.[127] Bei der gesunden GmbH wird der Geschäftsführer seiner Pflicht genügen, indem er lediglich sporadisch die ordnungsgemäße Abführung der Beiträge kontrolliert. Treten hingegen Anzeichen für eine Krisensituation auf, haben sich die Kontrollmaßnahmen in ihrer Häufigkeit und Intensität zu erhöhen. Dies gilt in noch stärkerem Maße, wenn die Aufgaben nicht an einen Geschäftsführerkollegen, sondern an einen Angestellten delegiert wurden. Konnte der Geschäftsführer die Krisensymptome nicht erkennen, etwa weil er unverschuldet längere Zeit abwesend war oder krank oder wenn er aufgrund der von dritter Seite aufgestellten Bilanz eine Überschuldung nicht erkennen konnte, so hat er seiner Überwachungspflicht genügt und seine Mitverantwortlichkeit entfällt.[128] Der Grundsatz der Allverantwortlichkeit der Geschäftsführer wird dadurch zwar in gewissem Maße ausgehöhlt, auf der anderen Seite ist es aber nicht unproblematisch, Strafbarkeiten zu begründen, die der Adressat nicht beeinflussen kann. Im übrigen ist ein Organisationsverschulden im Strafrecht nicht ohne weiteres zurechenbar. Organisationsschuld in dem Sinne, daß die Verteilung der Aufgaben innerhalb des Unternehmens unzureichend vorgenommen wurde, ist typische Fahrlässigkeitsschuld.[129] Fahrlässiges Handeln wird nun aber von § 266 a Abs. 1 StGB nicht unter Strafe gestellt. Insoweit kann eine Strafbarkeit bei der Vorenthaltung von Sozialversicherungsbeiträgen auch nicht über mangelnde Organisation konstruiert werden.

Für die Möglichkeit der Aufteilung der Verantwortlichkeiten innerhalb einer mehrgliedrigen Geschäftsführung spricht sich deshalb auch das Oberlandes-

---

[125] So jedenfalls BGH ZIP 1994, S. 892.
[126] OLG Düsseldorf NJW-RR 1996, S. 290.
[127] BFH ZIP 1984, S. 1345.
[128] Siehe hierzu im einzelnen Scholz-K. Schmidt, § 64 Rn. 30.
[129] Sch-Sch-Lenckner, § 14 Rn. 19 und 26.

gericht Frankfurt am Main in einer Entscheidung aus dem Jahre 1994 aus.[130] Mit Kritik erheben Teile der Literatur ihre Stimme gegen dieses Urteil.[131] Diese Entscheidung demontiere den Straftatbestand des § 266 a Abs. 1 StGB.[132] Hält man sich erneut vor Augen, daß § 14 Abs. 1 StGB eine restriktive Auslegung erfordert, so ist dem Oberlandesgericht zuzustimmen, das die Verantwortlichkeit der geschäftsführenden Organe von einer tatsächlichen Verantwortlichkeit für den betreffenden Geschäftsbereich abhängig machen will. Strafrechtliche Verantwortung soll nur dasjenige Organ einer mehrgliedrigen Geschäftsleitung übernehmen, das tatsächlich die Arbeitgeberfunktion ausfüllt. Das trifft jedoch nicht auf jedes Organmitglied zu.[133] Diese Funktion wird vielmehr allein von dem Organ übernommen, das für den Aufgabenbereich „Personal und Sozialversicherung" zuständig ist.[134]

3. Das Prinzip der unternehmerischen Handlungsfreiheit und seine Begrenzungen

Die Berufung des Unternehmers auf das Prinzip der unternehmerischen Handlungsfreiheit könnte Auswirkungen auf die Pflicht zur Abführung der Beiträge zur Sozialversicherung haben. Voraussetzung dafür ist aber zunächst, daß sich die GmbH als juristische Person überhaupt auf die unternehmerische Handlungsfreiheit berufen kann.

Die unternehmerischen Handlungsfreiheit ist Ausfluß der Berufsfreiheit aus Art. 12 Abs. 1 GG und der Eigentumsgarantie des Art. 14 GG.[135] Juristische Personen können sich grundsätzlich ebenfalls auf die Berufsfreiheit berufen. Nach Art. 19 Abs. 3 GG gelten die Grundrechte ebenso für juristische Personen, soweit sie ihrem Wesen nach auf diese anwendbar sind. Dem Wesen nach geht es bei der Berufsfreiheit darum, ein Erwerbszwecken dienendes Gewerbe betreiben zu können. Sofern das Gewerbe also in gleicher Weise von einer juristischen wie von einer natürlichen Person ausgeübt werden kann, spricht nichts gegen eine Ausweitung der Berufsfreiheit auf die juristischen Personen.[136] Zu der Berufsfreiheit zählt das Recht der freien Gründung und Führung eines Unternehmens.[137] Inwieweit sich allerdings auch Großunternehmen auf die Unternehmerfreiheit berufen können, ist nicht ganz so eindeutig. Diesen fehlt schließlich nicht selten jeglicher persönlicher Bezug.[138]

---

[130] OLG Frankfurt ZIP 1995, S. 213 ff.
[131] Pape/Voigt, S. 831; Marxen, EWiR 1995, S. 391 f.
[132] In dieser Schärfe Marxen, EWiR 1995, S. 392.
[133] OLG Frankfurt ZIP 1995, S. 214 f.
[134] Ebenso mit Einschränkungen Tröndle/Fischer, § 266 a Rn. 7.
[135] Vgl. Handbuch des Staatsrechts, § 147 Rn. 23.
[136] Vgl. BVerfGE 30, 292, 312.
[137] Siehe die Ausführungen bei Bleckmann, § 30 Rn. 34.
[138] So die Kritik von BVerfGE 50, 290, 363 f. Letztlich verlangt aber auch diese Entscheidung nicht, die Unternehmerfreiheit den Großunternehmen vorzuenthalten.

Wollte man den Großunternehmen aber die Berufsfreiheit verwehren, hätte dies eine Abwendung von den wirtschaftlichen Konzentrations- und Wachstumsprozessen zur Folge, was nicht zu begrüßen ist. Immerhin sollte man dieses für den Bestand der liberalen Wirtschaftsfreiheiten so wichtige Grundrecht nicht einer adäquaten interpretatorischen Fortentwicklung verschließen.[139] Es darf nicht vergessen werden, daß hinter der Unternehmerfreiheit wie bei vielen Grundrechten ein Interesse steht, das über den Individualbezug hinausgeht, nämlich das Interesse an der Durchsetzung des Demokratieprinzips.[140] Für uns genügt es hier festzuhalten, daß die unternehmerische Handlungsfreiheit ein Freiheitsrecht darstellt, das seine Verankerung im Grundgesetz hat.

In einer juristischen Person wie der GmbH werden die unternehmerischen Aufgaben von den geschäftsführenden Organen wahrgenommen, das heißt von den Geschäftsführern. Diese nehmen die Rechte und Pflichten als gesetzliche Vertreter für die juristische Person wahr. Sie können dabei selbstverständlich nicht schalten und walten wie sie wollen, vielmehr müssen sie die Sorgfaltspflichten beachten, die sie gegenüber der Gesellschaft haben, was sich aus § 43 GmbHG ergibt. Konkretisiert werden diese Pflichten zum einen aus Gesetz, zum anderen aus der Unternehmenssatzung und aus Einzelweisungen, die von der Gesellschafterversammlung ausgesprochen werden können.[141] Die Organe müssen für das rechtmäßige Verhalten der Gesellschaft Sorge tragen.[142] Der Schwerpunkt der Sorgfaltspflicht liegt in der fachlich einwandfreien Leitung des Unternehmens.[143] Die Sorgfaltsanforderungen können natürlich nicht derart hoch sein, daß die Übernahme von Risiken gänzlich ausgeschlossen ist. Dies widerspräche der Lebenswirklichkeit und würde ein erfolgreiches Unternehmerhandeln praktisch unmöglich machen. Als Maßstab wird deshalb vorgeschlagen, die in Frage stehende Maßnahme nach ihrer Vorteilhaftigkeit für die Gesellschaft zu beurteilen.[144] Auf den Bezug zum jeweiligen Einzelfall kann nicht verzichtet werden. Die Verhaltensweisen des Unternehmers sind jedoch mitunter sehr aufschlußreich. Daran läßt sich feststellen, ob er sich um eine Risikominimierung bemüht hat oder nicht, ob die Sorgfaltsanforderungen mithin in seine Entscheidungsfindung Eingang gefunden haben. Hierzu ist von ihm zu verlangen, daß er sich alle zugänglichen Erkenntnisquellen erschlossen hat, um das Für und Wider intensiv genug abwägen zu können.[145]

---

[139] So der ernst zu nehmende Fingerzeig in Handbuch des Staatsrechts, § 147 Rn. 30.
[140] Siehe hierzu Bleckmann, § 30 Rn. 35.
[141] Zu den Pflichten im einzelnen vgl. Scholz-Schneider, § 43 Rn. 44.
[142] In dieser Klarheit Rowedder-Koppensteiner, § 43 Rn. 9.
[143] Diese Schwerpunktbildung erreichen Lutter/Hommelhoff, § 43 Rn. 6; Scholz-Schneider, § 43 Rn. 45.
[144] Siehe den Vorschlag von Rowedder-Koppensteiner, § 43 Rn. 17.
[145] So auch Lutter/Hommelhoff, § 43 Rn. 10.

Eine Konkretisierung erfahren die Beschränkungen der unternehmerischen Handlungsfreiheit auch durch das Strafrecht. Das Strafrecht muß aber, gerade wenn es um die Beschneidung von verfassungsrechtlich verankerten Freiheiten geht, mit äußerster Sensibilität operieren. Außerdem ist zu beachten, daß eine zu starke strafrechtliche Reglementierung die unternehmerische Risikobereitschaft lähmt, was gesamtwirtschaftlich negative Auswirkungen hat. Es kann nicht sein, daß der Unternehmer stets mit einem Fuß im Gefängnis steht. Kaufmännische Dilettanten sollten zwar so gut es geht aus dem Wirtschaftsleben herausgehalten werden. Strafbar sollte ein solcher ökonomischer Dilettantismus aber nicht sein. Bei der Wahrnehmung ihrer Organpflichten haben sich die Geschäftsführer jedenfalls an diese Vorgaben zu halten. Es ist ihnen aber ein recht weiter Ermessensspielraum eingeräumt, den sie aktiv ausfüllen müssen.[146]

Grundsätzlich umfaßt die unternehmerische Handlungsfreiheit auch die Freiheit, eine Reihenfolge zu bestimmen, in der ausstehende Verbindlichkeiten beglichen werden sollen. Insofern könnte der Unternehmer festlegen, daß andere Verbindlichkeiten gegenüber den ausstehenden Beiträgen zur Sozialversicherung bevorzugt werden. Die unternehmerische Handlungsfreiheit findet ihre Grenzen aber in dem von unserer Rechtsordnung abgesteckten Rahmen. Was verboten ist, kann nicht einfach unter Berufung auf die unternehmerische Handlungsfreiheit erlaubt sein. Letztlich ist die unternehmerische Handlungsfreiheit eine Freiheit wie jede andere auch, die ihre Grenze in den verfassungsrechtlichen Schranken findet. Sie kann niemals soweit ausgedehnt werden, daß sie gegen Recht und Billigkeit verstößt.

Als Schranke für die Zulässigkeit einer Tilgungsbestimmung wird vorgeschlagen, sinngemäß die Regeln aus dem Arbeitsrecht zur Bestimmung der Zulässigkeit einer Kündigung unter Berücksichtigung der Unternehmerfreiheit heranzuziehen.[147] Danach werden die Einschränkungen der Unternehmerfreiheit unter dem Oberbegriff der Verhältnismäßigkeit zusammengefaßt.[148] Den Gerichten ist es dabei versagt, unternehmerische Entscheidungen auf ihre Zweckmäßigkeit und Notwendigkeit hin zu überprüfen.[149] Es kann nur eingreifen, wenn die getroffenen Entscheidungen offensichtlich unsachlich, unvernünftig oder willkürlich sind.[150] Beide Bereiche, sowohl die Tilgungsbestimmung als auch die unternehmerisch motivierte betriebsbedingte Kündigung, sind von dem Primat der Freiheit geprägt.[151]

---

146 Zu dem Ermessensspielraum vgl. Lutter/Hommelhoff, § 43 Rn. 6.
147 Dieser Vorschlag stammt von Tag, Diss., S. 131 ff.
148 Vgl. Löwisch, § 1 Rn. 65; KR-Etzel, § 1 KSchG Rn. 220.
149 KR-Etzel, § 1 KSchG Rn. 537 ff. m.w.N.
150 Siehe BAG AP Nr. 42 zu § 1 KSchG, Betriebsbedingte Kündigung.
151 Tag, Diss., S. 132.

Wer freilich davon ausgeht, die Arbeitnehmerbeiträge würden von dem Arbeitgeber bis zur Abführung treuhänderisch verwaltet werden, der wird wenig Spielraum für eine Verhältnismäßigkeitsprüfung entdecken. Hat der Arbeitgeber nicht ausreichend Sorge getragen, daß die Sozialversicherungsbeiträge am Fälligkeitstage ausbezahlt werden können, ist nach dieser Ansicht der Tatbestand des § 266 a Abs. 1 StGB erfüllt.[152] Diese Auffassung wird hier aber abgelehnt. Ein Treuhandverhältnis zwischen Arbeitgeber und Arbeitnehmer bezüglich der Sozialversicherungsbeiträge existiert nämlich nicht.[153] Gewährt man dem Arbeitgeber nun aber einen Entscheidungsspielraum hinsichtlich der Prioritäten der ausstehenden Verbindlichkeiten, so schränkt das in jedem Fall die justizielle Kontrolle erheblich ein.[154] Dies setzt allerdings voraus, daß die Sozialversicherungsbeiträge nicht schon aus anderen Gründen eine Tilgungspräferenz genießen, was im folgenden untersucht wird.

4. Die Frage nach dem Bestehen einer Tilgungspräferenz der Sozialversicherungsbeiträge gegenüber anderen Forderungen

Für eine Auseinandersetzung mit dem Straftatbestand des § 266 a Abs. 1 StGB ist es wichtig, wie die Beiträge zur Sozialversicherung einzuordnen sind. Es ist mithin zu klären, ob die Forderungen der Sozialversicherungsträger durch die Arbeitgeber vorrangig zu begleichen sind, ob diesbezüglich also eine Tilgungspräferenz besteht. Diese Frage wird insbesondere in der wirtschaftlichen Krise brisant, in der der Unternehmer nicht mehr in der Lage ist, alle ausstehenden Verbindlichkeiten zu begleichen.

Für eine Vorrangigkeit der Beiträge zur Sozialversicherung gegenüber anderen Forderungen wird angeführt, sie existiere aufgrund der vom Gesetzgeber ausgesprochenen Strafandrohung zumindest faktisch.[155] Dem Normadressaten sei es deshalb nicht freigestellt, in welcher Reihenfolge er Außenstände begleichen wolle.[156] Die strafrechtliche Sanktionierung hebe die Sozialversicherungsbeiträge gewissermaßen über die anderen Forderungen hinaus.[157] Um einer möglichen Bestrafung zu entgehen, wird sich der Unternehmer vorsehen, die ausstehenden Beiträge an die Einzugsstellen vor allen anderen Verbindlichkeiten abzuführen. Eine Privilegierung sei vom Gesetzgeber eben gewollt gewesen.[158] Wolle er dem Interesse der Solidargemeinschaft an der Sicherstellung des Sozialversicherungsaufkommens höhere Bedeutung beimessen

---

[152] So zum Beispiel die Entscheidung LG Augsburg NJW 1992, S. 2643.
[153] Siehe hierzu oben unter I. 3.
[154] In diesem Sinne Tag, Diss., S. 132 f.
[155] Dies gibt Holzkämper, S. 2144, zu bedenken.
[156] Pape/Voigt, S. 833.
[157] BGHZ 134, 304, 310 f.
[158] Diesen Schluß ziehen Holzkämper, S. 2143 und Martens, wistra 1986, S. 157 aus der Existenz des § 266 a StGB.

als den Forderungen anderer Gläubiger, sei dies zu akzeptieren.[159] Abweichende Tendenzen der neueren Rechtsprechung[160] trügen diesem Umstand nicht ausreichend Rechnung.[161]

Im übrigen sei eine Tilgungspräferenz aus strafpräventiven Gründen geboten. Ließe man den Einwand des Arbeitgebers einer gleichzeitig bestehenden anderweitigen Zahlungspflicht zu, so würde der strafrechtliche Druck auf den Normadressaten gemindert. Er werde sich schließlich wohl fast immer mit anderweitigen Zahlungsverpflichtungen herausreden können, wodurch § 266 a Abs. 1 StGB ausgehöhlt werden würde.[162]

All die soeben aufgeführten Argumente haben gemeinsam, daß sie die Existenz des § 266 a Abs. 1 StGB als unumstößlich voraussetzen und von dieser Warte aus das Bestehen einer Tilgungspräferenz zu rechtfertigen versuchen. Nicht geklärt wird hingegen, ob sich in der Rechtsordnung Hinweise finden, die eine solche Betrachtungsweise zulassen würden. Die Strafbewehrung allein ist nämlich kein Argument für eine Bevorzugung oder eine besondere Wertigkeit. Die Forderungen der Sozialversicherungsträger heben sich deswegen nicht von anderen nicht strafbewehrten Forderungen ab.[163] Selbstverständlich wird hier mittels Strafrecht bei der Auszahlung der Lohnbestandteile konkludent eine Rangfolge erzeugt. In der Regel wird der Arbeitgeber, um einer Strafbarkeit zu entgehen, zuerst die Arbeitnehmeranteile an die Sozialversicherung abführen, bevor er den verbleibenden Nettolohn überweist.[164] Niemand bestreitet, daß diese faktischen Auswirkungen de lege lata bestehen. Kritikpunkt ist etwas ganz anderes, nämlich die Frage, ob dies gerechtfertigt erscheint. Die Katze würde sich aber in den Schwanz beißen, wenn die Strafbewehrung auf der einen Seite mit der besonderen Stellung des Sozialversicherungsaufkommens begründet und auf der anderen Seite wiederum die besondere Dignität der Zahlungsverpflichtung gegenüber den Einzugsstellen mit der Strafbarkeit des Vorenthaltens erklärt werden würde.

Ein Hinweis auf eine Vorrangstellung der Sozialversicherungsbeiträge konnte jedoch in der alten Konkursordnung erblickt werden. Gemäß § 59 Abs. 1 Nr. 3 e) KO zählten die Ansprüche der Sozialversicherungsträger zu den Masseschulden, denen gemäß § 57 KO ein Vorwegbefriedigungsrecht eingeräumt wurde. Eine absolute Vorrangstellung der Sozialversicherungsbeiträge hatte

[159] So der lapidare Einwurf von Hellmann, S. 1006.
[160] Wie etwa OLG Düsseldorf NJW-RR 1993, S. 1448; OLG Celle wistra 1996, S. 114.
[161] Siehe die Kritik in BGHZ 134, 304, 309 f.
[162] Siehe den Einwand von Fritz, S. 122.
[163] In diesem Sinne auch Rönnau, wistra 1997, S. 16. Ebenso Cahn, S. 375.
[164] Auf diese faktische Auswirkung verweist Tiedemann, GmbH-Strafrecht, Vor §§ 82 ff. Rn. 59.

dies aber nicht zur Folge. Diese Bevorzugung beschränkte sich nämlich auf die Sondersituation des Konkurses und wirkte sich nicht auf die Zeit davor aus.[165]

Die neue Insolvenzordnung hat auf eine entsprechende Nachfolgeregelung des § 59 Abs. 1 Nr. 3 e) KO verzichtet. Eine solche Vorrangstellung der Forderungen der Sozialversicherungsträger kennt sie überhaupt nicht mehr. Man könnte der Auffassung sein, der Gesetzgeber wollte damit klarstellen, daß eine Tilgungspräferenz eben nicht existiere. Letztlich sind dies aber Mutmaßungen, da genaue Hinweise in den Gesetzesmaterialien zur Insolvenzordnung diesbezüglich fehlen. Als Indiz kann es gleichwohl gewertet werden. Ohnehin hat es wenig Sinn gemacht, den Forderungen der Sozialversicherungsträger erst mit Eintritt der Insolvenz einen Vorrang einzuräumen.[166] Entweder man spricht sich durchgängig für eine Tilgungspräferenz aus oder man läßt es ganz bleiben. Welchen Zweck es aber haben soll, die Tilgungspräferenz auf die Extremsituation der Insolvenz zu beschränken, ist nicht einsichtig. Im Zwangsvollstreckungsrecht hat es eine Bevorzugung niemals gegeben und wird auch von keiner Seite vertreten. Ein Vollstreckungshindernis sollen die noch offenen Arbeitnehmeranteile zur Sozialversicherung nicht darstellen.[167] Es ist aber wenig konsequent, auf der einen Seite den Beiträgen Vollstreckungsschutz zu verweigern und auf der anderen Seite von Tilgungspräferenzen zu sprechen.

Es wird deutlich, daß es für einen absoluten Vorrang der Forderungen der Sozialversicherungsträger gegenüber allen anderen Verbindlichkeiten weder im Zivil- oder Sozialrecht noch im Strafrecht eine Grundlage gibt.[168] Wolle man dem Sozialversicherungsaufkommen wirklich einen umfassenden Schutz gewähren, sollten zudem die Arbeitgeberanteile zur Sozialversicherung von diesem Schutz nicht ausgenommen werden.[169] Dies ist de lege lata aber so. Man bleibt dann aber auf halbem Wege stehen.

Eine Tilgungspräferenz der Sozialversicherungsbeiträge ist nach alldem abzulehnen. Lehnt man sie ab, muß es schließlich dem Unternehmer grundsätzlich freigestellt sein, welche Verbindlichkeiten er bei eingeschränkter Leistungsmöglichkeit zuerst begleichen will. Dies folgt dann allein schon aus dem Prinzip der unternehmerischen Handlungsfreiheit.[170] Zwar kann das Recht der unter-

---

[165] So der Hinweis von OLG Celle wistra 1996, S. 115.
[166] Fritz, S. 121.
[167] Auf den fehlenden Vollstreckungsschutz weist Bittmann, wistra 1999, S. 450, hin, der im übrigen aber eine Bevorzugung der Sozialversicherungsbeiträge gegenüber anderen Verbindlichkeiten bejaht.
[168] So die Vertreter, die ebenfalls eine Tilgungspräferenz ablehnen wie OLG Celle wistra 1996, S. 114; OLG Düsseldorf NJW-RR 1993, S. 1449; SK-Samson/Günther, § 266 a Rn. 30. Ebenso Tag, BB 1997, S. 1117.
[169] So der Hinweis von Tag, BB 1997, S. 1117.
[170] Vgl. auch Tag, Diss., S. 134.

nehmerischen Handlungsfreiheit nicht uneingeschränkt gelten,[171] weshalb sein Gehalt grundsätzlich mittels einer Abwägung zu bestimmen ist. Da jedoch keine überzeugenden Argumente angeführt werden konnten, die eine Tilgungspräferenz suggerieren, steht der unternehmerischen Handlungsfreiheit mit ihrem Recht zur Tilgungsbestimmung grundsätzlich nichts entgegen.

5. Die Lohnzahlung als Strafbarkeitsvoraussetzung

Wie bereits festgestellt wurde, ist die Entstehung und die Fälligkeit der Beiträge zur Sozialversicherung unabhängig von der Lohnzahlung an den Arbeitnehmer.[172] Daraus sind aber keine Rückschlüsse auf die Lohnzahlung als Strafbarkeitsvoraussetzung des Arbeitgebers nach § 266 a Abs. 1 StGB zu ziehen.

Die Meinungen hinsichtlich der Bedeutung der Lohnzahlung an den Arbeitnehmer für § 266 a Abs. 1 StGB gehen auseinander. So gibt es die Vertreter der sogenannten weiten Auslegung. Diese sind der Auffassung, allein das Bestehen der Beitragszahlungspflicht sei ausschlaggebend. Auf die Lohnzahlung an die Arbeitnehmer komme es nicht an. Man spricht deshalb hier auch von der sogenannten Lohnpflichttheorie,[173] weil nur die Pflicht zur Lohnzahlung, aber nicht die Zahlung selbst entscheidend ist. Aus dem Zweck der Norm des § 266 a Abs. 1 StGB, nämlich das Sozialversicherungsaufkommen zu sichern, wird gefolgert, der Tatbestand sei bereits mit dessen Gefährdung erfüllt.[174] Eine Einschränkung des Tatbestands wird von dieser Seite erst auf subjektiver Ebene vorgenommen. Die Erfolgsabwendungsmöglichkeit des Arbeitgebers muß danach vom Vorsatz mitumfaßt sein. Dies impliziert, daß dem Täter die Erfolgsabwendung tatsächlich möglich sein muß. In der Insolvenz würde eine Strafbarkeit nach § 266 a Abs. 1 StGB demnach meistens ausscheiden, da dem Unternehmer die Zahlung der Beiträge in der Regel unmöglich sein wird.

Auf der anderen Seite gibt es die Vertreter der sogenannten engen Auslegung. Sie sehen den Tatbestand des § 266 a Abs. 1 StGB nur erfüllt, wenn es neben der Nichtabführung der Beiträge zu einer Lohnzahlung gekommen ist.[175] Diese Lehre führt den Namen Lohnzahlungstheorie.[176] Sie befinden sich damit ganz auf der Linie der alten Rechtsprechung zu den Vorläuferbestimmungen des § 266 a StGB.[177] Für diese Auffassung spricht die einfachere Handhabung für

---

[171] Wie soeben gezeigt wurde unter Punkt III. 3.
[172] Siehe III. 1.
[173] Begriff nach Bente, Diss., S. 57.
[174] Vgl. KG wistra 1991, S. 189; SK-Samson/Günther, § 266 a Rn. 18 ff.; Weisemann, S. 119, als Vertreter der weiten Auslegung.
[175] Die Vertreter der engen Auslegung sind zum Beispiel Sch-Sch-Lenckner, § 266 a Rn. 9; Lackner/Kühl, § 266 a Rn. 8; Bente, wistra 1992, S. 178.
[176] Begriff wiederum nach Bente, Diss., S. 57.
[177] Vgl. etwa RGSt 40, 42, 43; BGH MDR 1982, S. 245.

die Praxis. Nachweise in subjektiver Hinsicht, wie sie die weite Auslegung durch den subjektiven Einschlag erfordert, stellt die Staatsanwaltschaften stets vor Schwierigkeiten.[178] Dies gilt insbesondere für die Frage, wie zu verfahren ist, wenn zum Beispiel die Zahlungsunfähigkeit vorsätzlich herbeigeführt worden ist.

Die enge Auslegung sieht in dem „Vorenthalten" nach § 266 a Abs. 1 StGB wohl genau wie bei den Vorläufervorschriften ein untreueähnliches Verhalten.[179] Aus dieser Sicht erscheint es konsequent, die Strafbarkeit von der Lohnzahlung abhängig machen zu wollen. Dabei wird allerdings vergessen, daß sich die Schutzrichtung des § 266 a Abs. 1 StGB gegenüber den Vorläufervorschriften verändert hat. Ein untreueähnliches Verhalten wird nach der hier vertretenen Auffassung in § 266 a Abs. 1 StGB nicht mehr gesehen.[180] Vormals konnten nur einbehaltene Beiträge vorenthalten werden, weshalb der Gedanke der treuhänderischen Verwaltung bedeutsam war. Dies hat sich mit Einführung des § 266 a StGB geändert. Die weite Auslegung der neuen Vorschrift steht folglich keineswegs im Widerspruch zur alten Rechtsprechung.[181] Eine Abweichung von dieser Rechtsprechung kann allein damit begründet werden, daß sich der status quo eben verändert hat.

In § 23 Abs. 1, Satz 2 SGB IV ist sogar explizit geregelt, daß die Pflicht zur Beitragszahlung nicht an die Lohnzahlung, sondern an die Fälligkeit des Lohnes gekoppelt ist. Dies deutet doch sehr stark daraufhin, daß die Lohnzahlung für ein Vorenthalten von Beiträgen zur Sozialversicherung nicht Voraussetzung sein soll.[182] Gegen die enge Auslegung spricht außerdem, daß bei konsequenter Anwendung derjenige Arbeitgeber von der Rechtsordnung bevorzugt werden würde, der überhaupt keine Zahlungen mehr vornimmt. Der redliche Arbeitgeber, der sich bemüht, wenigstens die geleistete Arbeit seiner Arbeitnehmer zu vergüten, würde also von der Rechtsordnung bestraft werden.[183] Dies kann nicht im Sinne eines gerechten Gesetzgebers sein.

Auf der anderen Seite wird es, wie bereits angedeutet wurde, nach der Lohnpflichttheorie kaum jemals zu einer Strafbarkeit nach § 266 a Abs. 1 StGB in der Insolvenz kommen. Die mangelnde Erfolgsabwendungsmöglichkeit wird meist einen Tatbestandsausschluß zur Folge haben. Anders bei der Lohnzahlungstheorie mit der Zahlung der Löhne dokumentiert der Arbeitgeber seine

---

[178] So vor allem die Argumentation von Bente, wistra 1992, S. 179.
[179] So die Kritik von KG wistra 1991, S. 189, das im übrigen der Lohnpflichttheorie folgt.
[180] Siehe oben I. 3.
[181] Dies sieht das OLG Düsseldorf NJW-RR 1993, S. 1449, genauso.
[182] Die Rechtsprechung hat sich mittlerweile der weiten Auslegung angeschlossen. Siehe etwa BGH NJW 1992, S. 178; OLG Düsseldorf WiB 1997, S. 922; KG wistra 1991, S. 188 f.
[183] Darauf verweist zu recht Wegner, S. 286.

Leistungsfähigkeit. Entscheidet man sich dafür, lassen sich erhebliche Probleme im Tatsächlichen umschiffen. Feststellungen zur jeweiligen wirtschaftlichen Situation des Arbeitgebers wie bei der Lohnpflichttheorie bedarf es nämlich nicht.[184]

Dennoch darf nicht vergessen werden, daß nirgends sonst das schlichte Nichtzahlen einer Verbindlichkeit mit Strafe bedroht wird. Es bedarf stets weiterer hinzutretender Umstände, um eine Strafbarkeit zu begründen. Bei der Steuerhinterziehung gemäß § 370 AO reicht es nicht aus, daß der Steuerpflichtige der Begleichung seiner Steuerschuld nicht nachkommt, sondern er muß darüber hinaus eine Täuschung der Finanzbehörden vorgenommen haben. Für eine Verletzung der Unterhaltspflicht nach § 170 StGB wird neben dem Nichtzahlen des Unterhalts noch eine Gefährdung des Lebensbedarfs des Berechtigten vorausgesetzt. Sollte § 266 a Abs. 1 StGB tatsächlich nur das Nichtzahlen einer Schuld unter Strafe stellen, so würde dies eine strafrechtliche Absonderlichkeit bedeuten.[185] Lehnt man die Lohnzahlung als Voraussetzung für die Strafbarkeit nach § 266 a Abs. 1 StGB ab, was meines Erachtens der einzig vernünftige Weg ist, könnte es auf eine solche Wertung aber hinauslaufen. Dennoch kommt es zunächst nur darauf an, daß der Arbeitgeber die Beiträge an die Sozialversicherungsträger in der gesetzlichen Höhe und zur rechten Zeit abgeführt hat.[186] Die Lohnzahlung als Strafbarkeitsvoraussetzung führt zu gravierenden Wertungswidersprüchen, die nicht hinnehmbar sind.

Folgt man wie hier der Lohnpflichttheorie, hat dies zur Folge, daß der Straftatbestand des § 266 a Abs. 1 StGB zu einem weitläufigen Tatbestand mutiert. Er muß deshalb in irgendeiner Form eine Einschränkung erfahren.[187] Dies ist notwendig, um den rechtsdogmatischen Grundsätzen zu genügen. Auf welcher Ebene eine solche Einschränkung vorgenommen werden kann und wie dies im einzelnen zu geschehen hat und gegebenenfalls welche Alternativen es dazu gibt, bleibt im folgenden zu prüfen.

IV. Unmöglichkeit der Leistungserbringung des Unternehmers gegenüber den Sozialversicherungsträgern

1. Zur Frage der Möglichkeit der geforderten Handlung bei Unterlassungsdelikten

Nehmen wir nun endlich den Straftatbestand des Vorenthaltens von Beiträgen zur Sozialversicherung etwas genauer unter die Lupe. Unter „Vorenthalten" von

---

[184] So die Kritik von Bittmann, wistra 1999, S. 450, der wohl deshalb der Lohnzahlungstheorie nachfolgt.
[185] SK-Samson/Günther, § 266 a Rn. 20.
[186] In diesem Sinne auch OLG Düsseldorf NJW-RR 1993, S. 1448; Martens, wistra 1986, S. 157.
[187] So auch SK-Samson/Günther, § 266 a Rn. 22.

Beiträgen versteht man das Unterlassen der Zahlung an die Einzugsstelle. Wie bereits festgestellt wurde, handelt es sich bei § 266 a Abs. 1 StGB um ein echtes Unterlassungsdelikt.[188] Den allgemeinen strafrechtlichen Grundsätzen folgend, setzt dies voraus, daß dem Täter die Abführung der Beiträge möglich und zumutbar ist.[189] § 266a Abs. 1 StGB möchte denjenigen Arbeitgeber erfassen, der nicht zahlt, obwohl er könnte und nicht denjenigen, der nicht zahlt, weil er zahlungsunfähig ist.[190]

Unmöglichkeit kann aus tatsächlichen oder rechtlichen Gründen gegeben sein. Tatsächliche Unmöglichkeit ist gegeben, wenn der Betreffende etwa aus körperlichen Gründen nicht in der Lage ist, das Erforderliche zu tun.[191] So wird man zum Beispiel von einem Querschnittsgelähmten nicht ernsthaft verlangen können, einen Ertrinkenden zu retten. Aus rechtlichen Gründen liegt Unmöglichkeit vor, wenn jemand beispielsweise einer Zahlungsverpflichtung nicht nachkommen kann, weil Konkurs über sein Vermögen eröffnet worden ist. Das Verfügungsrecht geht in diesem Fall nämlich gemäß § 6 Abs. 1 KO auf den Konkursverwalter über.[192] Überträgt man dies auf das Vorenthalten von Sozialversicherungsbeiträgen, so ist demnach der Unternehmer in der Insolvenz aus rechtlichen Gründen nicht in der Lage, seinen Zahlungspflichten gegenüber den Sozialversicherungsträgern nachzukommen, sobald das Insolvenzverfahren eröffnet wurde. Auf der anderen Seite wird er ohnehin meist schon aus tatsächlichen Gründen seinen Verpflichtungen nicht nachkommen können. Ist kein Geld mehr vorhanden, kann eben nichts mehr bezahlt werden. Die Zahlungsunfähigkeit gilt deshalb auch als eine Form der tatsächlichen Unmöglichkeit.[193] Aus all dem kann der Schluß gezogen werden, daß Insolvenz gewissermaßen beides ist, das heißt sowohl rechtliche als auch tatsächliche Unmöglichkeit. Tatsächlich wird es dem Unternehmer bei eingetretener Zahlungsunfähigkeit nicht möglich sein, die Beiträge abzuführen und auf der anderen Seite ist er dazu rechtlich aufgrund des anzuordnenden Verfügungsverbots gemäß § 80 InsO nicht in der Lage.[194]

Ein von der Rechtsordnung abgefordertes Verhalten muß darüber hinaus auch zumutbar sein. Ob ein Verhalten zumutbar ist oder nicht, muß im Rahmen einer

---

[188] Siehe oben unter II.
[189] Vgl. zu den Einzelheiten Tröndle/Fischer, § 13 Rn. 14 ff.
[190] So jedenfalls Bente, wistra 1992, S. 178.
[191] Vgl. Baumann/Weber/Mitsch, § 15 Rn. 15.
[192] OLG Oldenburg BB 1986, S. 1299. Für das neue Insolvenzrecht gilt nichts anderes, weil danach das Verfügungsrecht gemäß § 80 Abs. 1 InsO auf den sogenannten Insolvenzverwalter übergeht.
[193] So die verbreitete Auffassung. Statt vieler Sch-Sch-Lenckner, § 266 a Rn. 10; Tag, Diss., S. 115.
[194] Vgl. hierzu Pape/Voigt, S. 831.

Pflichten- und Güterabwägung festgestellt werden.[195] Unzumutbar ist ein Verhalten, wenn der Normadressat bei zwei miteinander kollidierenden Handlungspflichten nur die eine auf Kosten der anderen erfüllen kann. Streitig ist in diesem Zusammenhang, auf welcher Ebene das Problem der Zumutbarkeit zu normgemäßen Verhaltens bei § 266 a Abs. 1 StGB abzuhandeln ist. Teilweise wird die Auffassung vertreten, die Unzumutbarkeit führe bereits zum Tatbestandsausschluß.[196] Andere wiederum behaupten, Unzumutbarkeit der gebotenen Handlung stelle einen Entschuldigungsgrund dar.[197] Dem wird entgegengehalten, vorsätzlich aktives Tun führe bei Unzumutbarkeit gerade nicht zur Entschuldigung.[198] Bedeutsam wird diese Diskussion nur im Rahmen der Teilnahmeproblematik. Jedenfalls führt die Unzumutbarkeit zur Straflosigkeit des Täters.[199] Auf das Problem der Pflichtenkollision hinsichtlich der Abführungspflicht im Falle der Insolvenz wird im folgenden eingegangen werden.

2. Die Normen- und Pflichtenkollision

a) Die Kennzeichen des Insolvenzeintritts

Bevor auf die einzelnen rechtlichen Probleme im Rahmen der Pflichtenkollision bezüglich der Abführungspflicht der Beiträge zur Sozialversicherung in der Insolvenz eingegangen wird, wollen wir uns zunächst genauer mit dem Phänomen der Insolvenz auseinandersetzen.

(a) Allgemeine Ausführungen

Die Insolvenz setzt nach geltendem Recht das Vorhandensein eines Eröffnungsgrundes voraus. Dies ist in §§ 16 ff. InsO geregelt. Hierzu zählt gemäß § 17 InsO die Zahlungsunfähigkeit, gemäß § 18 InsO die drohende Zahlungsunfähigkeit und gemäß § 19 InsO die Überschuldung. Darüber hinaus bedarf es eines Antrags, es kommt also kein Verfahren von Amts wegen in Gang.[200] Diese Merkmale sind schon insolvenzrechtlich, wie im folgenden skizzenhaft aufgezeigt werden wird, recht umstritten. Kommt ihnen zusätzlich noch eine strafrechtliche Bedeutung zu, sieht man sich mit dem strafrechtlichen Bestimmtheitsgebot konfrontiert, mit dem diese Tatbestandsmerkmale dann in Einklang zu bringen sind.[201] Dieser Konflikt ist dem Wirtschaftsstrafrecht zwar generell nicht fremd, wird in diesem Bereich doch häufig mit komplexen und eben umstrittenen Begriffen aus den Wirtschaftswissenschaften operiert, denen

---

[195] Siehe die Ausführungen bei Sch-Sch-Stree, Vorbem. §§ 13 ff. Rn. 156 m.w.N.

[196] So in bestimmten Fallkonstellationen Jescheck/Weigend, S. 634. Sch-Sch-Stree, Vorbem. §§ 13 ff. Rn. 155; Tröndle/Fischer, § 13 Rn. 16.

[197] Siehe die Argumentation von Baumann/Weber/Mitsch, § 15 Rn. 19; SK-Rudolphi, Vor § 13 Rn. 31.

[198] Vgl. Jescheck/Weigend, S. 504.

[199] Ebenso in diesem Sinne Fritz, S. 116.

[200] Über das Ingangsetzen des Verfahrens siehe Jauernig, S. 254.

[201] Diese Schwierigkeit erkennt auch Moosmayer, S. 17.

es nicht selten an der für das Strafrecht erforderlichen Bestimmtheit mangelt.[202] Dieser Umstand hilft aber nicht über die nun einmal vorhandene Tatsache hinweg, dem Bestimmtheitsgebot gerecht werden zu müssen, handelt es sich dabei doch schließlich um ein im Grundgesetz in Art. 103 Abs. 2 GG verankertes Prinzip.[203]

Bevor wir nun aber die einzelnen Erscheinungsformen der Insolvenz genauer untersuchen, wollen wir einen Blick auf die möglichen Ursachen der wirtschaftlichen Krise werfen. Die Gründe eines Insolvenzeintritts sind unterschiedlicher Natur. Hauptursache sind Mängel im Management, die eine Insolvenz herbeiführen.[204] Diese fußen nicht selten in persönlich fachlichen Unzulänglichkeiten, die wiederum auf mangelnder Ausbildung beruhen.[205] Der Unternehmenskrise, die schließlich in die Insolvenz führt, gehen häufig unternehmerische Fehlentscheidungen voraus. 75 % aller Unternehmenszusammenbrüche im mittelständischen Bereich haben ihre Ursache in Mängeln in der Unternehmensführung.[206] Unter Fehlentscheidungen versteht man Entscheidungen, die nicht das Unternehmensziel verwirklichen helfen, sondern von ihm wegführen.[207] Mögen sich solche Zielvorstellungen heute auch nicht mehr allein auf Gewinnmaximierung beschränken,[208] werden sie dennoch dahin gehen, den Insolvenzeintritt ausschließen zu helfen. Darin drückt sich letztlich nichts anderes als der natürliche Selbsterhaltungstrieb eines Unternehmens aus. Der Unternehmer bewegt sich bei seiner Entscheidungsfindung auf einem schmalen Grat. Fehlentscheidungen werden schneller getroffen als gemeinhin angenommen wird. Die Privilegierung eines unrichtigen Zieles kann fatale Folgen für das Unternehmen haben, unter Umständen eben sogar dessen Insolvenz bedeuten.[209] Die Organisations- und Kostenstruktur des Unternehmens, die Wettbewerbs- und sonstige Marktlage werden völlig falsch eingeschätzt. Monokultur oder übertriebene Diversifikation, Inflationseffekte und natürlich konjunkturelle Einflüsse tun ihr übriges, um den Unternehmer in die Insolvenz zu treiben.[210] Ideenreichtum und Tatkraft, zweifelsfrei unternehmerische Tugenden, sind manchmal in ausreichendem Maße vorhanden. Das eigentliche Versagen liegt dann im Bereich des Rechnungswesens.[211] Für eine strafrechtliche Untersu-

---

[202] In diesem Sinne auch Matzen, S. 88.
[203] Zum strafrechtlichen Bestimmtheitsgebot näher im 3. Teil, II. 4. b).
[204] Vgl. Grub/Rinn, S. 1584; Stürner, S. 769.
[205] Zu dem Persönlichkeitsbild des scheiternden Unternehmers siehe Tiedemann, Bd. 2, S. 74; ebenso Reske/Brandenburg/Mortsiefer, S. 61.
[206] Siehe die Ausführungen von Tiedemann, Insolvenz-Strafrecht, Vor § 283 Rn. 13. Ebenso M-G-Bieneck, § 75 Rn. 3.
[207] Schlüchter, Bankrottdelikte, S. 17.
[208] So die früher vertretene Auffassung, siehe bei Rieger, S. 44 ff.
[209] Auf diese Folgen weist Schlüchter, Bankrottdelikte, S. 17, hin.
[210] Tiedemann, Insolvenz-Strafrecht, Vor § 283 Rn. 17. Zu der Vielfalt der Insolvenzgründe siehe Doehring, KTS 1986, S. 623 f.
[211] Auf die Mängel in der Grunddisziplin des Kaufmanns verweisen Grub/Rinn, S. 1584.

chung kann aufgrund des Schuldprinzips nur diejenige Entscheidung als Fehlentscheidung gewertet werden, die aus der ex-ante-Sicht ebenfalls eine solche ist.[212] Ein derartig strukturiertes Sieb ist allerdings äußerst engmaschig, weshalb eine Strafbarkeit nur bei eklatantem Versagen des Unternehmers in Frage kommt, das Fehlgehen gleichsam auf der Hand liegt.

Fehlende Unternehmermentalität ist ebenfalls mitunter ausschlaggebend für das Hineinschlittern in die Insolvenz. Ohne Talent ist da meist nicht weit zu kommen. Dennoch fühlen sich viele zum Unternehmertum berufen, ohne es tatsächlich zu sein. Auf die grundsätzlichen Schwierigkeiten im Zusammenhang mit der Arbeitsteilung innerhalb eines Unternehmens wurde bereits eingegangen.[213] Die mangelnde Fähigkeit zur Delegation ist es aber gerade, die bei Unternehmen mit wirtschaftlichen Problemen anzutreffen ist. Es kommt dabei zu Reibungsverlusten im Informationsfluß, der für eine erfolgreiche Unternehmensführung unabdingbar ist.[214] Hiervon sind in verstärktem Maße kleinere und mittelständische Unternehmen betroffen, die eigentümergeführt und von einer sogenannten Herr-im-Haus-Mentalität geprägt sind.[215] Nicht selten sind es aber auch reine Charaktermängel des Unternehmers, die zur Insolvenz führen. Dieser Gesichtspunkt dürfte vor allem unter strafrechtlichen Aspekten bedeutsam sein. So führen die Unternehmer insolvent gewordener Unternehmen häufig einen unverhältnismäßig hohen Lebensaufwand. Die Anschaffung von großen repräsentativen Geschäftswagen gehört beispielsweise zu einem solch typischen Erscheinungsbild. Der chronische Geldmangel führt zu überhöhten Entnahmen, die in keinem Verhältnis zur Ertragskraft des Unternehmens stehen. Ein Abgleiten in die Illegalität ist die Folge, mit Betrügereien, Wechselmanipulationen und Mehrfachzessionen.[216] Denkbar ist aber eben auch, daß der Unternehmer es in einer solchen Situation unterläßt, die Beiträge zur Sozialversicherung abzuführen. Daß ein solcher Fall strafrechtlich natürlich anders zu beurteilen ist als bei einem Unternehmer, der aus reinem Unvermögen in Zahlungsnöte gerät und deshalb nicht zur Zahlung der Sozialversicherungsbeiträge fähig ist, liegt auf der Hand. Hier ist der Handlungsunwert nicht schwer zu erkennen.

Die Ursache der Insolvenz hängt außerdem häufig eng mit einer schwachen Eigenkapitalausstattung zusammen,[217] die ebenfalls typischerweise bei mittel-

---

[212] So die logische Schlußfolgerung von Schlüchter, Bankrottdelikte, S. 24.
[213] Siehe oben unter III. 2.
[214] Vgl. Reske/Brandenburg/Mortsiefer, S. 63.
[215] Siehe die Hinwiese bei Grub/Rinn, S. 1584.
[216] Die typischen kriminellen Erscheinungsformen beschreiben Reske/Brandenburg/Mortsiefer, S. 64.
[217] In diesem Sinne auch Tiedemann, Insolvenz-Strafrecht, Vor § 283 Rn. 14; Doehring, KTS 1986, S. 616.

ständischen Unternehmen auftritt. Notwendigerweise sind solche Unternehmen vermehrt auf Kredite angewiesen. Eine Überkreditierung birgt ebenfalls eine erhöhte Gefahr für einen Insolvenzeintritt in sich.[218] Besonders häufig ist dies bei GmbHs anzutreffen, was ihre traditionell hohe Beteiligung an Insolvenzen, insbesondere solcher, die mangels Masse abgelehnt werden, erklären mag.[219] Generell macht in Deutschland die GmbH den größten Anteil an Insolvenzen aus.[220]

Die Konsequenzen eines Insolvenzverfahrens sind für den Schuldner nicht unerheblich. Insbesondere geht häufig die Verwaltungs- und Verfügungsbefugnis gemäß § 80 InsO auf einen Dritten über, den sogenannten Insolvenzverwalter.[221] Im übrigen schwebt auch nach den Änderungen, die die neue Insolvenzordnung mit sich gebracht hat, noch immer die akute Gefahr über einem insolventen Unternehmen, letztlich der Zerschlagung zum Opfer zu fallen. Wird nun zwar ausdrücklich die Sanierung als Alternative in der Insolvenzordnung genannt,[222] steht keinesfalls fest, ob die Hoffnungen diesbezüglich nicht enttäuscht werden müssen. So kursieren Zahlen, daß lediglich 5 – 10 % aller Sanierungsmaßnahmen zum Erfolg führen.[223] Diese Feststellung bezog sich zwar noch auf das alte Konkursrecht, es bleibt jedoch abzuwarten, ob sich dies nach neuem Insolvenzrecht tiefgreifend ändern wird. Voraussetzung dafür ist die frühzeitige Eröffnung des Insolvenzverfahrens, was nur erreicht werden kann, wenn der Schuldner ein großes Eigeninteresse an der Eröffnung hat. Nur wenn noch nicht alles zu spät ist, kann eine Sanierung noch erfolgversprechend angegangen werden.[224]

Die Entscheidung über die unumgängliche Notwendigkeit der Einleitung eines Insolvenzverfahrens bewegt sich meist in einem engen Grenzbereich. Ein geringfügiges „Mehr" an Optimismus oder Pessimismus kann hierbei den Ausschlag geben. Für die rechtliche Beurteilung kann immer nur die ex-ante Sicht der Organe zugrunde gelegt werden.[225] Hierbei ist nicht allein der bilanzielle Rechenvorgang von Bedeutung, der Auskunft über die Lage des Unternehmens geben soll. Vielmehr fließen noch weitere Gesichtspunkte in die Beurteilung ein, die im Rahmen richterlicher Wertausfüllung Berücksichtigung finden müssen.[226]

---

[218] Auf diese Konnexität verweisen Grub/Rinn, S. 1585.
[219] So die Erklärungsversuche von Doehring, KTS 1991, S. 60, 64 f; Tiedemann, GmbH-Strafrecht, Vor §§ 82 ff. Rn. 10.
[220] Vgl. die Ausführungen bei Roth, S. 170 ff. Ebenso Uhlenbruck, GmbHR 1995, S. 83.
[221] Nach der neuen Insolvenzordnung besteht jetzt allerdings die Möglichkeit der Schuldnereigenverwaltung gemäß §§ 270 ff. InsO.
[222] Siehe § 1 InsO.
[223] Uhlenbruck, Insolvenzrechtsreform, S. 48.
[224] Ausführliche Darstellung hierzu im 4. Teil dieser Arbeit.
[225] In diesem Sinne auch Harneit, S. 77.
[226] Vgl. Haack, S. 1353.

Der entscheidende Punkt ist letztlich, ob das betroffene Unternehmen noch lebensfähig ist oder nicht. Mit der Beantwortung dieser Frage wird darüber entschieden, ob für die Bewertung des Unternehmens Zerschlagungs- oder Fortführungswerte anzusetzen sind, was für den Status der Überschuldung ausschlaggebend ist.[227]

Problematisch an einer Bewertung ist immer die Unbestimmtheit, die mit ihr einhergeht. Ein Bewertungsfall beruht zwangsläufig auf individuellen Annahmen und Feststellungen. Daraus ergibt sich ein Ermessensspielraum. Für diesen Ermessensspielraum ist es notwendig, daß er fachkundig ausgefüllt wird.[228] Bewegen wir uns in einer komplizierten Materie wie dem Insolvenzrecht, die selbst den Wirtschaftswissenschaftlern Schwierigkeiten bereitet, ist es kein Wunder, daß die Juristen gelegentlich überfordert sind. Anders mag dies natürlich bei einer in Wirtschaftsangelegenheiten sehr bewanderten Wirtschaftsstrafkammern sein.[229] Die Richter der Wirtschaftskammern sind in der Regel aus- und fortgebildete Juristen, die mit wirtschaftlich hoch komplizierten Materien vertraut sind. Dennoch machen selbst die besten Fortbildungsmaßnahmen aus einem Juristen keinen kundigen Manager.[230] Das Gericht kann selbstverständlich jederzeit auf Sachverständige zurückgreifen, wenn es dies zur Lösung der Rechtsfrage für notwendig erachtet. Hierbei muß beachtet werden, daß der Sachverständige niemals Feststellungen, etwa über den Überschuldungsstatus oder die Zahlungsunfähigkeit , trifft, sondern dem erkennenden Gericht wie eine Art Dolmetscher Bilanzen und anderes Datenmaterial erklärt und darlegt, auf dessen Grundlage dann die Tatrichter entscheiden müssen.[231]

Die Eröffnungsgründe, die die Insolvenzreife indizieren, sind nur selten in aller Klarheit feststellbar, wie im folgenden aufgezeigt werden wird. Das Strafrecht muß sich hierbei mit Merkmalen auseinandersetzen, die kein unumstößliches Faktum darstellen, wie etwa die fremde bewegliche Sache beim Diebstahl gemäß § 242 StGB. Die Insolvenzreife ist jedoch von ganz erheblicher Bedeutung für § 266 a Abs. 1 StGB, führt deren Vorliegen doch gegebenenfalls zur Unmöglichkeit des normgemäßen Verhaltens und damit zum Tatbestandsausschluß.

Wenden wir uns zunächst also den einzelnen Insolvenzeröffnungsgründen zu.

---

[227] Dazu später mehr. Über die weitreichende Bedeutung dieser Antwort siehe die Ausführungen von Lüderssen, Überschuldung, S. 678.
[228] Dörner, S. 1073.
[229] Der BGH hat in einem nicht veröffentlichten Beschluß darauf hingewiesen, daß einer Wirtschaftsstrafkammer entsprechende Sachkunde zuzugestehen ist; Nachweis bei Hartung, S. 2.
[230] So der Einwand von Schlüchter, 2. WiKG, S. 35.
[231] Siehe hierzu Hartung, S. 2.

(b) Zahlungsunfähigkeit

Zahlungsunfähigkeit ist der in der Insolvenzordnung zuerst genannte Eröffnungsgrund für ein Insolvenzverfahren. Dieser Eröffnungsgrund ist sowohl für juristische als auch für natürliche Personen gegeben. Gemäß § 17 InsO ist der Schuldner zahlungsunfähig, wenn er nicht in der Lage ist, die fälligen Verbindlichkeiten zu erfüllen. Grundsätzlich ist eine Legaldefinition immer zu begrüßen.[232] Der Begriff wurde aber in der neuen Insolvenzordnung nicht so eindeutig gefaßt, daß keine Auslegungsbedürftigkeit mehr gegeben wäre.[233] Demnach hilft die Definition aus § 17 InsO nur bedingt weiter. Um eine Auslegung, was genau unter Zahlungsunfähigkeit zu verstehen ist, kommt man nicht herum.

Bei der Feststellung der Zahlungsunfähigkeit einer GmbH bleiben die finanziellen Mittel der Geschäftsführer unberücksichtigt.[234] Mag dies auf den ersten Blick einleuchtend erscheinen, handelt es sich bei der GmbH doch um eine eigenständige juristische Person, sieht die Sache anders aus, wenn man bedenkt, daß der Geschäftsführer ja strafrechtlich zur Verantwortung gezogen wird. Der zivilrechtliche Durchgriff auf das Vermögen des Geschäftsführers drängt sich vor diesem Hintergrund geradezu auf. Dies gilt um so mehr, da man sich ohnehin der Krücke des § 823 Abs. 2 BGB in Verbindung mit § 266 a Abs. 1 StGB bedient, wodurch letztlich die Haftung eintritt. All das wirkt wie ein Etikettenschwindel.[235]

Zur Feststellung der Zahlungsunfähigkeit stehen verschiedene Methoden bereit, die zu unterschiedlichen Ergebnissen führen können. Die Zahlungsunfähigkeit zieht teilweise erhebliche Konsequenzen nach sich. Sie kann zum Beispiel entscheidend für die Frage sein, ob sich die handelnden Organe etwa strafbar im Sinne einer Insolvenzverschleppung nach §§ 84, 64 Abs. 1 GmbHG gemacht haben. Außerdem ist eine Strafbarkeit nach § 266 a Abs. 1 StGB bei Zahlungsunfähigkeit unter Umständen obsolet. Insofern ist der Streit über die Festlegungsmethode keineswegs rein akademischer Natur.

Bei der Liquiditätsprüfung muß zunächst die Frage beantwortet werden, auf welche Zahlungsverpflichtungen sich die sofortige Erfüllungspflicht bezieht. Nach ständiger Rechtsprechung werden ausschließlich die fälligen Schulden berücksichtigt.[236] Die Fälligkeit selbst orientiert sich nach den zivilrechtlichen Bestimmungen.[237] Die etwaige Möglichkeit der Kreditbeschaffung spielt in

---

[232] Sie dient einer Klarstellung, so HK-Kirchhof, § 17 Rn. 2.

[233] So auch Uhlenbruck, KTS 1994, S. 171; Moosmayer, S. 151.

[234] In diesem Sinne Wegner, S. 288; Sch-Sch-Lenckner, § 266 a Rn. 10; Hellmann, S. 1005.

[235] Auf den zivilrechtlichen Haftungsdurchgriff wird im 4. Teil dieser Arbeit noch eingegangen werden.

[236] RG JW 1934, S. 842; OLG Stuttgart NStZ 1987, S. 460.

[237] Vgl. Matzen, S. 48.

diesem Zusammenhang keine Rolle.[238] Jedoch finden nur solche Verbindlichkeiten Berücksichtigung, die von ihren Gläubiger ernsthaft eingefordert werden.[239] Diese Erfordernis ist erfüllt, wenn seitens der Gläubiger eine Mahnung erfolgt.[240]

Allein von Liquiditätszahlen kann die Zahlungsunfähigkeit nicht abhängig gemacht werden. Vielmehr ist die zeitliche Komponente mit zu berücksichtigen. Fraglich ist allerdings, welcher Zeitraum zugrundegelegt werden sollte. Für einen längeren Zeitraum spricht, daß dadurch für den Schuldner ein Freiraum gewährt wird, in dem er ein Konzept entwickeln kann, um die drohende Zahlungsunfähigkeit abzuwenden. Ohne einen solchen Zeitpuffer besteht die Gefahr, daß er kopflos wirtschaftlich unsinnige Entscheidungen trifft.[241] Die vorgeschlagenen Zeiträume variieren von 10 Tagen bis zu einem Jahr.[242] Das Bayerische Oberste Landesgericht legte sich in einem Beschluß auf einen Zeitraum von 3 Monaten fest.[243] Die Illiquidität muß jedenfalls über einen längeren Zeitraum bestehen und ihr Ende darf sich aus einer ex ante Betrachtung nicht absehen lassen.[244] Einigkeit besteht insoweit, daß in jedem Fall unter drei Monaten ein längerer Zeitraum zu verstehen ist.[245]

Innerhalb dieser Zeitspanne wird es sinnvoll sein, einen Finanzplan zu erstellen, was der Schuldner tun wird, damit er seine finanzielle Lage möglichst genau einschätzen kann. Schwierig lagert sich der Fall, wenn die Erstellung des Finanzplans ergibt, daß das Unternehmen zwar noch nicht zahlungsunfähig ist, dieses sich aber deutlich abzeichnet. Ein solches Unternehmen könnte man bereits als zahlungsunfähig einstufen.[246] Ist die GmbH aber noch in der Lage, ihre Verbindlichkeiten begleichen zu können, ist die Annahme der Zahlungsunfähigkeit nicht zwingend.[247] Aus strafrechtlicher Sicht ist nicht von einer Zahlungsunfähigkeit auszugehen, da der Schuldner zum fraglichen Zeitpunkt eben noch zahlungsfähig ist und eine Gleichsetzung gegen das strafrechtliche Analogieverbot verstieße.[248] Mit der Einführung des Insolvenzeröffnungstatbestands der drohenden Zahlungsunfähigkeit in die neue Insolvenzordnung hat sich dieses Problem allerdings verlagert.[249]

---

[238] So aber Hoffmann, S. 713.
[239] Tröndle/Fischer, Vor § 283 Rn. 10; LK-Tiedemann, Vor § 283 Rn. 128.
[240] Kritisch hierzu Hoffmann, S. 714.
[241] Hartung, S. 10, denkt an einen Zeitraum von 6 Monaten.
[242] Zum Meinungsstand Hoffmann, S. 715.
[243] BayObLG BB 1988, S. 1840.
[244] Schlüchter, MDR 1978, S. 268.
[245] Hartung, S. 7; M-G-Bieneck, § 76 Rn. 45; Franzheim, S. 2504.
[246] So jedenfalls Uhlenbruck, ZIP 1980, S. 81.
[247] Man könnte aber zu dem Ergebnis kommen, daß eine Überschuldung vorliegt, worauf Hommel, S. 308 ff., hinweist.
[248] Diese Auffassung vertritt auch Hartung, S. 10.
[249] Siehe die Ausführungen zur drohenden Zahlungsunfähigkeit.

Das Kriterium der Wesentlichkeit in bezug auf die Liquiditätslücken hat der Gesetzgeber bei Einführung der neuen Insolvenzordnung gestrichen und durch das Merkmal der Geringfügigkeit ersetzt. Für die Zukunft könnte dies bedeuten, daß eine verhältnismäßig geringe Deckungslücke bereits ausreicht, um die Zahlungsunfähigkeit zu begründen.[250] Dann würde nur noch bei ganz geringfügigen Liquiditätslücken die Zahlungsunfähigkeit ausscheiden.[251] Ob dem tatsächlich so ist, bedarf einer genaueren Betrachtung. Nach dem rechtlichen Begriff der Zahlungsunfähigkeit soll eine geringfügige Unterdeckung noch nicht die Feststellung der Zahlungsunfähigkeit nach sich ziehen. Erst wenn der wesentliche Teil der Geldschulden nicht mehr bedient werden kann, ist von Zahlungsunfähigkeit auszugehen.[252] In der Betriebswirtschaftslehre ist dies anders. Sie hat einen anderen Begriff von Illiquidität.[253] Wann aus rechtlicher Sicht die Geringfügigkeit überschritten ist und die Zahlungsunfähigkeit als eingetreten anzusehen ist, bedarf einer Konkretisierung. Diesbezüglich kursieren Zahlen, wonach noch bei einer Unterdeckung von bis zu 25 % die Wesentlichkeitsgrenze nicht erreicht sei.[254] Unter Hinweis auf das strafrechtliche Bestimmtheitsgebot wird demgegenüber angeführt, eine Unterdeckung sei erst erreicht, wenn mehr als 50 % der fälligen und eingeforderten Verbindlichkeiten nicht mehr erfüllt werden können.[255] Die Rechtsprechung hat sich mit diesem Problem noch nicht eingehend befaßt. In einer Entscheidung des Bayerischen Obersten Landesgerichts wurde eine Unterdeckung von 25 % als wesentlich im Sinne der Zahlungsunfähigkeit angesehen.[256] Sicherlich gibt es Argumente, die für oder gegen einen Erhöhung bzw. Senkung der jeweiligen Deckungssätze sprechen. Letztlich ist es eine Frage des jeweiligen Einzelfalls. Es muß eine Abwägung vorgenommen werden. Auf der einen Seite steht der Gläubigerschutz, dem man bei einem zu hohen Ansatz kaum noch gerecht werden kann, auf der anderen steht das Interesse am Unternehmensfortbestand.[257] Jedenfalls kann Zahlungsunfähigkeit nicht nur ausgeschlossen werden, wenn kleine Deckungslücken vorhanden sind. Etwas weiter muß der Spielraum schon abgesteckt werden, um eine notwendige Abwägung überhaupt möglich zu machen. Findet der Begriff der Zahlungsunfähigkeit zudem im Strafrecht Anwendung, gilt dies um so mehr.

Zur Bestimmung der Zahlungsunfähigkeit wird schließlich angeboten, den Schuldner als zahlungsunfähig einzustufen, sobald er nicht mehr in der Lage

---

[250] Dies gibt Bittmann, wistra 1998, S. 323, zu bedenken.
[251] Auf diese Konsequenz verweist Tiedemann, Insolvenz-Strafrecht, Vor § 283 Rn. 126.
[252] Vgl. BGH WM 1963, S. 512; Matzen, S. 50.
[253] Siehe die Nachweise bei Tiedemann, Insolvenz-Strafrecht, Vor § 283 Rn. 129.
[254] Vgl. hierzu Hoffmann, S. 714.
[255] Schlüchter, MDR 1978, S. 268.
[256] BayObLG BB 1988, S. 1840.
[257] Der mit Einführung der neuen Insolvenzordnung noch verstärkt wurde. Siehe Hartung, S. 8.

ist, die im Rahmen durchschnittlicher Debitorenfristen anfallenden Verbindlichkeiten durch vorhandene flüssige oder sofort zu verflüssigende Zahlungsmittelbestände zu erfüllen.[258] Um ein prognostisches Moment kommt man aber auch hier nicht umhin, will man nicht bis zur endgültigen Zahlungseinstellung warten. Jedenfalls steht aus strafrechtlicher Sicht weitgehend fest, daß eine Zahlungsstockung noch keine Zahlungsunfähigkeit im Rechtssinne begründet.[259]

Problematisch an jeder Feststellungsmethode, die sich an betriebswirtschaftlichen Grundsätzen orientiert, ist die Notwendigkeit einer wenigstens halbwegs geordneten Buchführung.[260] Gerade bei kleinen GmbHs herrscht im Falle der wirtschaftlichen Krise jedoch meist ein derartiges Chaos, daß an auswertbares Buchführungsmaterial nicht zu denken ist. Die Strafrechtspraxis bedient sich zur Feststellung der Zahlungsunfähigkeit deshalb lieber einer anderen, der sogenannten wirtschaftskriminalistischen Methode. Entscheidend dabei ist nicht der Liquidationsstatus, sondern die Existenz sogenannter Krisenwarnzeichen. Zu diesen zählen beispielsweise Wechsel- und Scheckproteste, Mahnbescheide, fruchtlose Vollstreckungsmaßnahmen,[261] aber eben auch das Nichtbezahlen der ausstehenden Forderungen der Sozialversicherungsträger.[262] Hilfreich in diesem Zusammenhang können manchmal auch ältere Unterlagen sein, die aus einer Zeit stammen, als noch eine geordnete Buchführung existent war. Die Kapital- und Umsatzentwicklung in diesem vorgelagerten Stadium hat meist auf die später eintretende Zahlungsunfähigkeit hingedeutet.[263] Problematisch an dieser Methode ist die Tatsache, daß sie sich allein auf Indizien stützen muß. Dennoch wurde sie von der Rechtsprechung anerkannt.[264] Ursprünglich wurde diese Methode eingeführt, um den überlasteten Staatsanwaltschaften eine Arbeitserleichterung zu bringen, da es eben ausreicht, kriminalistische Beweiszeichen aufzuspüren.[265] Generell verdient diese Vorgehensweise aber den Vorzug. Insbesondere weil man sich nicht in die Unwägbarkeiten der Betriebswirtschaftslehre begeben muß.

Eine genauere Methode, die mit den strafrechtlichen Grundsätzen nur halbwegs in Einklang zu bringen ist, gibt es nicht. Ohne ein Prognoseelement kommen die betriebswirtschaftlich orientierten Festlegungsarten offensichtlich nicht aus. Eine solche Prognose muß zunächst seitens der geschäftsführenden Organe des Unternehmens angestellt werden. Verlangt man eine solche Prognose,

---

[258] Siehe den Vorschlag von Matzen, S. 115.
[259] BGH wistra 1993, S: 185; Tiedemann, Insolvenz-Strafrecht, Vor § 283 Rn. 134.
[260] Hartung, S. 11.
[261] M-G-Bieneck, § 76 Rn. 49; Müller/Wabnitz/Janovsky, S. 157.
[262] So zum Beispiel LK-Tiedemann, Vor § 283 Rn. 142 m.w.N.
[263] Hartung, S. 11.
[264] BGH wistra 1987, S. 219; BGH wistra 1991, S. 26; BGH wistra 1993, S. 184.
[265] Hartung, S. 2.

muß man aber gleichzeitig einen Prognosespielraum einräumen, der der Geschäftsleitung obliegt und nur bedingt nachprüfbar ist.[266] Außerdem birgt ein Prognoseelement stets die Gefahr, mit dem strafrechtlichen Bestimmtheitsgebot aus Art. 103 Abs. 2 GG zu kollidieren. Nur eine eindeutige, über jeden vernünftigen Zweifel erhabene Feststellung, ob Zahlungsunfähigkeit vorliegt oder nicht, könnte diesem strafrechtlichen Grundsatz genügen.[267] Die Prognose hat sich dabei in erster Linie auf Bilanzkennzahlen zu stützen. Der Unsicherheitsfaktor derartiger Prognosen ist aber ausgesprochen hoch, zumal hier im strafrechtlichen Bereich allein die ex-ante-Sicht ausschlaggebend sein kann. Die drohende Zahlungsunfähigkeit wird deshalb nur anzunehmen sein, wenn alle ernsthaft vertretenen betriebswirtschaftlichen Auffassungen zu einem solchen Ergebnis kommen.[268] Nun zählt aber die Frage nach der Prognostizierbarkeit sowohl der Überschuldung als auch der Zahlungsunfähigkeit in der Betriebswirtschaftslehre zu den umstrittenen Fragenkreisen.[269] Wie soll aber von dem im Wirtschaftsleben stehenden einfachen Schuldner eine korrekte Prognose erwartet werden können, ob die Überschuldung oder Zahlungsunfähigkeit droht oder nicht, wenn dies noch nicht einmal von der Betriebswirtschaftslehre geleistet werden kann.[270]

Solange nicht das augenscheinliche Insolvenzmerkmal der Zahlungseinstellung eingetreten ist, bedarf es genauer Untersuchungen, die mit Unwägbarkeiten und prognostischen Elementen behaftet sind. Selbst von Wirtschaftswissenschaftlern wird deshalb auch der Begriff der Zahlungsunfähigkeit als wenig justitiabel eingestuft und höchstens als Auffangtatbestand empfohlen.[271]

(c) Drohende Zahlungsunfähigkeit

Der Insolvenzeröffnungstatbestand der drohenden Zahlungsunfähigkeit wurde mit der neuen Insolvenzordnung als Eröffnungsgrund eingeführt. Er ist in § 18 InsO geregelt. Zweck ist die zeitliche Vorverlagerung der Eröffnung des Insolvenzverfahrens. Von einem flexiblen und schnellen Insolvenzverfahren verspricht man sich bessere Sanierungschancen der kränkelnden Unternehmen, was eines der Hauptziele der neuen Insolvenzordnung ist.[272]

---

[266] Anders kann dies nur im Falle der Zahlungseinstellung sein. Liebs, S. 371.

[267] Tiedemann, Insolvenz-Strafrecht, Vor § 283 Rn. 129.

[268] Schlüchter, MDR 1978, S. 269; Tiedemann, Insolvenz-Strafrecht, Vor § 283 Rn. 141.

[269] Schlüchter, Bankrottdelikte, S. 82.

[270] In diesem Sinne auch Schlüchter, Bankrottdelikte, S. 83.

[271] Hommel, S. 302 f. Die Auffangfunktion kann nur bei Zahlungseinstellung angenommen werden, weil es dann keines Prognoseelementes mehr bedarf. Eine präventive Schutzwirkung kann von einem solchen Eröffnungsgrund allerdings nicht mehr ausgehen. Eine Vorverlagerung der Verfahrenseröffnung muß was diesen Eröffnungsgrund angeht wohl ad acta gelegt werden.

[272] Siehe die Ausführungen von Drukarczyk/Schüler, Rn. 31.

Unter drohender Zahlungsunfähigkeit versteht man gemäß § 18 Abs. 2 InsO den Umstand, daß der Schuldner voraussichtlich nicht in der Lage sein wird, die bestehenden Zahlungspflichten im Fälligkeitszeitpunkt zu erfüllen. Es ist folglich eine Prognoseentscheidung vorzunehmen. Auf die strafrechtlichen Schwierigkeiten, die damit bestehen, wurde soeben eingegangen. Sie gelten hier natürlich genauso. Es ist insoweit auf oben zu verweisen.

Für das Insolvenzstrafrecht im engeren Sinne bauen sich durch eine zeitliche Vorverlagerung der Insolvenzeröffnung de lege lata Hindernisse auf, die der Beseitigung durch den Gesetzgeber bedürfen. Die Insolvenzeröffnung ist nämlich objektive Strafbarkeitsbedingung nach § 283 Abs. 6 StGB. Dies ist kontraproduktiv, da es den Schuldner davon abhalten könnte, die Eröffnung des Insolvenzverfahrens zu beantragen. Es wird deshalb vorgeschlagen, den Schuldner straffrei zu stellen, wenn er selbst die Eröffnung des Insolvenzverfahrens beantragt hat.[273] Teilweise wird dieses Problem gar nicht wahrgenommen. Ein Unterlassen der Antragstellung, der dazu befugten Organe, habe überhaupt keine rechtlichen Konsequenzen und stelle für den Schuldner nur eine Option dar.[274] Will man Ernst machen mit der Förderung der frühzeitigen Eröffnung des Insolvenzverfahrens, dürfen sich für den Schuldner dadurch so wenig Nachteile wie möglich ergeben. Im Gegenteil, es sollten sogar Anreize für den Schuldner geschaffen werden, die ihn motivieren, die Eröffnung des Insolvenzverfahrens frühzeitig zu initiieren.

Wichtig ist der Insolvenzeröffnungsgrund der drohenden Zahlungsunfähigkeit deshalb, weil in ihm der Wille des Gesetzgebers zum Ausdruck kommt, daß eine zeitliche Vorverlagerung der Eröffnung des Insolvenzverfahrens angestrebt wird. Ob man allerdings diesem Ziel mit Hilfe des Tatbestands des § 18 InsO wirklich näher gekommen ist, darf bezweifelt werden. Viel mehr als eine postulierte Absichtserklärung ist hierin wohl leider nicht zu sehen.[275]

(d) Überschuldung

Der Tatbestand der Überschuldung kann gemäß § 19 Abs. 1 InsO nur bei einer juristischen Person wie zum Beispiel der GmbH Insolvenzgrund sein. Einzige Ausnahme von diesem Grundsatz bildet § 19 Abs. 3 InsO, wonach bei Personenhandelsgesellschaften, die keine natürliche Person als persönlich haftenden Gesellschafter haben, Überschuldung ebenfalls Insolvenzgrund sein kann. Hierauf ist allerdings in der vorliegenden Arbeit nicht weiter einzugehen. Gemäß

---

[273] Moosmayer, S. 194.

[274] BT-Drucks. 12/2443, S. 115; Hartung, S. 11; Uhlenbruck, GmbHR 1995, S. 86; Hommel, S. 302.

[275] Auf wirksamere Methoden, dieses Ziel zu verwirklichen, wird im 4. Teil dieser Arbeit eingegangen werden.

§ 19 Abs. 2, Satz 1 InsO liegt Überschuldung vor, wenn das Vermögen des Schuldners die bestehenden Verbindlichkeiten nicht mehr deckt. Um dies feststellen zu können, ist ein Vergleich zwischen Aktiva und Passiva der Bilanz notwendig. Sie tritt keineswegs offen zutage und gilt deshalb wohl als subtilster Eröffnungsgrund.[276] Während die Zahlungsunfähigkeit an den Geldhaushalt anknüpft, geht es bei der Überschuldung um die Frage der Vermögenssituation des Unternehmens. Der Überschuldungsstatus führt in der Regel früher zur Insolvenz als das Merkmal der Zahlungsunfähigkeit. Von dem Eröffnungsgrund der Überschuldung erwartet man sich deshalb eine erhöhte gläubigerschützende Wirkung.[277] Bis sich nämlich eine Überschuldungssituation in der Liquidität bemerkbar macht, vergeht in der Regel viel kostbare Zeit.[278]

Die Bedeutung der Überschuldung für den Tatbestand des Vorenthaltens von Sozialversicherungsbeiträgen nach § 266 a Abs. 1 StGB wird teilweise bezweifelt. Im Falle der Überschuldung sei dem Unternehmer die Erfüllung seiner Beitragspflichten nämlich meist noch nicht unmöglich. Bei Überschuldung und auch bei partieller Zahlungsunfähigkeit könne dennoch die Möglichkeit zur Erfüllung der Handlungspflichten gegeben sein.[279] Übersehen wird hierbei aber die Vorschrift des § 64 GmbHG, die den Geschäftsführer dazu verpflichtet, frühzeitig die Eröffnung des Insolvenzverfahrens zu beantragen und ihn für Zahlungen haftbar macht, die nach Eintritt der Feststellung der Überschuldung geleistet werden.[280] Der Überschuldungstatbestand ist demnach durchaus für § 266 a Abs. 1 StGB bedeutsam.

Um eine etwaig bestehende Überschuldung bestimmen zu können, ist es erforderlich, die vorhandenen Vermögenswerte einer Bewertung zu unterziehen.[281] Grundsätzlich sind hierbei zwei Alternativen denkbar. Zum einen könnte das Vermögen anhand der Liquidations- bzw. Zerschlagungswerte bestimmt werden, zum anderen könnten die Fortführungswerte zugrunde gelegt werden.[282] Die Fortführungswerte sind grundsätzlich höher als die Liquidationswerte anzusetzen. Das liegt daran, daß im Falle der Liquidierung in der Regel ein geringerer Erlös zu erzielen ist als beim freihändigen Verkauf.[283] Der Liquidator muß verkaufen im Gegensatz zum freihändigen Verkäufer, was der potentielle Käufer weiß. Eine Entscheidung zugunsten der Fortführungswerte

---

[276] In diesem Sinne jedenfalls Meyer-Landrut, S. 337.
[277] Diese Hoffnungen spricht Hans-Peter Müller, Rn. 3, aus.
[278] Auf dieses Dilemma verweist Tiedemann, Insolvenz-Strafrecht, Vor § 283 Rn. 130.
[279] So der Einwand von Wegner, S. 288.
[280] Näher dazu im 3. Teil, III. 7.
[281] Hierin sind sich die ansonsten wenig konform gehenden Autoren Haack, S. 1353 und Franzheim, S. 2502 einig.
[282] Vgl. hierzu Bittmann, wistra 1999, S. 10; Scholz-K. Schmidt § 63 Rn. 11.
[283] Nach Tiedemann, Insolvenz-Strafrecht, Vor § 283 Rn. 153, muß das keineswegs immer so sein.

hat demnach weitreichende Folgen. Die Überschuldung tritt auf Grundlage dieses Bewertungsansatzes nämlich später ein.

Teilweise wird verlangt, die Überschuldungsbilanz stets auf Grundlage der Zerschlagungswerte zu erstellen. Nur auf diese Weise sei ein ausreichender Gläubigerschutz gewährleistet, den schließlich das Insolvenzrecht bezwecke.[284] Entgegengehalten wird dem, daß danach drei Viertel aller Unternehmen de facto überschuldet seien.[285] Dies kollidiere im übrigen mit dem Schuldprinzip des Strafrechts. Die Insolvenzsituation kann schließlich Strafbarkeitsvoraussetzung sein.[286] Hiergegen wird wiederum vorgebracht, das bedauerliche Faktum der großen Zahl unterkapitalisierter Unternehmen, könne nicht dazu führen, daß der strafrechtliche Gläubigerschutz durch eine restriktive Auslegung des Tatbestandsmerkmals der Überschuldung ausgehöhlt werde.[287] Auf der anderen Seite darf nicht vergessen werden, daß die Liquidation eines Unternehmens keineswegs immer im Sinne des Gläubigerschutzes sein muß.[288]

Einen vermittelnden Weg versucht die sogenannte zweistufige Überschuldungsprüfung zu gehen. In der ersten Stufe wird anhand von Finanz- und Ertragsplänen die Lebensfähigkeit des in die Krise geratenen Unternehmens überprüft. In der zweiten Stufe werden erst die Aktiva einer Bewertung unterzogen.[289] Um dies beurteilen zu können, bedarf es zunächst einer Datensammlung, die von dem Unternehmer zu erstellen ist. Ein seriöser Unternehmer wird ohnehin über entsprechendes Zahlenmaterial verfügen. Aus diesem läßt sich meist ziemlich genau die wirtschaftliche Situation des Unternehmens herauslesen.

Jedenfalls wird ohne eine ausreichende Substantiierung und Dokumentation der wirtschaftlichen Lage eine positive Fortbestehensprognose nicht vorgenommen werden können.[290] Der Unternehmer kann die günstige Fortbestehensprognose nicht allein auf naives Gottvertrauen stützen.[291] Die Fortführungswerte können danach nur zum Ansatz gebracht werden, wenn konkrete Anhaltspunkte für den Fortbestand des Unternehmens sprechen, was im Zweifel vom Unternehmer zu belegen ist. Der Fortbestand des betroffenen

---

[284] Vgl. Franzheim, S. 2501.
[285] So der Einwand von Schlüchter, MDR 1978, S. 265; ähnlich auch Hommel, S. 305. Im übrigen wären nach Roth, S. 171, auf dieser Grundlage viele gesunde Unternehmen bereits am Tage ihrer Gründung rechnerisch überschuldet.
[286] So der Hinweis bei SK-Samson, Vor § 283 Rn. 8.
[287] Siehe die Argumentation von Franzheim, S. 2502.
[288] In diesem Sinne Hommel, S. 306.
[289] Stypmann, S. 89.
[290] Darauf weist Hans-Peter Müller, Rn. 19, hin.
[291] Mit erhobenem Zeigefinger unterstreicht dies Bittmann, wistra 1999, S. 17.

Unternehmens müßte überwiegend wahrscheinlich sein.[292] Eine solche Vorgehensweise widerspricht aber den strafrechtlichen Grundsätzen. Danach müßte geradezu umgekehrt verfahren werden, die Liquidationswerte dürften nur zur Anwendung kommen, wenn die Prognose negativ ausfällt.[293] Negativ soll diese Fortführungsprognose jedoch nur gewertet werden, wenn die Anzeichen eindeutig dafür sprechen. Dies wird nur in den seltensten Fällen zutreffen, etwa dann, wenn keine vernünftige Chance mehr für das in wirtschaftliche Schwierigkeiten geratene Unternehmen besteht, trotz Überschuldung fortgeführt zu werden.[294]

Die sogenannte modifizierte zweistufige Überschuldungsprüfung verfährt gewissermaßen umgekehrt wie die normale zweistufige Prüfung. Zunächst muß die rechnerische Überschuldung auf Grundlage der Liquidationswerte festgestellt werden. Dieser kommt aber nur Bedeutung zu, wenn im Anschluß daran die Fortbestehensprognose negativ ausfällt. Kommen beide Teilbereiche zu negativen Ergebnissen, liegt rechtlich eine Überschuldung vor, die dann die Insolvenzantragspflicht des Geschäftsführers nach sich zieht.[295] Überschuldung ist danach gegeben, wenn neben der rechnerischen Überschuldung die Finanzkraft nicht ausreicht, um das Unternehmen fortzuführen.[296]

Der Gesetzgeber hat sich von dem vom Bundesgerichtshof favorisierten modifizierten zweistufigen Überschuldungsbegriff nicht überzeugen lassen, vielmehr hat er sich von dieser Vorgehensweise ausdrücklich distanziert,[297] weshalb es nicht zu einer entsprechenden gesetzlichen Fixierung in der neuen Insolvenzordnung gekommen ist. Der Gesetzgeber hat einer alternativen zweistufigen Prüfung des Überschuldungsstatus den Vorzug gegeben. Eine bilanzielle Bewertung soll danach anhand von Fortführungswerten vorgenommen werden, zumindest solange eine Fortführung nach den Umständen überwiegend wahrscheinlich ist. Mithin ist zuerst die Fortbestehensprognose anzustellen, die in der Regel positiv ausfallen wird, wie das Unternehmen noch aktiv ist.[298] Wird nun anhand der Werte festgestellt, daß eine Überschuldung vorliegt, ist unverzüglich Insolvenzantrag zu stellen. Kritikwürdig an dieser Methode ist, daß bei positiver Prognose, das Unternehmen trotzdem zu liquidieren ist, wenn sich ein negatives Statusergebnis anschließt.[299] Vergessen werden darf aber

---

[292] Siehe hierzu Bittmann, wistra 1999, S. 17 m.w.N.
[293] Diesen Schluß ziehen deshalb auch Lüderssen, Überschuldung, S. 678; Stypmann, S. 89; Lackner/Kühl, § 283 Rn. 6.
[294] Meyer-Landrut, S. 341.
[295] Vgl. Jauernig, S. 256; Uhlenbruck, wistra 1996, S. 6.
[296] Siehe BGHZ 119, 201, 214 f., der sich hiermit der modifizierten zweistufigen Überschuldungsprüfung angeschlossen hat.
[297] Siehe die Ausführungen in BT-Drucks. 12/7302, S. 157.
[298] Siehe die Erläuterungen bei Reck, S. 200.
[299] Diesen berechtigten Einwand erhebt Hommel, S. 304 f.

nicht, daß die positive Prognose hier auf unsicheren Daten beruht und deshalb nicht überbewertet werden darf.

Ob bei der Überschuldungsprüfung nun Liquidations- oder Fortführungswerte anzusetzen sind, richtet sich vor allem auch danach, welcher Weg strafrechtlich noch zulässig oder zumindest noch vertretbar erscheint. Jedenfalls muß der eingeschlagene Weg noch mit dem Bestimmtheitserfordernis des Art. 103 Abs. 2 GG in Einklang zu bringen sein.[300] Über diesen Grundsatz kann aus strafrechtlicher Perspektive bei der Frage nach der Fortführungswahrscheinlichkeit nicht hinweggegangen werden. Der Begriff der Wahrscheinlichkeit ist für das Bestimmtheitsgebot zu konturlos als daß er für das Strafrecht Verwendung finden könnte.[301] Darüber hinaus würde die generelle Annahme der Liquidationswerte eine Rechtsfolge des Insolvenzverfahrens vorwegnehmen, die eben noch gar nicht feststeht. Ob das insolvente Unternehmen letztlich saniert oder liquidiert wird, muß im Laufe des Insolvenzverfahrens erst noch herausgefunden werden.

Folgt man dem Wortlaut von § 19 Abs. 2 InsO, so spricht sich dieser eindeutig für die zweistufige Prüfungsmethode aus, indem bezüglich der Bewertung von der Fortführung des Unternehmens die Rede ist, sofern diese überwiegend wahrscheinlich ist. Zunächst ist also eine Fortbestehensprognose anzustellen. Der modifizierten Prüfungsmethode ist somit durch die Einführung der neuen Insolvenzordnung eine Absage erteilt worden. Im übrigen gilt im Strafprozeß gemäß § 244 Abs. 2 StPO der Amtsermittlungsgrundsatz. Daraus folgt, daß das Gericht dem Beschuldigten nachweisen muß, daß die ungünstigere Prognose zutrifft und die Liquidationswerte anzusetzen sind. Bleiben Zweifel bestehen, so gilt in dubio pro reo.[302] Ein solcher Nachweis wird in der Praxis nur selten so zu führen sein, daß keine Zweifel bestehen bleiben. Entgegengehalten wird dem, der strafrechtliche Grundsatz „in dubio pro reo" gelte für die Feststellung der Überschuldung nicht. Er gelte nur bei Zweifeln am Vorhandensein oder am Fehlen von Tatsachen. Beziehen sich die Zweifel hingegen auf Rechtsfragen, so findet in dubio pro reo keine Anwendung.[303] Die von § 19 Abs. 2 InsO verlangte überwiegende Wahrscheinlichkeit kann für das Strafrecht nicht in dieser Rigorosität Geltung erhalten, sondern muß abgemildert werden. Die Fortführungswerte sind demnach anzusetzen, solange die Fortführung nicht ganz

---

[300] Lüderssen, Überschuldung, S. 685; Stypmann, S. 92; Ransiek, S. 154.

[301] So auch Moosmayer, S. 165.

[302] Lüderssen, Überschuldung, S. 685. Reck, S. 200, weist auf diesen Ansatz nur bezüglich der Überschuldung in den neuen Bundesländern hin. Der Ansatz von Fortführungswerten sei nicht nachteilig und deshalb mit dem Grundsatz in dubio pro reo vereinbar. Auf den Gedanken, aus diesem Grunde generell die Fortführungswerte den Liquidationswerten vorzuziehen, kommt er aber offensichtlich nicht.

[303] So der Einwand von Bittmann, wistra 1999, S. 17.

unwahrscheinlich ist.[304] Es spricht deshalb einiges dafür, solange die Fortführungswerte anzusetzen wie die Unternehmenstätigkeit noch nicht eingestellt wurde. Die grundsätzlich ungünstigeren Liquidationswerte dürfen strafprozessual nur zugrundegelegt werden, wenn die Nichtfortführung des Unternehmens mit an Sicherheit grenzender Wahrscheinlichkeit zu dem Zeitpunkt, in dem das in Frage stehende Tun oder Unterlassen vorgenommen wurde, aus ex ante Sicht feststand.[305]

Aus wirtschaftlicher Sicht ist es selbstverständlich unsinnig, ein grundsätzlich ertragfähiges Unternehmen in die Insolvenz zu treiben, nur weil zu einem bestimmten Zeitpunkt keine ausreichende Deckung der Passiva durch die Aktiva vorgewiesen werden kann.[306] Die Überschuldung muß aber nicht unbedingt dauerhaft sein. Eine sofortige Liquidation würde gegebenenfalls ohne Not zur Vernichtung des Unternehmens und damit gleichzeitig des Gläubigerkapitals führen.[307] Im übrigen belegen empirische Untersuchungen, daß selbst eine solide Kapitalausstattung keine Garantie für den Fortbestand des Unternehmens abgibt. Die wichtigsten Indikatoren für den Erfolg eines Unternehmens stammen aus dem Absatz- und Vertriebsbereich.[308] Nicht jedes Unternehmen, das Gefahr läuft insolvent zu werden, muß aber diesbezüglich mit Schwierigkeiten kämpfen. Fatal und vor allen Dingen volkswirtschaftlich kontraproduktiv wäre es aber, ein solches Unternehmen einfach zu liquidieren.

Aufgrund der Unbestimmtheit des Überschuldungsbegriffs kann aus strafrechtlicher Sicht eine Überschuldung nur angenommen werden, wenn alle ernsthaft vertretenen Schätzungen zu einem solchen gemeinsamen Ergebnis führen.[309] Zu derartiger Zurückhaltung verdammt, ist ein erweiterter Rechtsgüterschutz mittels der neuen Insolvenzordnung natürlich nicht zu erreichen. Die Begrifflichkeiten des Insolvenzrechts sind aber eben für das Strafrecht vielfach zu unbestimmt. Die Justitiabilität des Überschuldungsbegriffs ist somit genausowenig gegeben wie derjenige der Zahlungsunfähigkeit.[310]
Im übrigen darf stark bezweifelt werden, ob die Überschuldung eine Frühwarnfunktion einnimmt. Durch das kaum zu eliminierende prognostische Element in den Insolvenztatbeständen kommt es zu unerfreulicher Rechtsunsicherheit.[311] Der Tatbestand der Überschuldung bringt die Insolvenzordnung jedenfalls dem Ziel der zeitlichen Vorverlagerung der Insolvenzeröffnung nicht näher. Für das

---

304 Tiedemann, Insolvenz-Strafrecht, Vor § 283 Rn. 155.
305 In diesem Sinne auch Tiedemann, Insolvenz-Strafrecht, Vor § 283 Rn. 154; Lackner/Kühl, § 283 Rn. 6.
306 In diesem Sinne Uhlenbruck, GmbH & Co. KG, S. 97 f.
307 Dies gibt Reck, S. 199, zu bedenken.
308 Grub/Rinn, S. 1585; aus kriminologischer Sicht siehe Kaiser, Kriminologie, § 74 Rn. 40.
309 In dieser Klarheit auch Tiedemann, Insolvenz-Strafrecht, Vor § 283 Rn. 159
310 Diesen Schluß zieht auch Hommel, S. 305.
311 So die Bedenken von Hopt, Probleme der Insolvenzvermeidung, S: 31.

Strafrecht ist der Überschuldungstatbestand kaum brauchbar, läßt er sich doch nicht in die strafrechtliche Dogmatik pressen, ohne daß man dieser zu sehr Gewalt antun müßte. Ob man nun so weit wie Peter Schlosser gehen will und völlig auf einen Insolvenzeröffnungsgrund verzichten will, steht grundsätzlich auf einem anderen Blatt.[312] Ein Ausweg wäre vielleicht, die Unwägbarkeiten nicht verkrampft aus dem Weg räumen zu wollen, sondern sie akzeptieren zu lernen und nach wirklichen Alternativen zu suchen.[313]

b) Die Auswirkungen der Insolvenz auf den Straftatbestand des § 266 a Abs. 1 StGB

Zahlt der Unternehmer die fälligen Beiträge an die Krankenkassen nicht, weil er insolvent ist, stellt sich die Frage, welchen Einfluß dies auf den Straftatbestand des Vorenthaltens von Beiträgen zur Sozialversicherung nach § 266 a Abs. 1 StGB hat. Die Konsequenzen einer Insolvenz sind sowohl rechtlicher als auch tatsächlicher Natur. Zum einen wird es dem Unternehmen zu einem solchen Zeitpunkt häufig schlichtweg an Geld fehlen, das heißt es ist im eigentlichen Sinne des Wortes zahlungsunfähig. Zum anderen hat die Insolvenz rechtliche Auswirkungen, wie etwa das gesellschaftsrechtliche Zahlungsverbot nach § 64 GmbHG oder die Verhängung des Verfügungsverbots nach § 80 InsO.

Das gesellschaftsrechtliche Zahlungsverbot ist eine spezielle Kollisionsnorm.[314] Sie ist Ausfluß des Gläubigerschutzsystems unserer Rechtsordnung und ist demnach in Zusammenhang mit dem Verfügungsverbot gemäß § 80 InsO zu sehen. Die Verfügungsbefugnis geht dabei auf den Insolvenzverwalter über. Die Insolvenzmasse soll auf diese Weise gesichert werden.[315] Das geschäftsführende Organ, das diesem Verbot zuwider handelt, läuft Gefahr, sich schadensersatzpflichtig zu machen. Es soll eben nicht so sein, daß einige wenige Gläubiger zu 100 % befriedigt werden, obwohl ihnen nur die Insolvenzquote zustehen würde.[316] Durch eine bevorzugte Befriedigung würde sich schließlich die Insolvenzquote insgesamt reduzieren, wodurch den übrigen Gläubigern ein meßbarer Schaden entsteht. Dieses Weniger stellt die sogenannte Differenzquote dar, die von dem jeweiligen Organ herausverlangt werden kann.[317] Aufgrund des Zahlungsverbots darf der Unternehmer in der Insolvenz demnach grundsätzlich keine Zahlungen mehr leisten.

---

312 Schlosser, S. 13 ff.
313 Hierzu näher im 4. Teil der Arbeit.
314 Zu dem Begriff der Kollisionsnorm siehe Hruschka, FS f. Dreher, S. 194 f.
315 Vgl. Bork, Rn. 22 ff.
316 Eine ordnungsgemäße Verteilung soll durch das Zahlungsverbot gewährleistet werden. Siehe Baumbach/Hueck-Schulze-Osterloh, § 64 Rn. 1.
317 Dieser Gefahr sieht sich der Geschäftsführer ausgesetzt. Vgl. Liebs, S. 369.

Welche Bedeutung dies für den Tatbestand des Vorenthaltens nach § 266 a Abs. 1 StGB hat, ist durchaus streitig. Teilweise wird gesagt, das Vorenthalten sei bereits verwirklicht, wenn allein die Zahlung der fälligen Beiträge unterblieben ist.[318] Andere wiederum fordern, ein Vorenthalten im Sinne des § 266 a Abs. 1 StGB sei nur gegeben, wenn der Arbeitgeber die Beiträge nicht zahlt, obwohl er dazu in der Lage ist. Vorenthalten sei demnach Nichtzahlen trotz Zahlungsfähigkeit.[319] Andernfalls fehle es an der Handlungsfähigkeit. Diese sei aber Voraussetzung für die Strafbarkeit bei einem Unterlassungsdelikt wie dem § 266 a Abs. 1 StGB.[320] Dritte argumentieren, das Problem stelle sich in dieser Form gar nicht. Unmöglich sei die Leistung dem Arbeitgeber nur, wenn er seine Zahlungen vollständig eingestellt habe, das heißt er eben auch keine Löhne mehr zahle, womit gleichzeitig die Pflicht zur Abführung der Sozialversicherungsbeiträge entfalle.[321] Im übrigen stellt sich das Problem erneut in den Weg, wenn nur noch ein bißchen Geld vorhanden ist, mit dem nicht mehr alle Verpflichtungen befriedigt werden können. Eine Prioritätensetzung ist dann unausweichlich. Was spräche nun aber dagegen, den Arbeitnehmern ihren Lohn vollständig auszuzahlen, selbst wenn für die Abführung der Beiträge zur Sozialversicherung dann kein Geld mehr vorhanden wäre? Jedenfalls spräche nach geltender Gesetzeslage die Gefahr dagegen, sich der Strafbarkeit nach § 266 a Abs. 1 StGB auszusetzen. Es ist allerdings äußerst fraglich, ob dies wünschenswert ist.[322] Teilweise wird einfach behauptet, im Falle der sich widersprechenden Normen dürfe eine einschränkende Auslegung nicht auf Kosten des Straftatbestands des § 266 a Abs. 1 StGB erfolgen. Es müsse vielmehr bei den gesellschaftsrechtlichen Normen angesetzt werden. Die Abführung der Sozialversicherungsbeiträge müßte demnach von dem gesellschaftsrechtlichen Zahlungsverbot ausgenommen sein.[323] Eine plausible Erklärung wird für diese Auffassung nicht angeboten. Es liegt keineswegs auf der Hand, einer Strafrechtsnorm per se Vorrang vor anderen Normen einzuräumen. Andere Stimmen wiederum befürworten im Falle der Insolvenz eine Aussetzung der Abführungspflicht.[324] Wohl aus diesem Grunde wurde vom Landgericht Hagen die Strafbarkeit des Geschäftsführers einer GmbH verneint, der in der Phase der Zahlungsunfähigkeit keine Beiträge an die Sozialversicherungsträger abführte, mangels rechtlicher Handlungsmöglichkeiten aufgrund von § 64 Abs. 2 GmbHG.[325]

---

[318] In dieser Rigorosität LG Augsburg NJW 1992, S. 2642 f.
[319] Vgl. BGH NJW 1997, S. 133; OLG Düsseldorf WiB 1997, S. 922; OLG Celle wistra 1996, S. 114; Bente, wistra 1992, S. 178.
[320] Den dogmatischen Voraussetzungen des Unterlassungsdelikts folgen insoweit Sch-Sch-Stree, Vorbem. §§ 13 ff Rn. 141; Tröndle/Fischer, § 266 a Rn. 12; Winkelbauer, S. 17.
[321] In diesem Sinne Scholz-Schneider, § 43 Rn. 255 l.
[322] Zur Tilgungspräferenz der Sozialversicherungsbeiträge siehe oben unter III. 4.
[323] So die Auffassung Sch-Sch-Lenckner, § 266 a Rn. 10; Bente, Diss., S. 66. Erklären läßt sich das nur, wenn man den Sozialversicherungsbeiträgen generell einen Tilgungsvorrang einräumt, was hier abgelehnt wird.
[324] Rönnau, wistra 1997, S. 13 f.
[325] LG Hagen, WiB 1997, S. 760 f.

Mit einer generellen Straflosigkeit bei Insolvenz wollen sich viele nicht einverstanden erklären. Sie bedeute eine Privilegierung der juristischen Person und ihrer handelnden Organe. Der Einzelunternehmer könne sich aufgrund des Fehlens entsprechender Normen nicht auf ein Zahlungsverbot berufen.[326] Der unredliche, kreditunwürdige Arbeitgeber würde einen Wettbewerbsvorteil gegenüber dem rechtstreuen einheimsen, während letzterer sich doch im Gegensatz zu ersterem um die Aufrechterhaltung seiner Zahlungsfähigkeit bemüht.[327] Eine solche Anschauung setzt freilich voraus, die Kreditwürdigkeit mit Redlichkeit gleichzusetzen und umgekehrt. Dem ist nicht zu folgen. Zwar mag in dem Bemühen, die eigene Zahlungsfähigkeit aufrechtzuerhalten, tatsächlich eine große Arbeitsleistung stecken, dies aber in Beziehung zur Redlichkeit zu setzen, geht zu weit. Selbst die Hinnahme laufender Verluste soll keine Strafbarkeit begründen können.[328] Einem wirtschaftlich ungeschickt agierenden Unternehmer mag man zwar vieles vorwerfen können, ökonomischer Dilettantismus hat seine Wurzel aber nicht in Unredlichkeit. Auf der anderen Seite ist es geradezu typisch für das Wirtschaftsstrafrecht in erster Linie die Gescheiterten und nicht die Erfolgreichen der strafrechtlichen Verfolgung auszusetzen.[329] Unter volkswirtschaftlichen Gesichtspunkten kann es sinnvoll sein, die in kaufmännischen Dingen ungeschickten Unternehmer aus dem Wirtschaftsleben auszuschließen. Dieses Ziel wird jedoch indirekt ohnehin erreicht, indem diese Unternehmer meist in die Insolvenz steuern. Das Strafrecht sollte in einer solchen Situation insbesondere nach dem ultima ratio Grundsatz nur sehr zurückhaltend angewendet werden.

Der Grat zwischen einer strafrechtlich irrelevanten Fehlentscheidung und einer Insolvenzstraftat ist demnach äußerst schmal. Auf der einen Seite muß der Unternehmer in seinem Tun an bestimmte Vorgaben gebunden sein. Sein Handeln kann sich nicht allein an seinem Willen bzw. seiner Willkür orientieren. Auf der anderen Seite ist zu verhindern, daß der tüchtige Unternehmer permanent mit einem latenten Strafbarkeitsrisiko belastet wird.[330] Dies würde einer Wirtschaftsordnung nicht gut tun, die darauf aufbaut, daß der einzelne Chancen

---

[326] Siehe die Einwände von Hellmann, S. 1007, der freilich vergißt, daß die Normen und Pflichtenkollision für den Geschäftsführer der GmbH nun einmal ein tatsächliches Problem darstellt. Es geht nicht darum, dem Geschäftsführer hier Schlupflöcher zu eröffnen.

[327] So die Argumentation von Fritz, S. 115; ebenso Tag, Diss., S. 117. Zu dem Phänomen der Dynamik eines Soges nach unten im Wirtschaftsleben siehe Kaiser, Kriminologie, § 72 Rn. 9. Im Extremfall führe dieser Sog dazu, daß man entweder mittun müsse oder zum Untergang verdammt sei.

[328] Siehe den Hinwies von Tiedemann, Insolvenz-Strafrecht, Vor § 283 Rn. 6.

[329] Ebenso die Einschätzungen von Schlüchter, 2. WiKG, S. 37 und von Kaiser, Einführung, S. 510.

[330] Vgl. Dierlamm, S. 155.

suchen muß, was jedoch stets mit Risiken behaftet ist.[331] Dem unternehmerischen Handeln ist das Insolvenzrisiko praktisch immanent.

Der Beitragsschuldner, der sich auf die Unmöglichkeit der Zahlung der Beiträge zur Sozialversicherung beruft, wird diese beweisen müssen. Ihn trifft hinsichtlich dieses Vorbringens die Darlegungs- und Beweislast. Dieser Umstand fällt in die Sphäre des Unternehmers, weshalb eine Verlagerung der Beweislast auf ihn gerechtfertigt erscheinen mag.[332] Der Sozialversicherungsträger als Beitragsgläubiger wird zu einem Nachweis, daß dem Arbeitgeber die Zahlung sehr wohl möglich gewesen ist, grundsätzlich nicht in der Lage sein. Wie es konkret um die Liquidität des Beitragsschuldners bestellt ist, wird sich mangels detaillierter Informationen seiner Kenntnis entziehen. Dem Unternehmer, der bereits den Gang zum Insolvenzrichter hinter sich gebracht hat oder dem dieser unmittelbar bevorsteht, dürfte diese Beweislast allerdings kein Kopfzerbrechen bereiten. Ihr nachkommen muß er gleichwohl, was hier unterstrichen werden soll. Versäumt der Unternehmer hingegen die Stellung des Insolvenzantrags, wird eine Strafbarkeit nach § 266 a Abs. 1 StGB befürwortet, selbst wenn die Abführung der Beiträge unmöglich ist. Der Arbeitgeber geriere sich dadurch nämlich so, als stünden ihm noch ausreichend Geldmittel zur Verfügung.[333] Das eigentliche Problem wird von dieser Argumentation einfach negiert, nämlich das der Normen- und Pflichtenkollision in der Insolvenz.

Das Strafrecht kann mit seinen Regelungen nur effizient sein, wenn sich der dadurch vermittelte Rechtsgüterschutz nicht konträr zur übrigen Rechtsordnung verhält. Widersprüche führen hierbei zu einer Orientierungslosigkeit, die sich ein durchsetzungsfähiges Strafrecht nicht leisten kann.[334] Zumindest der Unwertgehalt des jeweiligen sanktionierten Verhaltens muß klar determiniert sein.[335] Dieser aufklärerische Grundgedanke besagt letztlich nichts anderes, als daß das Gesetz dem einzelnen einen Verhaltensmaßstab an die Hand geben soll, wodurch diesem eine Freiheitsgarantie zuerkannt wird. Der staatlich strafende Eingriff sollte somit für den Normadressaten berechenbar werden.[336]
Die Konfliktlage, in die der Unternehmer in der Insolvenz geraten kann, hat der Gesetzgeber offensichtlich wahrgenommen.[337] Aus diesem Grunde hat er im Zuge der Neuregelung bei Einführung des § 266 a StGB einen Strafbe-

---

[331] Natürlich darf es nicht so sein, daß jedermann nur seinen eigenen Vorteil sucht und dabei das Gemeinwohlinteresse unterläuft. Zu diesem Konflikt siehe Eucken, S. 355 ff.
[332] So zumindest die Entscheidung des OLG Düsseldorf NJW-RR 1996, S. 290.
[333] Diese Argumentation verfolgen Pape/Voigt, S. 832.
[334] Zu Ziel und Zweck von Strafe siehe 3. Teil, II.
[335] Vgl. Moosmayer, S. 132; ebenso Dierlamm, S. 154. Letztlich folgt dieser Hinweis aus dem Rechtsstaatgebot.
[336] Siehe die Ausführungen und Nachweise bei Tiedemann, Tatbestandsfunktionen, S. 175; ebenso Dierlamm, S. 154.
[337] So ausdrücklich in BT-Drucks. 10/5058, S. 23; ebenso BT-Drucks. 10/318, S. 30 f.

freiungstatbestand mit eingeführt, der seinen Niederschlag in § 266 a Abs. 5 StGB gefunden hat.[338] In den Genuß der Straffreiheit kommt der Unternehmer danach aber nur, wenn er die Beiträge nachentrichtet, was zudem innerhalb einer angemessenen Frist zu geschehen hat. Durch diese Strafbefreiungsoption könne das dogmatische Problem gebannt werden, das bei Bestrafung einer Unterlassungstat trotz Unmöglichkeit zum normgemäßen Verhalten entstehen würde.[339]

Eine Strafbefreiungsvorschrift sollte jedoch stets eine Ausnahmeregelung darstellen, was hierbei wohl vergessen wird. Sie kann erst, nachdem die Tatbestandsmäßigkeit bejaht wurde, zum Einsatz kommen. Bei § 266 a Abs. 5 StGB will man scheinbar umgekehrt verfahren, das heißt, über die Tatbestandsmäßigkeitsprüfung wird sorglos hinweggegangen in der Gewißheit, am Ende gebe es ja noch die Notbremse der Strafbefreiung. Korrigiert man einen Tatbestand, indem eine damit korrespondierende Ausnahmebestimmung weit ausgelegt wird, deutet dies darauf hin, daß der Tatbestand selbst zu weit gefaßt wurde. Redlicherweise sollte man dann aber eine Konkretisierung des Tatbestands vornehmen und sich nicht mit einer extensiven Ausweitung der Ausnahmevorschrift bescheiden.[340] Daß die Strafbefreiungsvorschrift des § 266 a Abs. 5 StGB kaum einschlägig sein dürfte, wenn eine Strafbarkeit bei Unmöglichkeit generell abgelehnt wird, liegt auf der Hand, ist aber ein schwaches Argument. Jedenfalls kann die bloße Existenz einer Ausnahmevorschrift nicht die Regel begründen.

V. Ausblick auf den weiteren Gang der Untersuchung

Festzuhalten bleibt, daß das Vorenthalten der Sozialversicherungsbeiträge typischerweise in einer insolvenzähnlichen Situation auftritt, die von der Unfähigkeit des Unternehmers, seine fälligen Verbindlichkeiten begleichen zu können, gekennzeichnet ist.[341] Der Tatbestandsausschluß bei Insolvenz würde § 266 a Abs. 1 StGB in der Bedeutungslosigkeit verschwinden lassen, weil er praktisch nicht zur Anwendung kommen könnte. Der Intention des Gesetzgebers, bestehende Strafbarkeitslücken zu schließen, liefe eine solche Auslegung sicherlich zuwider.[342] Für die Wirksamkeit eines Straftatbestands ist es nicht förderlich, wenn er aufgrund eines Tatbestandsausschlusses meist gar nicht einschlägig wird.

---

[338] Vgl. BT-Drucks. 10/318, S.30 f.
[339] So die Auffassung von Weber, NStZ 1986, S. 488. Ähnlich Fritz, S. 114 f; Bittmann, wistra 1999, S. 449; Tag, Diss., S. 117 m.w.N.
[340] In diesem Sinne auch Liebs, S. 375, hin.
[341] So der berechtigte Einwurf von Tag, Diss., S. 125 f.
[342] Für Tag, Diss., S. 117, erhebt sich gegen eine solche strikte Auslegung deshalb das Rechtsgefühl.

Dennoch sollte man sich davor hüten, aufgrund der auftretenden Schwierigkeiten leichtfertig sämtliche rechtsdogmatische Grundsätze über Bord zu werfen. Einfach wird dies nicht werden, was sich bereits aus dem soeben Dargelegten ergibt. Eine Vorverlagerung der Fälligkeitstermine der Beiträge könnte gegebenenfalls abhelfen.[343] Außerdem könnte man die Strafbarkeit an eine zeitlich vorgelagerte Handlung anknüpfen lassen. Mittels einer Konstruktion der Rechtspflicht zur Erhaltung der Zahlungsfähigkeit könnte das bewerkstelligt werden. Der Unternehmer müßte demnach für seine Zahlungsfähigkeit am Fälligkeitstermin der Sozialversicherungsbeiträge vorsorgen. Die Rechtsfigur der omissio libera in causa wird hierfür angeboten.[344] All diese Lösungsvorschläge, die den Straftatbestand des § 266 a Abs. 1 StGB vor einer drohenden Bedeutungslosigkeit retten sollen, sind jedoch mit nicht unerheblichen dogmatischen Schwierigkeiten behaftet. Sie bedürfen deshalb einer genaueren Untersuchung, inwieweit der Schutz des Sozialversicherungsaufkommens mit Hilfe des Strafrechts zum einen möglich und zum anderen wirksam ist. Dies soll im nun folgenden 3. Teil dieser Arbeit geschehen.

[343] So etwa Wegner, S. 288 f. m.w.N.
[344] Vgl. etwa OLG Celle wistra 1996, S. 114; SK-Samson/Günther, § 266 a Rn. 28 ff.

3. Teil: Strafrechtliche Lösungsansätze

I. Der § 266 a Abs. 1 StGB als Tatbestand des Wirtschaftsstrafrechts

Bevor wir uns nun den Möglichkeiten einer strafrechtlichen Bewältigung der aufgetretenen Probleme im Zusammenhang mit § 266 a Abs. 1 StGB in der Insolvenz der GmbH zuwenden, bedarf es einer Einordnung dieses Delikts in das Gesamtgefüge des Strafrechts. Dies ist notwendig, um sich zum einen die Ziele, zum anderen aber auch die Grenzen des Strafrechts bewußt zu machen. Das Strafrecht, soviel sei bereits vorweggenommen, ist eben kein Allheilmittel. Erst wenn das Umfeld klar abgesteckt ist, kann der Wirkungsgrad und damit die Legitimation des § 266 a Abs. 1 StGB definiert werden.

1. Die Besonderheiten des Wirtschaftsstrafrechts

Wirtschaftsstrafrecht bezweckt die Verhinderung von Machtmißbrauch im Bereich der Wirtschaft. Eine Abgrenzung zum allgemeinen Vermögensstrafrecht mag nicht immer einfach sein. Dessen Rechtsgüterschutz hat einen rein individuellen Bezug, während der des Wirtschaftsstrafrechts darüber hinausgeht und neben dem individuellen Vermögen und der Handlungsfreiheit der am Wirtschaftsleben Beteiligten den Schutz der Wirtschaftsordnung als Ganzes umfaßt.[345] Das Wirtschaftsverwaltungsrecht gehört ebenfalls dazu. Mit Hilfe des Wirtschaftsverwaltungsrechts greift der Staat in die Wirtschaft ein und reguliert sie. Hierzu zählt beispielsweise das Marktordnungs- und das Außenwirtschaftsstrafrecht.[346] Zweck des modernen Wirtschaftsstrafrecht ist es, die Wirtschaftsordnung vor wirtschaftsspezifisch sozial inadäquatem Verhalten zu schützen.[347] Es reglementiert die unternehmerische Tätigkeit. Das Strafrecht hat komplexe wirtschaftliche Zusammenhänge durch möglichst simplifizierende Tatbestandsmerkmale zu beschreiben.[348] Diesen hohen Anforderungen ist das Strafrecht nicht ohne weiteres gewachsen. Die Legitimität des Wirtschaftsstrafrechts, wie des Strafrechts allgemein, wird an der Wirksamkeit gemessen, wie es sich im Dienste des ökonomischen Ziels bewährt. Dieser Anspruch wird spätestens dann nicht mehr erfüllt sein, wenn er entgegen dem Zweck ökonomischer Effizienz wirkt.[349]

Das Wirtschaftsstrafrecht wird unterteilt in Wirtschaftsstrafrecht im engeren Sinne und Wirtschaftsstrafrecht im weiteren Sinne. Von ersterem spricht man bei Strafnormen, die die Gesamtwirtschaft oder deren funktionell wichtige

---

[345] Siehe Tiedemann, Bd. 1, S. 50; M-G-Richter, § 3 Rn. 27. Zum überindividuellen Charakter des Wirtschaftsstrafrechts siehe auch Eisenberg, § 47 Rn. 2.
[346] Siehe die Hinweise bei Tiedemann, Bd. 1, S. 50 f.
[347] Fritz, S. 11; Weber, NStZ 1986, 481.
[348] Ransiek, S. 126.
[349] Albrecht/Braum, S. 476.

Zweige zum Schutzobjekt haben.[350] Nach früher wohl als herrschend zu bezeichnendem Verständnis zählte man zum Wirtschaftsstrafrecht nur denjenigen Teil des Strafrechts, der das Wirtschaftsverwaltungsrecht mit Strafdrohung bewehrte, also das Recht der staatlichen Lenkung und Überwachung der Wirtschaft.[351] Das Wirtschaftsstrafrecht hatte nach dieser Definition keine wesentliche Bedeutung und führte ein Schattendasein. Mit dem Loslösen des Wirtschaftsrechts von dem Verwaltungsrecht ging eine Erweiterung des Begriffsverständnisses von dem, was Wirtschaftsstrafrecht eigentlich ist, einher. Eine freie Wirtschaftsordnung ist auf ein gegenseitiges Vertrauen der Beteiligten angewiesen. Das Wirtschaftsstrafrecht pönalisiert deshalb den Mißbrauch dieses notwendigen Vertrauens.[352]

Die besondere Schwierigkeit einer exakten Definition von Wirtschaftsstrafrecht besteht darin, daß es an eindeutig abgrenzbaren Begriffen mangelt. Im Bereich der Tötungs- oder Sexualkriminalität oder dem Verkehrsstrafrecht ist das anders. Die moderne Kriminologie neigt jedoch verstärkt dazu, weniger an die Taten, als vielmehr an die Täter anzuknüpfen.[353] Wohl aus diesem Grunde wird das Wirtschaftsstrafrecht häufig als sogenannte „white-collar-Kriminalität" bezeichnet.[354] White-collar-Kriminalität zeichnet sich dadurch aus, daß die Täter versuchen, sich trotz kriminellen Verhaltens weiterhin in der Scheinlegalität zu bewegen. Solche gemeinhin als Intelligenztäter bezeichnete Kriminelle sind sich des Verbotenen ihres Tuns gar nicht bewußt, genauso wie sie von der Öffentlichkeit nicht als Kriminelle wahrgenommen werden. White-collar-Kriminalität wird definiert als „sozialwidriges, auf Bereicherung gerichtetes Verhalten, das von Personen in Stellungen von sozialem Ansehen innerhalb ihres Berufes dadurch praktiziert wird, daß sie unter gleichzeitiger Voraussetzung des gesetzestreuen Verhaltens aller übrigen das ihrer Gruppe notwendig entgegengebrachte öffentliche Vertrauen enttäuschen".[355] Betrachtet man hingegen das Hellfeld dieser Kriminalität, wird deutlich, daß keineswegs nur Privilegierte zu den Tätern zählen. Im Gegenteil, häufig handelt es sich dabei um Personen, die sich weit unterhalb des Sozialstatus der Eliten bewegen.[356] Insoweit kann nicht von einem typischen Wirtschaftsstraftäter gesprochen werden. Eine derartige Abgrenzung stellt sich als zu unbestimmt und deshalb wenig hilfreich heraus.

[350] Zu der Unterteilung siehe Fritz, S. 11; Tiedemann, Bd. 1, S. 54.
[351] Nachzulesen bei Tiedemann, JuS 1989, S. 689.
[352] Tiedemann, Bd. 1, S. 48.
[353] Zu dieser Entwicklung Arzt/Weber, LH 4, Rn. 3.
[354] Dieser Begriff wurde geprägt von Edwin Sutherland, wonach diese Delikte von den sogenannten feinen Leuten begangen wurden, Leute, die gemeinhin zu den sozialökonomisch höheren Klassen gezählt wurden. Nachweise bei Kaiser, Kriminologie, § 72 Rn. 1 und Schlüchter, 2. WiKG, S. 3 f.
[355] Terstegen, S. 102.
[356] So der Hinweis von Eisenberg, § 58 Rn. 61.

Die „White-collar-Verbrechen“ zeichnen sich letztlich weniger durch die Täter aus, als vielmehr durch die Art und Weise der Begehung.[357]

Ohnehin gilt das deutsche Strafrecht nicht als Täter-, sondern als Tatstrafrecht.[358] Der Gesetzgeber hat deshalb dem Bestimmtheitsgebot aus Art. 103 Abs. 2 GG folgend nicht den Tätertyp, sondern die Tat in den Straftatbeständen zu erfassen.[359] Handlungsbeschreibungen und Tatstrafen werden diesem Grundsatz viel eher gerecht als Strafbestimmungen, die sich an der Person des Täters festmachen. Der Persönlichkeit des einzelnen bleibt durch das Tatstrafrecht mehr Entfaltungsspielraum als unter einem Täterstrafrecht, das vor allem auf die Einwirkungensmöglichkeiten auf den Täter abzielt. Ein liberal gesinnter Rechtsstaat wird deshalb stets dem Tatstrafrecht eher zugeneigt sein.[360]

Schwerpunkt des Interesses ist demnach nicht so sehr das Subjekt, also der Täter, sondern der Gegenstand, das heißt die Wirtschaft.[361] Ansatzpunkt für die Frage, was unter Wirtschaftsstrafrecht zu verstehen ist, muß wie auch sonst im Strafrecht das geschützte Rechtsgut sein.[362] Da Wirtschaft nun aber ein sehr schwammiger und weiter Begriff ist, werden die Schwierigkeiten durch eine solche Bestimmung nicht wirklich kleiner. Die Wirtschaftswissenschaftler verstehen unter Wirtschaft den Inbegriff menschlicher Tätigkeiten und Institutionen zur Befriedigung unbegrenzter menschlicher Bedürfnisse mit Hilfe nur knapp verfügbarer Güter.[363] So verstanden könnten alle Eigentums- und Vermögensdelikte als Wirtschaftsstraftaten eingeordnet werden.

Nicht alle Straftaten mit entferntem Bezug zur Wirtschaft können zum Wirtschaftsstrafrecht gezählt werden, wenn eine solche Unterscheidung noch einen Differenzierungscharakter haben soll. Wirtschaftsstrafrecht in einem engeren Sinne verstanden hat die Gesamtwirtschaft zum Schutzobjekt. Taten, die sich gegen die Funktionsfähigkeit der Wirtschaft richten, gehören demnach zum Wirtschaftsstrafrecht im engeren Sinne.[364] Beispielsweise zählen Steuerstraftaten zu diesen Wirtschaftsdelikten, da dem Staat dadurch Mittel für die Erfüllung gesamtwirtschaftlicher Aufgaben entzogen werden.[365] Rechtsgut des Wirtschaftsstrafrechts ist die Volkswirtschaft, das heißt der Wirtschaftsablauf in

---

357 Diese Beobachtung machte zum Beispiel Kaiser, Kriminologie, § 72 Rn. 15 ff. m.w.N.
358 Siehe Baumann/Weber/Mitsch, § 3 Rn. 80.
359 Vgl. Arzt/Weber, LH 4, Rn. 3.
360 Siehe die Ausführungen von Roxin, § 6 Rn. 2.
361 Auf diese Schwerpunktbildung des Wirtschaftsstrafrechts verweist Schlüchter, 2. WiKG, S. 4.
362 Vgl. Baumann/Weber/Mitsch, § 3 Rn. 10.
363 Vgl. Wöhe, S. 1 f.
364 Arzt/Weber, LH 4, Rn. 6 f.; Albrecht/Hassemer/Voß, S. 67.
365 Siehe hierzu Eisenberg, § 47 Rn. 20, der darauf aufmerksam macht, daß die Steuern um rund ein Drittel gesenkt werden könnten, falls die Steuerpflichtigen ihre Steuern in gesetzmäßiger Weise abführen würden.

seiner Gesamtheit. Auf diese Weise findet eine Konkretisierung der staatlichen Wirtschaftsordnungspolitik statt.[366]

Unter Wirtschaftsstrafrecht im weiteren Sinne versteht man Straftaten, die von ihrer dogmatischen Konzeption her individuelle Rechtsgüter schützen, deren Verletzung jedoch üblicherweise gesamtwirtschaftliche Beeinträchtigungen nach sich ziehen.[367] Die Konkursstraftaten wurden beispielsweise hierzu gezählt.[368] Als allgemeine Wirtschaftsdelikte werden solche sanktionsbewehrte Normbrüche bezeichnet, die zwar nicht notwendigerweise innerhalb der Wirtschaft begangen werden müssen, die aber in jedem Fall wirtschaftsbezogen sind. Wirtschaftsbezogen sind Straftaten, die von einem Wirtschaftssubjekt im Rahmen seiner wirtschaftlichen Tätigkeit begangen werden.[369]

Auffällig am Wirtschaftsstrafrecht ist das häufige Antreffen abstrakter Gefährdungsdelikte, wie ja auch § 266 a Abs. 1 StGB einzuordnen ist.[370] Sie sind nicht auf den Eintritt und damit auf den Nachweis eines Schadens oder einer konkreten Gefahr angewiesen. Sie bergen dadurch jedoch die Gefahr einer Ausweitung der Strafbarkeit.[371] Außerdem wird auf diese Weise versucht, prozessuale Schwierigkeiten, wie etwa Beweisprobleme, mittels weit gefaßter Straftatbestände aus dem Weg zu räumen. Ein solches Strafrecht muß sich jedoch dem Vorwurf ausgesetzt sehen, Verdachtsstrafen zu verhängen.[372] Einer solchen Entwicklung ist mit Vehemenz entgegenzutreten. Das Strafrecht hat sich insbesondere aufgrund des Subsidiaritätsgedankens zurückzuhalten.

Inwieweit das Wirtschaftsstrafrecht einer Entkriminalisierung zugänglich ist, steht auf einem anderen Blatt.[373] Wie aus dem soeben Dargelegten deutlich wird, hat das Wirtschaftsstrafrecht viele Anknüpfungspunkte. Aufgrund dieser Mannigfaltigkeit fällt wohl auch eine Definition so schwer. Wirtschaftliche Kontakte beinhalten aus der Natur der Sache heraus potentielle Risiken, sowohl für das eigene, als auch für das fremde Vermögen. Ganz wird man diese Risiken freilich ausschließen können, solange freies Wirtschaften noch möglich sein soll. Andernfalls müßte jegliche Form des Kredits abgeschafft werden, was wenig realistisch ist. An die Eigenkapitalausstattung der Kapitalgesellschaften werden auf der anderen Seite de lege lata ebenfalls keine hohen Anfor-

---

366 Tiedemann, Tatbestandsfunktionen, S. 66.
367 Vgl. Eisenberg, § 47 Rn. 2.
368 Zu den Konkursdelikten siehe Arzt/Weber, LH 4, Rn. 8.
369 Siehe die Erörterung bei Bottke, S. 243.
370 Siehe oben 2. Teil, II.
371 Diese Gefahr sieht auch Tiedemann, JuS 1989, S. 697.
372 Dahingehend auch die Kritik von Hamm, S. 662.
373 Zum Thema der Entkriminalisierung siehe Lüderssen, Wirtschaftsrecht, S. 7 ff. Im übrigen siehe die Ausführungen im 4. Teil dieser Arbeit.

derungen gestellt.[374] Scheinbar ist man gewillt, ein gewisses Insolvenzrisiko einzugehen.[375]

Es ist wie soeben gesehen nicht einfach, eine genaue Festlegung zu treffen, womit sich das Wirtschaftsstrafrecht nun eigentlich beschäftigt. Wirtschaftsstrafrecht kann als die Summe der Normen verstanden werden, in denen wirtschaftlich inadäquates Verhalten typisiert wird und für das als Rechtsfolge Strafe angedroht wird.[376] Einen feststehenden kriminologischen Begriff dessen, was Wirtschaftskriminalität ist, kann es nicht geben.[377] Wir können eben nur versuchen, uns einem solchen begrifflich anzunähern.

2. Die Verwendung außerstrafrechtlicher Begriffe

Wirtschaftskriminelles Handeln spielt sich in ökonomischen Kategorien ab, was für den Juristen bedeutet, daß er sich auf diese Materie einlassen muß, was ihm nicht immer leicht fallen wird. Die Verwendung außerstrafrechtlicher Begriffe wird unumgänglich. Hierbei ist es aber notwendig, daß sich der Jurist auf feste Grundsätze beziehen kann, er also nicht allein auf eigene Wertvorstellungen zurückgreifen muß.[378] Das Subsidiaritätsprinzip im Strafrecht bewirkt, daß andere Rechtsnormen grundsätzlich Vorrang genießen.[379] In erster Linie ist damit das Zivilrecht gemeint, mit der Konsequenz einer entsprechenden Bindung des Strafrechts.[380]

Diese Bindung des Strafrechts ist aber keineswegs unumstritten. Teilweise wird für das Strafrecht ein eigenständiger Begriffskanon eingefordert. Außerstrafrechtlich vorgeprägte Rechtsbegriffe dürften vom Strafrecht nicht einfach übernommen werden.[381] Die Formung habe vielmehr unter Zuhilfenahme der tatsächlichen bzw. wirtschaftlichen Betrachtungsweise zu erfolgen. Seinen Niederschlag in die Rechtsprechung hat diese Auffassung zumindest hinsichtlich der Haftbarmachung des faktischen Geschäftsführers gefunden. Hierbei hat man schließlich auch eine Haftung konstruiert, die sich nicht an den rechtlichen Gegebenheiten orientiert, sondern daran, wer tatsächlich die Geschicke einer GmbH lenkt.[382] Daß in gewissen Kreisen offensichtlich ein Reiz vorhanden ist,

---

374 So auch die Kritik von Harneit, S. 78. Daß eine höhere Eigenkapitalausstattung sinnvoll im Sinne einer Insolvenzprophylaxe sein kann, wird im einzelnen im 4. Teil dieser Arbeit besprochen.
375 Der Gläubiger geht in der Regel ja bewußt das Risiko ein, so der Hinweis von Reck, S. 199.
376 So Schlüchter, 2. WiKG, S. 9.
377 Ähnlich auch Bottke, S. 243.
378 Schlüchter, Bankrottdelikte, S. 54.
379 Zum Subsidiaritätsprinzip im einzelnen II. 4. a).
380 Vgl. Lüderssen, FS f. Hanack, S. 487.
381 So die Auffassung von Bruns, S. 1, aus dem Jahre 1938, zu einer Zeit also, in der die Nationalsozialisten versuchten, der Jurisprudenz eine Ausrichtung zu geben, die ihrer Ideologie entsprach.
382 BGHSt 3, 32, 37; 21, 101, 103; 31, 118, 122.

das Strafrecht mit völlig eigenständigen Begrifflichkeiten zu statuieren, liegt wohl an der Begehrlichkeit eines sich autonom begreifenden Strafrechts.[383] Dadurch sollte die Eigenständigkeit des Strafrechts als Rechtsmaterie unterstrichen werden. Diese Gedanken wurden erstmals ausführlich von Hans-Jürgen Bruns im Jahre 1938 in seiner Schrift „Die Befreiung des Strafrechts vom zivilistischen Denken" dargelegt. Man könnte hier fast den Eindruck gewinnen, die Motivation für eine solche Befreiung entsprang einer Art Minderwertigkeitskomplex der Strafrechtswissenschaft, die insbesondere in der Akzessorietät eine Gängelung durch das Zivilrecht erblickt haben muß. Die Hochblüte dieser Idee zu Zeiten des Dritten Reichs liegt auf der Hand, mußte eine Zivilisierung der Gesellschaft doch zwangsläufig mit den ideologischen Zielen des Dritten Reiches kollidieren. Die nationalsozialistische Weltanschauung, insbesondere das Führerprinzip, konnte sich nicht mit einer liberalen Bürgergesellschaft vertragen. Die weitgehende Verselbständigung des Strafrechts war hier ein willkommenes Mittel, neue Tendenzen, weg von einer starken Bürgergesellschaft festzusetzen. Einen gewissen Einfluß mag darüber hinaus auch die Angst vor einem zu großen Einfluß des noch verhältnismäßig jungen Bürgerlichen Gesetzbuchs auf die ältere Kodifikation des Strafrecht gehabt haben.[384]

Eigenständige Begriffsinhalte im Strafrecht indizieren jedoch die Gefahr der Normspaltung. Sind die außerstrafrechtlichen Norminhalte mit dem Strafschutzzweck identisch, ist nicht ersichtlich, was gegen eine Übernahme einzuwenden wäre.[385] Anders mag dies bei einem unterschiedlichen Normkontext aussehen. Dennoch sind hier Fallkonstellationen denkbar, in denen eine Übernahme des Begriffs in das Strafrecht erfolgt, weil die Funktion grundsätzlich vergleichbar ist.[386]

Eine derartige Akzessorietät wirkt aber nur in eine Richtung. Wo das Zivilrecht keine Haftung begründet, darf das Strafrecht kein Unrecht annehmen. Sehr wohl kann aber das Strafrecht auf ein Heranziehen zur Verantwortlichkeit verzichten, obwohl dies das Zivilrecht tut. Mit anderen Worten: „Nicht alles, wofür das Zivilrecht eine Verantwortung etabliert, ist strafbar." Diese Überzeugung ist Ausfluß des ultima ratio-Prinzips.[387] Genausowenig kann es Aufgabe des Strafrechts sein, kontroverse zivilrechtliche Fragen zu entscheiden oder zu ihnen Stellung zu nehmen. Kriminalisierung mag dann zwar eine wirkungsträchtige, aber keine zulässige Entscheidung sein. Juristische Probleme sollen vielmehr

---

[383] Lüderssen, FS f. Hanack, S. 489.
[384] Siehe die Argumentation von Lüderssen, FS f. Hanack, S. 495.
[385] So auch die Auffassung von Tiedemann, Auslegung, S. 2.
[386] Siehe hierzu Moosmayer, S. 145.
[387] In dieser Klarheit Lüderssen, Überschuldung, S. 685.

dort ihrer Lösung zugeführt werden , wo sie auftreten, zivilrechtliche Schwierigkeiten sind folglich im Zivilrecht zu lösen.[388] Die Tendenzen in unserer Gesellschaft gehen freilich in eine andere Richtung, in der der Ruf nach dem Strafrecht unmittelbar ertönt, sobald es gilt, gesellschaftliche Probleme zu lösen. Mit Subsidiarität hat das nichts mehr zu tun. Aufgrund der Kompliziertheit und Komplexität des Zivilrechts und insbesondere des Wirtschaftsrechts, genauso wie des Verwaltungsrechts, ist die Versuchung groß, sich mit Hilfe der Verselbständigung des Strafrechts dieser Probleme zu entledigen. Dergestalt ist es dann möglich, im Strafrecht die direkte Moral sprechen zu lassen.[389] Der Weg zu einem Gesinnungsstrafrecht ist dann nicht mehr weit. Angst würde eine solche Entwicklung machen, wenn man bedenkt, daß das „volkstümliche Rechtsdenken" zurückerobert werden sollte, durch eine Befreiung des Strafrechts aus den Ketten der „überkommenen zivilistischen Denkweise."[390] Ein solches Strafrecht will heute, so ist zumindest zu hoffen, keiner mehr haben.

Spricht man sich nun grundsätzlich für eine Übernahme außerstrafrechtlicher Begriffe in das Strafrecht aus, stellt sich die Frage, inwieweit die strafrechtlichen Grundsätze für diese Begriffe einschlägig sind. Da diese Grundsätze ihre Wurzeln im Strafrecht haben, finden sie grundsätzlich auch nur in diesem Bereich ihre Anwendung und bleiben außerhalb dieser Materie unberücksichtigt.[391] Dies darf aber nicht dazu führen, daß es durch die Übernahme eines Begriffs aus anderen Rechtsbereichen zur Unbestimmtheit des aufnehmenden Straftatbestands kommt.[392] Die Unbestimmtheit eines außerstrafrechtlichen Begriffs darf mithin nicht in einen Straftatbestand hinein transferiert werden.[393] Demnach gelten die strafrechtlichen Grundsätze für vom Strafrecht entlehnte außerstrafrechtliche Begriffe zwar nicht direkt, von einer indirekten Wirkungsweise wird aber wohl auszugehen sein.

Von zivilrechtlichen Vorprägungen sollte das Strafrecht nach alldem grundsätzlich also ausgehen. Schwieriger verhält es sich nur bei Begriffen, die aus sich selbst heraus nicht verständlich sind, wie das nicht selten bei Begriffen aus den Wirtschaftswissenschaften der Fall ist. Sie beziehen sich vielmehr, wie beispielsweise im Falle der Überschuldung, auf einen bestimmten Ausschnitt der Wirklichkeit.[394] Schutzwürdig im Sinne des Strafrechts können jedenfalls nur solche Rechtsgüter sein, deren Position bereits vor der strafrechtlichen Wertung

---

[388] So die Forderung von Haffke, S. 173.
[389] Hierauf weist kritisch Lüderssen hin, FS f. Hanack, S. 499.
[390] Freisler, S. 1574.
[391] So dürfte der Hinweis bei BVerfGE 78, 205, 213, zu verstehen sein. Vgl. außerdem Tiedemann, JuS 1989, S. 695.
[392] Diesen berechtigten Einwand erhebt Moosmayer, S. 147.
[393] Zur strafrechtlichen Gesetzesauslegung und dem Bestimmtheitsgebot siehe Tiedemann, Tatbestandsfunktionen, S. 186 ff.
[394] Lüderssen, Überschuldung, S. 675.

feststeht.[395] Das Strafrecht, das hier Rechtsgüterschutz vermitteln wollte, wäre schlichtweg überfordert. Ein solches Strafrecht würde sich im luftleeren Raum bewegen und Schutz gewähren wollen, wo überhaupt kein abgrenzbares Rechtsgut auszumachen ist.

Bei § 266 a Abs. 1 StGB bereitet zwar die Definition des Rechtsguts keine Schwierigkeiten. Das Rechtsgut des Sozialversicherungsaufkommens ist relativ klar und einfach auszumachen. Anders verhält es sich mit den weiteren Strafbarkeitsvoraussetzungen aufgrund des vielfältigen Bezugs zu außerstrafrechtlichen Begriffen. Hier ist eine Festlegung in der für das Strafrecht erforderlichen Eindeutigkeit kaum möglich.

3. Die Einordnung des § 266 a Abs. 1 StGB

Verglichen mit den Massendelikten, wie beispielsweise dem Diebstahl, kommt es bei der Beitragsvorenthaltung gemäß § 266 a Abs. 1 StGB zu verhältnismäßig wenig Verurteilungen.[396] Dies sollte jedoch nicht über die eigentliche Bedeutung des Delikts hinwegtäuschen. Zum einen kommt es häufig zu einer Beschränkung der Strafverfolgung gemäß § 154 a StPO, wenn die Beitragsvorenthaltung im Zusammenhang mit anderen Insolvenzdelikten steht. Zum anderen ist die Bedeutung angesichts der Höhe des angerichteten Schadens recht erheblich. Bei der Beitragsvorenthaltung wie bei der Wirtschaftskriminalität allgemein ist der angerichtete Schaden in der Regel erheblich höher als bei gemeinen Delikten wie beispielsweise dem Diebstahl.[397]

Es stellt sich jedoch zunächst die Frage, ob § 266 a StGB überhaupt ein Tatbestand des Wirtschaftsstrafrechts ist oder nicht. Gegen eine solche Einordnung spricht die Tatsache, daß Straftaten nach § 266 a StGB nicht gemäß § 74 c GVG in die Zuständigkeit der Wirtschaftsstrafkammern fallen. Vergessen werden darf jedoch nicht, daß sich aufgrund des Zusammenhangs mit anderen Delikten, mit denen § 266 a Abs. 1 StGB typischerweise gemeinsam auftritt, eine Zuständigkeit der Wirtschaftsstrafkammern ohnehin faktisch ergeben wird. Für eine Einordnung als Wirtschaftsdelikt spricht vor allem die Wirkungsrichtung des § 266 a Abs. 1 StGB. Der Schutz der finanziellen Leistungsfähigkeit des Sozialversicherungswesens ist nämlich für die Funktionsfähigkeit der Gesamtwirtschaft von äußerster Bedeutung.[398] § 266 a Abs. 1 StGB will folglich nicht nur die Funktionsfähigkeit der Sozialversicherung, sondern unsere Wirtschaft als ganzes schützen. Daraus könnte man schließen, § 266 a Abs. 1 StGB sei

---

[395] Hierauf weist Lüderssen, Krise des Strafanspruchs, S. 38, hin.
[396] Siehe die Strafverfolgungsstatistik 1997, wonach 92902 Verurteilungen wegen Diebstahl ergingen und lediglich 4417 wegen Vorenthalten von Arbeitsentgelt.
[397] So auch der Hinweis von Fisseler, S. 3.
[398] Vgl. Bühler, S. 86.

nicht nur allgemein als Wirtschaftsdelikt einzuordnen, sondern zähle sogar zum Wirtschaftsstrafrecht im engeren Sinne.[399] Ob dieser Zweck von der Strafnorm tatsächlich erfüllt wird, steht wieder auf einem anderen Blatt, für die Einordnung als Wirtschaftsdelikt ist dies jedoch unerheblich.

Ob nun Wirtschaftsstrafrecht im engeren oder im weiteren Sinne spielt letztenendes gar keine so wesentliche Rolle. In jedem Fall stellt § 266 a Abs. 1 StGB von seiner faktischen Bedeutung her ein Wirtschaftsdelikt dar und ist somit Teil des Wirtschaftsstrafrechts.

4. Der Mißbrauch des Wirtschaftsstrafrechts zur Durchsetzung von Ansprüchen

Die Strafverfolgung hat im Bereich der Wirtschaftsdelinquenz in den letzten Jahren eine Intensivierung erfahren.[400] So wurde Energie in die fachspezifische Ausbildung des staatsanwaltschaftlichen Personals gesteckt. Außerdem wurden Schwerpunktstaatsanwaltschaften eingerichtet. Zudem wurden Wirtschaftsreferenten, meist Diplom-Kaufleute, eingestellt, wodurch der Zugriff auf ökonomisches Know-how erleichtert wurde.[401]

Diese grundsätzlich positiv zu wertenden Vorgänge haben ihre Kehrseite. Die Versuchung liegt nahe, einen solch effizienten Apparat zweckwidrig zu verwenden. Gläubiger werden versuchen, ihre ausstehenden Forderungen auf diesem Wege einzutreiben, anstatt sich selbst mühsam um die notwendigen Informationen zu bemühen.[402] Der Wirrwarr, der häufig mit einem wirtschaftlichen Zusammenbruch einhergeht, ist in jedem Fall leichter zu entwirren, wenn die Staatsanwaltschaft Hilfe leistet. Es entspricht einer Zweckentfremdung von Steuermitteln, wenn die Staatsanwaltschaft hier als Inkassounternehmen mißbraucht wird.[403] Immerhin ist der Einsatz der Staatsanwaltschaft mit nicht unerheblichen Kosten verbunden. Selbst bei kleineren Fällen werden durch die aufwendigen Ermittlungen häufig Kosten von selten weniger als DM 30.000,- verursacht.[404] Der Staatsanwaltschaft bleibt aber aufgrund des Amtsermittlungsgrundsatzes aus § 152 StPO gar keine andere Wahl, als tätig zu werden. Sie wird indirekt praktisch zum Tätigwerden gezwungen. Den Gläubigern geht es

---

[399] So argumentieren etwa Arzt/Weber, LH 4, Rn. 5 f.

[400] Darauf weist Lüderssen, Krise des Strafanspruchs, S. 10, hin. Ebenso Kaiser, Kriminologie, § 74 Rn. 64.

[401] Der erleichterte Zugriff wirkt sich eben auch auf die Effizienz aus, worauf Harriehausen, S. 3 und Kube, S. 34, hinweisen.

[402] Der Anzeigenerstatter erhofft sich Beweiserleichterungen, da der Apparat der Strafverfolgungsorgane sowohl kostenlos als auch effektiver ist. Siehe hierzu Lüderssen, Krise des Strafanspruchs, S. 45.

[403] Auf diese Mißbrauchsgefahr verweist M-G-Richter, § 3 Rn. 12.

[404] Bittmann, wistra 1999, S. 15.

nur selten darum, den staatlichen Strafanspruch verwirklichen zu helfen. Sie sind vor allem daran interessiert, an ihr Geld zu kommen.[405]

Der Arbeitsaufwand der Strafverfolgungsbehörden durch die Wirtschaftskriminalität ist erheblich. Dies gilt insbesondere für Straftaten, die im Zusammenhang mit Firmenzusammenbrüchen auftreten.[406] Die Aufklärung von Insolvenzstraftaten ist eine zeitraubende und schwierige Angelegenheit.[407] Steigt die Zahl der Insolvenzen aufgrund einer wirtschaftlichen Rezession an, hat dies automatisch eine hohe Belastung für die Strafjustiz zur Folge.[408] Eine direkte Konnexität zwischen Insolvenzanstieg und Arbeitsaufwand der Staatsanwaltschaften besteht vor allem deshalb, weil die Gerichte dazu verpflichtet sind, alle Insolvenzeröffnungen oder deren Ablehnung mangels Masse den Staatsanwaltschaften mitzuteilen.[409] Die Belastung der Strafjustiz kann allein natürlich kein Argument für eine Beschränkung des Strafrechts sein. Eine Konzentration der Strafrechtspflege erhöht jedoch zweifelsohne deren Effizienz. Maßnahmen zur Entkriminalisierung führen demnach zu einer Entlastung der Rechtspflege, mit der Folge, daß die schwerwiegenden sozialschädlichen Handlungen besser verfolgt werden können.[410] Eine solche Beschränkung des Strafrechts ist darüber hinaus im Sinne des Subsidiaritätsgedankens sehr begrüßenswert. Die Effizienz der Strafverfolgung im wirtschaftlichen Bereich läßt ohnehin noch immer stark zu wünschen übrig.[411]

Geht es darum, daß Sozialversicherungsträger ihre ausstehenden Forderungen gegen insolvente GmbHs durchzusetzen versuchen, so bedienen sie sich häufig des Umwegs über § 823 Abs. 2 BGB, indem sie den Geschäftsführer in Anspruch nehmen. § 823 Abs. 2 BGB in Verbindung mit einem Schutzgesetz wie der § 266 a Abs. 1 StGB stellt aber eine subsidiäre Rechtsgrundlage dar, die nur eingreifen sollte, wenn durch andere Regelungen kein wirksamer Schutz der betroffenen Interessen erlangt werden kann.[412] Eine im öffentlichen Recht begründete Forderung, wie der Anspruch des Trägers auf den Sozialversicherungsbeitrag, mit Hilfe eines deliktischen Anspruchs durchzusetzen, wirkt wie ein der „Natur der Sache" unbehaglicher Notbehelf.[413] Die Vorschrift des § 266 a Abs. 1 StGB erlangt erst durch die Verbindung mit § 823 Abs. 2 BGB

---

[405] Darauf weist Uhlenbruck hin, wistra 1996, S. 3.
[406] Siehe die Ausführungen von M-G-Bieneck, § 75 Rn. 51.
[407] Dies wissen Müller/Wabnitz/Janovsky, S. 141, zu berichten.
[408] Auf diesen Zusammenhang deuten Grub/Rinn, S. 1586, hin.
[409] Siehe den Hinweis von Baumgarte, S. 171 f.
[410] Auf diese Chance verweist Albrecht, KritV 1996, S. 331.
[411] Siehe Kaiser, Kriminologie, § 74 Rn. 65 ff.
[412] In diesem Sinne BGHZ 84, 312, 317, allerdings im Hinblick auf Ordnungswidrigkeiten.
[413] So die Kritik von Martens/Wilde, S. 99.

Bedeutung.[414] Insofern liegt wohl auch hier eine Art Mißbrauch des Strafrechts vor. Die Strafverfolgungsbehörden werden zum Beweisbeibringungsgehilfen degradiert.

Dem Geschädigten geht es bei § 266 a Abs. 1 StGB nicht um die Bestrafung des Täters als vielmehr darum, einen Ausgleich für den erlittenen materiellen Schaden zu erhalten. Grundsätzlich mag dies noch tolerierbar sein. Es sollte aber mit Argusaugen darauf geachtet werden, daß sich unbefriedigte Bedürfnisse nicht andere Kanäle suchen, mit der Folge einer Bestrafung des Täters, die eigentlich gar nicht zu rechtfertigen ist.[415] Die Schädigung eines anderen ist zwar grundsätzlich nicht zu billigen, aber keineswegs stets strafwürdig. Diese Frage ist streng nach den Grundsätzen des Strafrechts zu bewerten, die Strafe eben nur als ultima ratio zulassen. Insbesondere im Wirtschaftsstrafrecht ist hier die Verwechslungsgefahr zwischen strafwürdigem Verhalten und dem bloßen Bedürfnis nach Schadenskompensation besonders groß. Dieses Bedürfnis kann das Recht ja durchaus befriedigen. Das Strafrecht bietet hierfür jedenfalls nicht das geeignete Terrain.

5. Der Unternehmer als Straftäter

Straftäter ist diejenige Person, die eine Straftat begeht, die sich gemeinhin durch ein gesellschaftlich nicht geduldetes abnormales Verhalten hervortut.[416] Bei dem Wirtschaftsstraftäter ist dies grundsätzlich nicht anders. Andererseits müssen selbstverständlich die jeweiligen Besonderheiten der zu bewertenden Personengruppen berücksichtigt werden. So ist der typische Wirtschaftskriminelle kein Affekttäter, sondern Intelligenztäter.[417] Der Insolvenzstraftäter unterscheidet sich diesbezüglich allerdings vom gewöhnlichen Wirtschaftsdelinquenten nicht unerheblich. Der Insolvenzstraftäter bewegt sich nämlich in einer Grenzsituation, in dem es um sein Hab und Gut und seine gesellschaftliche Stellung, mithin um Kopf und Kragen, geht. Dies ist nicht der Rahmen für rationale Handlungen.[418] Diese Sondersituation findet jedoch durchaus ihren Niederschlag in dem normativen Maßstab, der anzulegen ist, wenn es etwa um die Frage geht, wie sich ein ordentlicher Geschäftsleiter zu verhalten hat,[419] wobei Gebaren, die Anstand und Sitte des Geschäftslebens widersprechen, hiervon selbstverständlich nicht mehr abgedeckt sind.[420]

---

[414] Auf die Bedeutung dieser Vorgehensweise weist auch Cahn, S. 369, hin, der aber nicht so weit geht zu sagen, gerade darauf käme es bei § 266 a Abs. 1 StGB an.
[415] Auf die Gefahr der Abkoppelung des Strafrechts vom Zivilrecht weist zu recht Lüderssen, Krise des Strafanspruchs, S. 37, hin.
[416] Unter besonderer Berücksichtigung des Wirtschaftsstrafrechts Eisenberg, § 47 Rn. 2.
[417] Siehe die Ausführungen von Kube, S. 26.
[418] Es wurde festgestellt, daß 55 % aller Beschuldigten in einem Wirtschaftsstrafverfahren zum Tatzeitpunkt überschuldet waren. Nachzulesen bei Kaiser, Kriminologie, § 73 Rn. 5.
[419] Dieses Zugeständnis macht selbst Bittmann, wistra 1999, S. 15.
[420] Tiedemann, Bd. 1, S. 49.

Die Normadressaten des Wirtschaftsstrafrechts sind Menschen, die durch ihre Tätigkeit ins Wirtschaftsleben eingebunden und deshalb von den sogenannten homo oekonomicus Strukturen geprägt sind. Die Handlungen dieser Täter werden stark von wirtschaftlichen Überlegungen beeinflußt.[421] Diese Grundeinstellungen sollte man im Auge behalten, wenn es darum geht, die Lenkungsfähigkeit der Wirtschaft mittels Strafrecht auszuloten.[422] Wirtschaftlicher Erfolg spielt in unserer Gesellschaft eine ganz wesentliche Rolle, die mit Bewunderung und Anerkennung verknüpft ist. Aufgrund dessen ist es nicht einfach, ein Bewußtsein in der Bevölkerung zu entwickeln, daß diese Ziele nicht mit allen Mitteln verfolgt werden dürfen. Die Verschwommenheit des Rechtsguts „Wirtschaft" trägt ebenfalls dazu bei, daß die gesunde Entwicklung eines Unrechtsbewußtseins in diesem Bereich verhindert wird.[423] Die Entpersonalisierung der Täter-Opfer-Beziehung, die im Wirtschaftsstrafrecht naturgemäß besonders ausgeprägt ist, tut ihr übriges.[424] Bei den Wirtschaftsdelinquenten handelt es sich nun aber keineswegs nur um gewinnsüchtige Neurotiker, die ohne Rücksicht auf Verluste nur ihren eigenen Vorteil suchen. Häufig sind es eben gerade nicht jene rücksichtslose Wirtschaftskriminellen, sondern vielmehr gescheiterte Unternehmer, die in auswegloser Situation als Konflikttäter erscheinen.[425]

In den Unternehmen spielt sich heute ein Großteil des auftretenden sozialschädlichen Verhaltens ab.[426] Die Unternehmen haben deshalb für das Strafrecht als Normadressaten mehr und mehr an Bedeutung gewonnen.[427] Besonders anfällig hinsichtlich der Straffälligkeit bei Wirtschaftsdelikten sind die GmbHs.[428] Auf sie konzentrierten sich 50 % aller Insolvenzverfahren Anfang der 80er und mehr als 60 % Anfang der 90er Jahre. Dies hat zur Folge, daß GmbHs erheblich mit Konkurs- bzw. Insolvenzdelikten behaftet sind.[429] Es darf dabei jedoch nicht vergessen werden, daß dem GmbH-Recht eine Gläubigerbenachteiligung in gewissem Maße immanent ist, geht es doch bei der Rechts-

---

[421] Heine, S. 284.

[422] Den Hinweis, daß die Erhaltung der Funktionsfähigkeit der Volkswirtschaft strafrechtlich geschütztes Rechtsgut sein kann, findet man bei: LK-Tiedemann, § 265 b Rn. 9; Sch-Sch-Lenckner, § 264 Rn. 4. Schlüchter, 2. WiKG, S. 7, bemängelt hieran, daß die Schutzwürdigkeit solcher Teilbereiche der Volkswirtschaft noch nicht dargetan sei.

[423] Arzt/Weber, LH 4, Rn. 15.

[424] Siehe bezüglich dieses Verhältnisses Arzt/Weber, LH 3, Rn. 2; Kaiser, Kriminologie, § 72 Rn. 3.

[425] Hierauf verweist Schlüchter, 2. WiKG, S. 15, m.w.N.

[426] Schünemann, Unternehmenskuratel, S. 131, geht sogar soweit und behauptet, strafrechtlich relevante Fälle von Wirtschaftsdelinquenz finde fast ausschließlich in Unternehmen statt.

[427] Aus diesem Grunde drängt sich auch das Verlangen auf, diesem Umstand nicht tatenlos zuzusehen, sondern mit Hilfe eines Unternehmensstrafrechts der Situation Herr zu werden. Andernfalls wäre das Strafrecht genötigt, kampflos das Feld zu verlassen, obwohl sich doch die Unternehmenskriminalität immer stärker zum eigentlichen Objekt des Strafrechts entwickelt. Zu diesem Komplex später mehr unter II. 4.

[428] Vgl. hierzu Kube, S. 23 f; Grub/Rinn, S. 1586.

[429] Tiedemann, GmbH-Strafrecht, Vor §§ 82 ff. Rn. 5.

form der GmbH darum, das Risiko der Gesellschafter betragsmäßig zu beschränken.[430] Der Einzelunternehmer wiederum fällt kaum durch die Begehung von Insolvenzdelikten auf.[431] Ursache hierfür dürfte die Haftungsbegrenzung auf das Gesellschaftsvermögen bei der GmbH und das Fehlen hinreichender Kontrollen sein.[432] Die GmbH ist wohl deshalb besonders bei unseriösen Schuldnern eine beliebte Rechtsform. Letztendlich können aber keine zuverlässigen Rückschlüsse allein anhand der Rechtsform auf die Kriminalitätsanfälligkeit gezogen werden. Genausowenig ist der Bezug der Kriminalitätsanfälligkeit zur Größe des Unternehmens zu bestimmen.[433] Bezogen auf einzelne Deliktstypen ist dies aber sehr wohl möglich. Fokussiert man den Blick auf das Nichtabführen von Sozialversicherungsbeiträgen, so fällt ebenso wie bei den Insolvenzdelikten eine enorm hohe Delinquenzbelastung der Unternehmen in der Rechtsform der GmbH auf.[434]

Daß sich kriminelle Energie im Wirtschaftsleben nun aber derart manifestiert, daß hierfür eigens Unternehmen zur Begehung von Straftaten gegründet werden, dürfte wohl als Ausnahme angesehen werden. Der größte Teil der eingeleiteten Straf- und Ordnungswidrigkeitenverfahren entspringt vielmehr dem Geschäftsbetrieb seriöser Unternehmen.[435]

Von der Schimäre, es gäbe vielleicht einen geborenen Verbrecher, hat man sich in der allgemeinen Kriminologie schon lange verabschiedet. Für das Wirtschaftsstrafrecht sollte schließlich nichts anderes gelten. Den kriminalisierten homo oekonomicus gibt es jedenfalls nicht.[436] Das Bild eines typischen Wirtschaftsverbrechers sollte man beiseite legen.[437]

II. Ziel und Zweck von Strafe

1. Allgemeine Ausführungen

Als nächstes wollen wir das Strafrecht und seine Grundsätze einer genaueren Untersuchung unterziehen, um festzustellen, was es überhaupt zu leisten imstande ist. Sicherlich gibt es Aufgaben, die das Strafrecht erfüllen kann. Welche das sind und von welchen Schranken sie begrenzt werden, wird im folgenden dargestellt werden.

---

[430] Haffke, S. 174 m.w.N. Freilich sollten zumindest theoretisch den Gläubigern aus einer Haftungsbeschränkung keine Nachteile erwachsen, worauf Roth, S. 171, hinweist.
[431] Vgl. Liebl, S. 116.
[432] Rowedder-Fuhrmann/Schaal, Vor §§ 82-85 Rn. 3 ff; Tiedemann, FS f. Würtenberger, S. 241.
[433] Tiedemann, Strafrecht in der Marktwirtschaft, S. 528.
[434] Siehe hierzu Liebl, S. 118.
[435] Darauf weist Eidam, S. 1, hin.
[436] Siehe hierzu Kaiser, Kriminologie, § 73 Rn. 7.
[437] Mangels Homogenität der Täter gibt es dies eben nicht. So auch Eisenberg, § 58 Rn. 58.

„Das Strafrecht ist das Recht des Befehlshabers gegen den Unterwürfigen, ihn wegen eines Verbrechens mit einem Schmerz zu belegen."[438] So sah dies Immanuel Kant vor über 200 Jahren. Bevor man sich der Frage von Ziel und Zweck der Strafe in der heutigen Zeit zuwendet, muß man sich klar machen, welche Aufgabe dem Strafrecht generell in unserer Gesellschaft zukommt. Vom Strafrecht können natürlich keine Wunder erwartet werden.

Wie die Aufgabe jeden Rechts soll das Strafrecht vor allen Dingen die menschlichen Beziehungen regeln und das Sozialgebilde ordnen.[439] Strafrecht dient der Aufgabe des Gesellschaftsschutzes, wobei es zum einen repressiv, das heißt auf bereits begangenes Unrecht reagiert und zum anderen präventiv Rechtsverletzungen, die in der Zukunft zu befürchten sind, verhindern soll.[440] Keineswegs kann das Strafrecht Garant für ein Mindestmaß an Sittlichkeit sein. Recht kann sich nur um das sozialrelevante Verhalten kümmern und nicht um die sittliche Einstellung des einzelnen.[441] In jedem Fall soll es aber dazu beitragen, daß sich das Recht bewährt und in der Bevölkerung geachtet wird.[442] Bestenfalls soll Strafe eine therapeutische Wirkung gegenüber dem Täter entfalten, indem seine Achtung des Rechts wieder verfestigt wird.[443] Dies kann nur erreicht werden, wenn die Gesetze eine derartige Struktur aufweisen, daß sie auch für den Laien durchschaubar bleiben. Der Gesetzeszweck muß erkennbar sein. Deshalb sollte es ein Grundanliegen aller am Gesetzgebungsverfahren beteiligter Organe sein, Gesetze stets einfach und verständlich zu formulieren.[444] Die Stärke und damit die Durchsetzungskraft einer Rechtsordnung richtet sich im wesentlichen danach, wie hoch die Akzeptanz derselben in der Gesellschaft ist.[445] Nur auf diese Weise bleibt gewährleistet, daß der Bürger sein Handeln rational an den potentiellen rechtlichen Konsequenzen ausrichten kann.[446] Trifft den Täter die Strafe völlig überraschend, kann sie sein Handeln nicht beeinflussen. Je einfacher und schlichter ein Straftatbestand konzipiert ist, desto einsichtiger wird er in der Regel auch dem Normadressaten sein. Damit geht jedoch der Nachteil der Undifferenziertheit einher.[447] Besonders im Wirtschaftsstrafrecht ist eine solche Undifferenziertheit nicht unproblematisch. Die diffizilen Sachverhalte machen eine Auslegung zu einem schwierigen Unterfangen. Je unbestimmter ein Straftatbestand ist, umso mehr bleibt es aber der

---

[438] Kant, Rechtslehre, S. 195.
[439] Siehe hierzu Albrecht, KritV 1996, S. 330; Jescheck/Weigend, S. 64.
[440] Vgl. Jescheck/Weigend, S. 4.
[441] Auf diese beschränkten Möglichkeiten des Strafrechts verweisen Baumann/Weber/Mitsch, § 3 Rn. 4; Jescheck/Weigend, S. 71.
[442] Hassemer, NStZ 1989, S. 555.
[443] Jescheck/Weigend, S. 5.
[444] Hill, S. 129.
[445] Nur dann, so Lüderssen, Krise des Strafanspruchs, S. 16, lassen sich die Menschen motivieren.
[446] Tiedemann, Tatbestandsfunktionen, S. 194.
[447] Tiedemann, Strafrecht in der Marktwirtschaft, S. 529.

Rechtssprechung überlassen, mittels Auslegung herauszufinden, ob eine Tatbestandsverwirklichung gegeben ist oder nicht.

In der Strafe kommt das sozialethische Unwerturteil über den Täter wegen der schuldhaft begangenen Rechtsgutsverletzung zum Ausdruck. Die Strafe wird deshalb auch im Sinne der Modernität den Charakter des Übels zumindest mitenthalten. Durch die Strafe wird seitens des Staates in die Rechtssphäre des Verurteilten eingegriffen. Daß ein moderner Rechtsstaat die Strafe letztlich auch im Interesse des Verurteilten einsetzt, steht auf einem anderen Blatt, ändert im übrigen auch nichts an dem grundsätzlichen Übelscharakter der Strafe.[448] Bei der Bemessung der Strafe sollte das Gericht aber im Auge behalten, was konkret notwendig ist, um den Täter zu einem gesetzmäßigen Leben zurückzuführen.[449] Die Gesetze geben den Richtern hier genaue Vorgaben, innerhalb derer eine Strafzumessung erfolgen muß. Insoweit ist die Judikative nicht frei in ihren Entscheidungen. In der Ausübung seines Ermessensspielraums muß der Richter diese Überlegung aber zu seinem Leitmotiv machen. Für den Gesetzgeber bedeutet dies, daß er die Straftatbestände dergestalt konzipiert, daß dem Richter genügend Spielraum zur Verfügung steht.

Strafe in einem modernen Rechtsstaat wie der Bundesrepublik Deutschland bedarf der Legitimation.[450] In jedem Fall muß sie mit den grundgesetzlichen Vorgaben in Einklang stehen.[451] Lenkt man den Blickwinkel auf den Aspekt der Folgenorientierung des Strafrechts, verschärfen sich die Anforderungen an die Legitimationsvoraussetzungen noch. Es reicht nicht mehr, daß sich das Strafrecht mit den normativen Vorgaben verträgt, sondern es müssen Erfolge nachweisbar sein, die durch das Strafrecht bewirkt werden.[452] Es geht in unserer Zeit eben nicht mehr wie bei Kant um eine „Befriedigung der Gerechtigkeit". Strafe in unserer heutigen Gesellschaft erfolgt eben nicht mehr zum Zwecke der Vergeltung.[453] Nun sind die Erfolge einer Strafnorm aber nicht ohne weiteres meßbar, was zu Schwierigkeiten führt. Der Rückgang von bestimmten Straftaten bei Einführung einer entsprechenden Norm kann ganz andere Gründe

---

[448] In diesem Sinne Jescheck/Weigend, S. 65; anders sieht dies Roxin, § 3 Rn. 45, der den Vergeltungsgedanken kategorisch ablehnt und deshalb wohl in der Strafe keine Übelszuführung erblicken will. Roxin übersieht hier, daß Strafe vom Verurteilten trotz aller moderner Straftheorien noch immer nicht als Wohltat empfunden wird. Insoweit ist Strafe weiterhin ein Übel. Daß die Intentionen der staatlichen Strafverfolgungsorgane in eine andere Richtung gehen, steht auf einem anderen Blatt.

[449] Siehe die Ausführungen von E. Schmidt, ZStW Bd. 67 (1955), S. 192.

[450] Strafe gehört zwar zu den wichtigsten Machtmitteln eines Staates seit den Anfängen der Menschheitskultur, dennoch ist die Frage nach der Legitimation weiterhin eine umstrittene in der Rechtswissenschaft geblieben. Siehe hierzu Jescheck/Weigend, S. 64.

[451] Siehe hierzu Roxin, § 2 Rn. 9.

[452] Zu der Frage des Erfolgs als Legitimationsvoraussetzung siehe Hassemer, NStZ 1989, S. 556.

[453] So allerdings Kant, Rechtslehre, S. 199, der eben nur durch die Vergeltung glaubte, die durch eine Straftat gestörte Gerechtigkeit wiederherstellen zu können.

haben, etwa gesellschaftliche Entwicklungen oder dergleichen. Eine konkrete Festlegung, die eine Kausalität zwischen Strafnorm und Straffälligkeitsrückgang exakt bestimmt, dürfte in jedem Fall schwierig sein.

Ein modernes Strafrecht nimmt für sich in Anspruch, von mehr Rationalität und Humanität geprägt zu sein.[454] Der Blick auf die Realitäten offenbart, daß dies wohl eher einem Wunschdenken entspringt als der Wirklichkeit zu entsprechen. Das Strafrecht, so die ernüchternde Erkenntnis, habe den ins Visier genommenen sozialen Problemen nichts entgegenzusetzen als den Willen ihrer Herr werden zu wollen. Der Vorwurf scheint nicht ganz unbegründet zu sein, man versuche hilflos mittels Strafrecht alles aus der Welt zu schaffen, was man für Sünde hält. Zudem wachse paradoxerweise diese Illusion mit ihren Mißerfolgen.[455]

Bei alldem darf nicht vergessen werden, daß Voraussetzung von Strafe die Schuld des Täters ist; nulla poena sine culpa.[456] Dieser Grundsatz ist in dem Rechtsstaatsprinzip verwurzelt.[457] Aus diesem Prinzip folgt das Erfordernis der materiellen Gerechtigkeit, wonach Tatbestand und Rechtsfolge in einem sachgerechten Verhältnis zueinander stehen müssen. Strafe beinhaltet immer auch einen Vorwurf gegenüber dem Täter. Ein solcher strafrechtlicher Vorwurf setzt allerdings persönliche Vorwerfbarkeit voraus.[458] Es muß festgestellt werden, ob die Tatbestandsverwirklichung dem Täter vorgeworfen werden kann, daß er sich für das Unrecht entschieden hat, obwohl er sich rechtmäßig hätte verhalten können.[459] Eine solche Feststellung bezieht sich auf die innere Beziehung zwischen dem Täter und seinem Handeln.[460] Strafe wird verstanden als öffentlich sozialethisches Unwerturteil über den Täter wegen der von ihm schuldhaft begangenen Rechtsverletzung.[461] Vorwerfbar kann ein Verhalten nur unter der Prämisse sein, daß das Individuum in seinem Willen und in seinen Entscheidungen frei ist.[462] Die Rechtsgemeinschaft kann dem einzelnen das Verhalten nur vorwerfen, wenn sie ein anderes hätte erwarten können. Die Rechtsgemeinschaft ist es auch, die das Maß der praktischen Willensfreiheit im Sozialverhalten festlegt. Der Bezug ist hier nicht sittlicher, sondern sozialer Natur. Aus diesem Grunde ist Schuld im strafrechtlichen Sinne ein eigenständiger Begriff und divergiert von dem der sittlichen Schuld.[463]

---

[454] Jescheck/Weigend, S. 27.
[455] Herzog, Strafrecht als Sozialpolitik, S. 106.
[456] Baumann/Weber/Mitsch, § 18 Rn. 1.
[457] BVerfGE 7, 89, 92; 7, 194, 196.
[458] Vgl. BVerfGE 20, 323, 331.
[459] In dieser Klarheit BGHSt 2, 194, 200.
[460] Baumann/Weber/Mitsch, § 18 Rn. 42.
[461] Jescheck/Weigend, S. 65.
[462] Ohne Entscheidungsfreiheit keine Schuld nach Jescheck/Weigend, S. 407 f. m.w.N.
[463] Baumann/Weber/Mitsch, § 18 Rn. 42.

Schuld derart verstanden, ist stets individuell festzustellen und nicht zurechenbar.[464] Dieser Schluß wird aus § 29 StGB gezogen. Danach ist jeder Täter nach seiner Schuld zu bestrafen. Dieser Schuldgrundsatz ist zwar nicht explizit in der Verfassung verankert, dennoch steht weitgehend unstreitig fest, daß ihm Verfassungsrang zukommt. Dem Gesetzgeber ist es deshalb verboten, ein reines Erfolgs- oder Gefährlichkeitsstrafrecht zu konstruieren. Aus Sicht des Schuldprinzips ist es nicht unproblematisch, einem unachtsamen Täter für einen zufällig eingetretenen Erfolg einen strafrechtlichen Vorwurf zu machen.[465] Bezogen auf § 266 a Abs. 1 StGB werden die dogmatischen Schwierigkeiten hier augenfällig. Eine strafrechtliche Verantwortlichkeit des Unternehmers, der aufgrund ökonomischer Unfähigkeit nicht dazu in der Lage ist, das Geld für die Sozialversicherungsbeiträge für den Fälligkeitstag bereit zu halten, scheint jedenfalls mit dem Schuldprinzip nur schwer vereinbar zu sein. Straft man ökonomischen Dilettantismus ab, läuft das darauf hinaus, ein Strafrecht für die Dummen und Unfähigen zu konzipieren.[466] Diese Funktion soll das Strafrecht aber nicht erfüllen.

Zumindest derjenige, der mit seinem Unternehmen ungewollt in die Krise gerät und auf diese Fallkonstellationen will sich die vorliegende Arbeit im wesentlichen konzentrieren, wird aufgrund der Existenzgefährdung in eine psychische Ausnahmesituation geraten, die ihn konfliktbedingt zu unüberlegten strafbaren Handlungen verführen kann. Dieser Aspekt wird zwar gesehen,[467] dennoch möchte man einen Schuldausschließungsgrund hierin nicht erkennen.[468]

Schuld setzt Kenntnis oder zumindest Erkennbarkeit des Unrechts voraus. Ist die Kenntnis oder Erkennbarkeit gegeben, kommt es freilich nicht mehr darauf an, daß der Täter auch von der Strafbarkeit seines Tuns wußte. Ein Vertrauensschutz bezüglich Straflosigkeit besteht nicht.[469] Diesem Anspruch dürfte der Täter des § 266 a Abs. 1 StGB normalerweise genügen. Die Kenntnis, daß er als Arbeitgeber zur Zahlung von Sozialversicherungsbeiträgen verpflichtet ist, wird er kaum abstreiten können. Führt er die Beiträge bei Fälligkeit nicht ab, muß ihm klar sein, daß dies nicht in Ordnung ist. Daß dieses Unterlassen mit Strafe bewehrt ist, muß er hingegen nicht wissen. In der Insolvenz sieht das anders aus. Der Täter hat in dieser Situation keine Handlungsalternative. Wie sollte er sich anders verhalten, wenn er nicht über die notwendigen Geldmittel verfügt. Es wird ihm schwer zu vermitteln sein, daß in dem Unterlassen der

---

[464] Auf den Unterschied zur Handlung, die zurechenbar ist, deutet Eidam, S. 116, hin.
[465] Siehe die Erläuterungen bei Baumann/Weber/Mitsch, § 18 Rn. 4 und Arzt/Weber, LH 2, Rn. 31 ff.
[466] So der Begriff nach Baumann, JZ 1972, S. 2.
[467] So schon nachzulesen in BT-Drucks. 10/5058, S. 23; ebenso BT-Drucks. 10/318, S. 30 f.
[468] Zur kriminogenen Wirkung der Krise siehe M-G-Bieneck, § 75 Rn. 6 ff.
[469] Siehe hierzu G. Jakobs, 4. Abschn. Rn. 7.

Zahlung dennoch ein Unrecht zu sehen ist. Grundsätzlich wird es der Täter also nicht erkennen können, daß er Unrecht tut. Der Schuldvorwurf müßte also in der Regel entfallen.

2. Die Aufgabe des Rechtsgüterschutzes

Eines der Aufgaben von Strafe ist zielbewußter Rechtsgüterschutz.[470] Diese Auffassung entwickelte sich in Abkehr von den Vergeltungstheorien.[471] Rechtsgüter in strafrechtlicher Hinsicht sind Lebensinteressen der Gemeinschaft, denen das Strafrecht seinen Schutz gewährt.[472] Das Rechtsgut bildet den materiellen Kern der Straftatbestände. Zwischen das Rechtsgut und seiner konkret drohenden Verletzung wird die Norm als Schutzwall eingeschaltet.[473] Dieser Rechtsgüterschutz bezieht sich nicht nur auf die Frage nach dem „Ob" im Sinne eines Erfolgsunwerts, sondern auch nach dem „Wie", das heißt nach der Art und Weise im Sinne eines Handlungsunwerts, wie die Rechtsgutsbeeinträchtigung erfolgt.[474] Rechtsgutsbezug haben demnach sowohl Straftatbestände mit Handlungs- als auch solche mit Erfolgsunwert.[475] Voraussetzung für die Gewährung strafrechtlichen Schutzes ist es jedenfalls, daß dem Rechtsgut ein rechtlich geschützter abstrakter Wert der Sozialordnung zukommt und daß es entweder einem einzelnen oder der Gesamtheit als Träger zugeordnet werden kann.[476]

Die Effizienz des Rechtsgüterschutzes durch das Strafrecht hängt von verschiedenen Voraussetzungen ab. Zum einen soll der Mensch in dem Wissen um die Bestrafung darin bestärkt werden, von bestimmten Handlungen abzusehen, also erst gar nicht straffällig zu werden.[477] Zum anderen ist die vorbeugende Wirksamkeit einer Strafnorm umso besser, je mehr sie akzeptiert wird. Deshalb ist es wichtig, daß die Bevölkerung versteht, was das Strafgesetzbuch von ihr verlangt.[478] Versteht der Normadressat die Strafnorm nicht, hat dies in jedem Fall negative Auswirkungen auf die Präventivwirkung.[479]

Die abstrakten Gefährdungsdelikte, wie zum Beispiel § 266 a Abs. 1 StGB, die sich im modernen Strafrecht und insbesondere im Wirtschaftsstrafrecht größter Beliebtheit erfreuen, weisen häufig keinen genauen Rechtsgüterbezug auf. Mit diffiziler Auslegungsarbeit sind die entsprechenden Rechtsgüter vielmehr erst

---

[470] Liszt, S. 7.
[471] Zu den Straftheorien im einzelnen unter II. 3. a).
[472] Jescheck/Weigend, S. 256.
[473] Ähnlich Maurach/Zipf, § 19 Rn. 17.
[474] Siehe die Ausführungen von Maurach/Zipf, § 19 Rn. 37.
[475] In diesem Sinne Maurach/Zipf, § 19 Rn. 17.
[476] Vgl. hierzu Jescheck/Weigend, S. 257 f.; Sch-Sch-Lenckner, Vorbem. § 13 Rn. 9.
[477] Fichte, S. 256.
[478] In diesem Sinne Lüderssen, Krise des Strafanspruchs, S. 16.
[479] Im einzelnen unter II. 3.

herauszuschälen. Der Rechtswidrigkeitskern solcher Tatbestände beschränkt sich lediglich auf einen Verwaltungsungehorsam. Hierin ist aber noch kein Kriminalunrecht zu sehen.[480] Das Wirtschaftsstrafrecht befaßt sich in verstärktem Maße mit überindividuellen Rechtsgütern.[481] Es werden Gemeinschaftsinteressen geschützt, die häufig zu wenig präzise sind und deshalb die Gefahr in sich bergen, nicht mehr die Verletzung eines Rechtsguts mit Strafe zu bewehren, sondern die einer Pflicht.[482] Ein Strafrecht, das zu einem Strafrecht der Pflichtverletzung verkommt, ist allerdings abzulehnen.[483]

Enthält der insolvente Unternehmer die Beiträge zur Sozialversicherung vor, verhält es sich ganz ähnlich. Er kommt einer Verpflichtung nicht nach, die durch sozialversicherungsrechtliche Vorschriften bestimmt ist. Ob hierin allerdings kriminelles Unrecht gesehen werden kann, ist äußerst fraglich. Sicherlich handelt es sich bei dem Aufkommen zur Sozialversicherung um ein vom Volkseinkommen hinreichend abgrenzbares Bezugsfeld,[484] und bestimmt könnte es auch zu einer Schädigung des zweifelsohne wichtigen volkswirtschaftlichen Zweiges der Sozialversicherung kommen, wenn derartige Verhaltensweisen vermehrt auftreten.[485] Darum aber eine Bevorzugung der Sozialversicherungsträger gegenüber den anderen Gläubigern eines insolventen Unternehmers zu konstatieren, liegt keinesfalls auf der Hand. Die Sozialschädlichkeit des jeweils in Frage stehenden Verhaltens ist für die Legitimation eines strafrechtlichen Rechtsgüterschutzes nämlich mit zu berücksichtigen.[486] Diese besondere Sozialschädlichkeit ist bei § 266 a Abs. 1 StGB aber nicht zu erkennen. Vergleicht man etwa die Situation des Vorenthaltens der Sozialversicherungsbeiträge damit, daß alle Schuldner zum Beispiel ihre Rechnungen von Bauunternehmen nicht mehr bezahlen würden, so gingen hiervon sicherlich negative volkswirtschaftliche Wirkungen aus. Dennoch ist bisher noch niemand auf die Idee gekommen, das Nichtzahlen von Baurechnungen unter Strafe zu stellen. Die Sozialschädlichkeit, die grundsätzlich in jedem Nichtzahlen von Verbindlichkeiten zu erblicken ist, geht bei dem Vorenthalten der Beiträge nicht über das gewöhnliche Maß hinaus. Ein Grund für eine Bevorzugung des Rechtsguts des Sozialversicherungsaufkommens ist nicht ersichtlich und deshalb abzulehnen.[487]

---

480 So die Kritik von Hamm, S. 662.
481 Siehe zu diesem Bereich Tiedemann, Bd. 1, S. 51; ferner Kaiser, Kriminologie, § 74 Rn. 5.
482 Siehe Schlüchter, 2. WiKG, S. 5, die deshalb die Heranziehung der Wirtschaft als Rechtsgut mangels hinreichend scharfer Grenzen zumindest als problematisch ansieht.
483 Vgl. zu diesem Problemkreis Günther, Von der Rechts- zur Pflichtverletzung, S. 445 ff.
484 Schlüchter, 2. WiKG, S. 164.
485 So der Hinweis von Fritz, S. 12.
486 G. Jakobs, 2. Abschn. Rn. 25.
487 In diesem Sinne schon oben im 2. Teil unter III. 4., wo eine faktische Privilegierung durch strafrechtlichen Schutz abgelehnt wurde.

3. Präventivwirkung von Strafe

a) Im Strafrecht allgemein

„Der Zweck des Strafgesetzes ist der, daß der Fall seiner Anwendung gar nicht vorkomme."[488] Der Realitätsbezug dieses Gedankens von Johann Gottlieb Fichte ist äußerst zweifelhaft. Wünschenswert wäre eine derartige Wirkung des Strafrechts allemal. Er ist durchtränkt von dem Glauben an die generalpräventive Wirkung von Strafe.

Stellt man den vorbeugenden Charakter der Strafe in den Vordergrund, reduzieren sich die Probleme mit dem Schuldprinzip. Maß der Strafe ist unter diesen Gesichtspunkten nicht die persönliche Schuld, sondern dasjenige Maß, das für eine Resozialisierung notwendig ist. Die Tat ist dann nicht der Grund, sondern der Anlaß für eine Bestrafung.[489] Die generalpräventive Wirkung der Strafe soll dahingehen, daß allein mit dessen Androhung die Allgemeinheit von der Begehung von Straftaten abgehalten wird. Aus diesem erzieherischen Aspekt kommt ihr eine hohe sozialpolitische Würde zu.[490]

Der Generalprävention von Strafe wird alles in allem vielfältige Auswirkung zugeschrieben. Sie existiert in Form von sogenannter positiver und negativer Generalprävention. Die positive Generalprävention wird wiederum unterteilt in drei verschiedene Teile, die sich der Intention nach gegenseitig ergänzen sollen. Zum einen wird auf den Lerneffekt verwiesen, das heißt die Einübung der Rechtstreue, die von der Androhung der Strafe ausgehen soll. Ein weiterer positiver Effekt soll das wachsende Vertrauen des Bürgers in das Recht sein, indem er erkennt, daß sich das Recht letztlich durchsetzt. Last but not least ist der Befriedigungseffekt zu nennen, der auch als Integrationsprävention bezeichnet wird. Diese Wirkungsweise stellt darauf ab, daß mittels Sanktion eine Beruhigung über den Rechtsbruch eintritt.[491] Die negative Generalprävention verfolgt einen Abschreckungszweck. Strafbare Handlungen werden nach dieser Vorstellung deshalb unterlassen werden, weil Furcht vor der Bestrafung in der Gesellschaft grassiert.[492]

Ein weiterer Strafzweck ist die sogenannte Spezialprävention, die besonders um die Jahrhundertwende durch Franz von Liszt auf den Schild gehoben wurde.[493] Die Spezialprävention richtet sich an den Täter, an denjenigen also, der bereits straffällig geworden ist, wobei es darum geht, die Ursachen der Ver-

---

[488] Fichte, S. 256.
[489] Jescheck/Weigend, S. 67.
[490] Vgl. Hassemer, Generalprävention, S. 33.
[491] Vgl. zum ganzen die Darstellung bei Roxin, § 3 Rn. 27.
[492] Vgl. Jescheck/Weigend, S. 68.
[493] Siehe hierzu E. Schmidt, ZStW Bd. 67 (1955), S. 180 f.

brechen durch individuelle Behandlung der Täter zu beseitigen.[494] Um das geeignete Maß der Sanktionierung festlegen zu können, kommt der Spezialprävention auch heute noch ein hoher Rang zu.[495] Sie soll eine vorbeugende Wirkung auf den Täter ausüben, daß dieser künftig keine Straftaten mehr begehen wird. Dies geschieht dergestalt, daß sich der Täter an die durch den Strafvollzug erlittenen Einbußen erinnert.[496]

Strafen ohne Sinn sind in einem Rechtsstaat wie dem unsrigen nicht mehr denkbar. Dieser Sinn kann aber nicht in Theorien gefunden werden, sondern muß sich an Realitäten messen lassen. Die Qualität einer Theorie richtet sich danach, wie sie im Gerichtssaal und im Strafvollzug als Hilfe aufgefaßt wird.[497] Wesentlicher Zweck der Spezialprävention ist es, künftige Unrechtsverletzung seitens des bestraften Täters zu vermeiden.[498] Das Bundesverfassungsgericht sieht den Resozialisierungszweck der Strafe als herausragendes Ziel insbesondere beim Vollzug von Freiheitsstrafen an. Dies fordere zum einen das Selbstverständnis unserer Gesellschaft und zum anderen habe der Strafgefangene darauf sogar einen im Grundgesetz verankerten Anspruch, was aus Art. 2 Abs. 1 GG gefolgert werden kann.[499] Spezialprävention erfordert also immer ein individuelles Eingehen auf die jeweilige Täterpersönlichkeit. Demnach ist stets eine kriminologische Täterdifferenzierung notwendig.[500] Spezialprävention, die im Idealfall dem Täter in einer Lage Hilfen anbietet, in der er sich aus eigener Kraft nicht mehr selbst helfen kann, dürfte den verfassungsrechtlichen Bedenken standhalten können. Wird die Würde des Menschen durch solche Hilfen doch gerade in einem besonders großen Maße berücksichtigt.[501]

Dennoch sind die Präventionstheorien keineswegs nur auf Zustimmung gestoßen. Insbesondere wurde ihnen vorgeworfen, sie degradieren den Menschen zum einfachen Objekt staatlichen Handelns.[502] Das ist insoweit richtig, als Strafe zu generalpräventiven Zwecken eingesetzt, tatsächlich den Menschen instrumentalisiert, um an ihm Exempel zu statuieren. Im übrigen wird noch immer die Auffassung vertreten, auf Strafnormen mit repressivem Charakter könne nicht verzichtet werden.[503] Neben der Schuld wird der Vergeltungsgedanke noch immer als Begrenzung der Strafzumessung herangezogen. Strafe muß sich danach verhältnismäßig zur Tat verhalten. Der Ver-

---

[494] Liszt, S. 1 ff.
[495] Siehe die Ausführungen von Harriehausen, S. 2.
[496] Vgl. Jescheck/Weigend, S. 5.
[497] E. Schmidt, ZStW Bd. 67 (1955), S. 178.
[498] In diesem Sinne Jescheck/Weigend, S. 5.
[499] BVerfGE 35, 202, 235; 45, 187, 239.
[500] E. Schmidt, ZStW Bd. 67 (1955), S. 183.
[501] Vgl. Lüderssen, Krise des Strafanspruchs, S. 16 f., m.w.N.
[502] In diesem Sinne Kant, Rechtslehre, S. 196.
[503] Weber, NStZ 1986, S. 482.

geltungsgedanke muß deshalb nicht immer zu höheren Strafen als bei den Präventionstheorien führen. Die Einwirkung auf den jeweiligen Täter, um ihn im Sinne der Spezialprävention von künftigen Straftaten abzuhalten, mag unter Umständen ein wesentlich höheres Strafmaß erfordern als dies die abzuurteilende Tat verlangen würde.

Nach der Vergeltungstheorie ist Strafe die zwangsläufige Notwendigkeit, um die durch die Straftat aus den Fugen geratene Gerechtigkeit innerhalb des Staatswesens wiederherzustellen.[504] Danach ist es sogar möglich, daß der Straftäter die Strafe als Akt der Befreiung empfindet, so er sich denn grundsätzlich auf die Strafe einläßt. Der Verurteilte kann seine innere Freiheit, die er durch die Begehung des Delikts verloren hat, wiedergewinnen. Der sühnebereite Straftäter kann somit in seiner Verurteilung ein Gerechtigkeitserlebnis erfahren.[505] Auf den ersten Blick mag dies vielleicht abwegig klingen, es kommt aber durchaus vor, daß ein Verurteilter seine Strafe positiv erlebt. Unsere Gesellschaft ist jedoch nicht bereit, den Vergeltungsgedanken konsequent zu Ende zu denken. Die Stigmatisierung ehemaliger Strafgefangener dürfte es dann jedenfalls nicht geben. Die Schuld würde durch das Absitzen der gerechten und tatadäquaten Strafe nämlich vollständig getilgt werden.

Bisher ist noch keine Straftheorie gefunden worden, die delinquentes Verhalten völlig unterbinden könnte.[506] Strafe wird immer nur ein hilfloses Streben nach diesem Ideal bleiben. Ein Strafrecht, das sich dieser Grenzen bewußt ist, wird sich auf den Versuch beschränken, den sozialen Problemen einigermaßen Herr zu werden.[507] Eine durchdachte und damit wirksamere Prävention von Straftaten fängt im außerstrafrechtlichen Bereich an. Hier gibt es bereits Ansätze, etwa die Möglichkeit des Widerrufs von Haustürgeschäften, geregelt in § 1 HaustürWG, der eine kriminalitätshemmende Wirkung nachgesagt wird, weil auf diese Wiese beispielsweise Betrügereien verhindert werden können. Eine zivilrechtliche Inanspruchnahme mag ebenfalls positive Auswirkung auf den potentiellen Täter haben, sich normgemäß zu verhalten.[508] Festzuhalten bleibt, daß die präventiven Wirkungen von Strafe jedenfalls nicht überschätzt werden dürfen.

b) Im Wirtschaftsstrafrecht im besonderen

Im Strafrecht ist eine Entwicklung zu beobachten, die keinesfalls vor dem Wirtschaftsstrafrecht halt macht. Die Schadensziffern steigen stetig an, meist, so

---

[504] Kant, Rechtslehre, S. 197 f.
[505] Nachzulesen bei E. Schmidt, ZStW Bd. 67 (1955), S. 186 f.
[506] Siehe die Ausführungen von Weber, ZStW 96 (1984), S. 380.
[507] Diese realistische Einschätzung traf bereits E. Schmidt, ZStW Bd. 67 (1955), S. 195.
[508] Mehr hierzu im 4. Teil dieser Arbeit.

der Hinweis, weil die Vorstufen des strafenden Zwanges versagen. Aufgrund von Ungeduld und wohl auch wegen eines scheinbar unbeirrbaren Glaubens an die Wirksamkeit des Strafrechts wird die Leistungsfähigkeit der anderen Rechtsgebiete gar nicht mehr abgewartet.[509]

Insbesondere die Spezialprävention ist nur schwer für die Wirtschaftskriminalität fruchtbar zu machen. Grund hierfür dürfte in erster Linie der Ansatzpunkt der Spezialprävention sein. Dieser ging von einer Täterpersönlichkeit aus, die aus schwierigen sozialen Verhältnissen kommt und soziale Entwicklungsdefizite aufweist. In dieser Regelmäßigkeit trifft dies auf den Wirtschaftskriminellen nicht zu. Der Wirtschaftsstraftäter tritt vielmehr in sehr unterschiedlichen Erscheinungsformen auf, so daß es den typischen kriminellen Kapitalisten nicht gibt.[510]

Anders mag sich dies bei der Generalprävention verhalten. Der Wirtschaftsstraftäter gehört zu der Spezies von Kriminellen, die ihr Verhalten verstärkt nach rationalen Gesichtspunkten ausrichtet. Ein kühl kalkulierender Täter ist für die abschreckende Wirkung der Strafe grundsätzlich empfänglich.[511] Intensivierung der Strafverfolgung und die damit verbundene erhöhte Wahrscheinlichkeit, von einer Sanktionsmaßnahme erfaßt zu werden, steigert die abschreckende Wirkung von Strafe.[512] Diesbezüglich wurde im Bereich der Strafverfolgung in der Vergangenheit einiges getan.[513]

Voraussetzung für einen effizienten Strafrechtsschutz ist immer, daß der vereinbarte Verhaltenskodex zumindest in weiten Teilen der Gesellschaft akzeptiert wird. Im Wirtschaftsstrafrecht ist besonders auffällig, daß es an dieser Akzeptanz häufig fehlt. Die normorientierte Denkweise der Juristen verträgt sich offensichtlich nur schwer mit derjenigen der marktteilnehmenden Kaufleute, die Sachverhalte in erster Linie nach den immanenten Chancen bewerten.[514] Im übrigen fällt es häufig schwer, aus den Tatbeständen des Wirtschaftsstrafrechts einen exakten Verhaltenskodex herauszulesen. Die Komplexität der hierbei verwendeten Rechtsbegriffe kann dazu führen, daß es selbst Juristen schwerfällt zu definieren, wie sich denn der Unternehmer rechtstreu zu verhalten habe, ohne strafbar zu werden.[515] Grund dafür ist unter anderem, daß der Gesetzgeber im Bereich der Wirtschaft ein „Spinnennetz von Gefähr-

---

[509] So die Kritik von Lüderssen, Wirtschaftsrecht, S. 7.
[510] So die Hinweise bei Harriehausen, S. 3. Ob eine Typisierung anderer Tätergruppen auf diese Weise erfolgreich vorgenommen werden kann, ist zumindest zweifelhaft.
[511] Harriehausen, S. 3; ebenso Schlüchter, 2. WiKG, S. 23.
[512] Auf diesen Zusammenhang verweist Kube, S. 5.
[513] Siehe hierzu oben unter I.
[514] Auf diese Unterschiede deutet Bittmann, wistra 1998, S. 323, hin.
[515] Auf dieses Problem im Zusammenhang mit dem Überschuldungsbegriff weist Meyer-Landrut, S. 336 hin; ebenso Lüderssen, Überschuldung, S.675 ff.

dungstatbeständen" ausbreitet.[516] Ein solches Vorgehen führt leicht dazu, aufgrund einer hohen Regelungsdichte im Strafrecht normenblind zu werden, da man den Eindruck gewinnen könnte, normenkonformes Verhalten sei ohnehin unmöglich. Mit anderen Worten läuft man Gefahr, den Wald vor lauter Bäumen nicht mehr zu sehen. Besser ist es, lediglich einige wenige Verhaltensweisen unter Strafe zu stellen, in dessen Rahmen eine freiheitliche Wirtschaftsordnung gedeihen kann.[517]

Ein erfolgreiches Präventionssystem muß mit den Mitteln arbeiten, die der zugrundeliegenden Materie bekannt sind bzw. ihr entstammen. Im Wirtschaftsstrafrecht muß es für den Normadressaten deshalb immer um eine Nutzen-Kosten-Analyse gehen, ist doch Motivation allen Handelns die Profitmaximierung.[518] Einwirkungen auf den Täter werden nur erzielt werden können, wenn sein sozialschädliches Verhalten mit nachdrücklichen Steigerungen der Kosten verbunden ist, was in Form sowohl strafrechtlicher als auch außerstrafrechtlicher Sanktionen geschehen kann.[519] Außerstrafrechtliche Sanktion kann hier beispielsweise zivilrechtlicher Schadensersatz sein. Das deutsche Deliktsrecht ist jedoch grundsätzlich dem Ausgleichsgedanken verhaftet, wodurch der Täter nur den status quo ante riskiert. Eine Präventivwirkung kann hiervon nicht ausgehen.[520] Ein Wandel ist allerdings zu verzeichnen, wie die sogenannte „Caroline-Entscheidung" des Bundesgerichtshofes zeigt.[521]

Die Präventivwirkung von Strafe setzt voraus, daß der Normadressat Einfluß darauf hat, ob er sich mit seinem Tun oder Unterlassen gegen die Rechtsordnung stellen möchte oder nicht. Diese Frage wird in der Schuld diskutiert, die ja Voraussetzung für die strafrechtliche Verantwortlichkeit des jeweiligen Normadressaten ist.[522] Schuldhaftes Verhalten setzt voraus, daß dem Täter eine Wahlmöglichkeit für oder gegen normorientiertes Verhalten gegeben ist.[523] Dieser Gedanke wurde in § 266 a Abs. 1 StGB nicht hinreichend berücksichtigt. Dies gilt vor allem vor dem Hintergrund, daß die Präventivwirkung von Strafe gegenüber dem Krisentäter kaum zur Entfaltung gelangen dürfte.[524] Was soll der Unternehmer, der vor dem wirtschaftlichen Zusammenbruch steht, denn auch anderes tun, als die Sozialversicherungsbeiträge vorzuenthalten, wenn ihm die Mittel zu dessen Abführung fehlen. Um in den Genuß der Straffreiheit

---

[516] Diese negative Entwicklung offenbart Schlüchter, 2. WiKG, S. 187.
[517] Weber, NStZ 1986, S. 482.
[518] Wir haben es eben grundsätzlich mit dem homo oekonomicus zu tun.
[519] So auch Schünemann, GS f. Kaufmann, S. 630.
[520] Siehe die Kritik von Schünemann, GS f. Kaufmann, S. 646.
[521] Vgl. BGHZ 128, 1, 14 ff.
[522] Vgl. Roxin, § 19 Rn. 18.
[523] Roxin, § 19 Rn. 36 m.w.N. Auf die Möglichkeit einer Wahl zwischen Gut und Böse kam es grundsätzlich wohl schon Welzel an, S. 138.
[524] Kube, S. 13.

nach § 266 a Abs. 5 StGB zu gelangen, müssen die Beiträge von dem gemäß § 14 Abs. 2 StGB Beauftragten des Arbeitgebers im Zweifel persönlich nachentrichtet werden. Dies gilt selbst dann, wenn er die Beiträge einzig und allein im Interesse seines Geschäftsherrn vorenthalten hat.[525] Hier bleibt also die strafrechtliche Verantwortlichkeit an demjenigen hängen, der eigentlich gar kein eigenes Interesse an der Tat haben kann. Die Wiedergutmachungspflicht wird ihm aufgeladen und er wird ihr wohl schon deshalb nachkommen müssen, um einer Bestrafung zu entgehen. Hier wird spätestens deutlich, wie wenig überzeugend der Straftatbestand der Vorenthaltung von Sozialversicherungsbeiträgen aufgebaut ist. Eine Präventionswirkung wird § 266 a Abs. 1 StGB kaum entfalten können. Zu viele Ungereimtheiten machen den Straftatbestand unklar und unbestimmt, wodurch ihm die durchschlagende Kraft genommen wird.

Die Präventionswirkungen entfalten sich nach soziologischen und kriminologischen Erkenntnissen innerhalb von hierarchischen Organisationen gänzlich anders als gegenüber Individuen. Das Verhalten des einzelnen wird innerhalb eines Unternehmensverbandes in erster Linie von dessen organisationsinternen Verhaltensregeln bestimmt und erst in zweiter Linie von den Normen des staatlichen Rechts.[526] Ein krimineller Verbandsgeist kann derartig negative Auswirkungen auf den einzelnen haben, daß sich selbst bei dem an sich rechtstreuen Verbandsmitglied das Gefühl der Verantwortlichkeit verflüchtigt.[527] Der Einfluß des Milieus ist ein bedeutender Faktor bei der Entstehung und Entwicklung von Kriminalität. Auf das Wirtschaftsstrafrecht bzw. auf die Verbandskriminalität trifft das genauso zu wie auf das allgemeine Strafrecht.[528]

Demzufolge sind die Hoffnungen an die generalpräventive Wirkung des Wirtschaftsstrafrechts nicht sonderlich hoch zu schrauben. Daß dem so ist, zeigt sich an der vorhandenen Resignation. Wirksame Prävention im Bereich des Wirtschaftsstrafrechts sei, wenn überhaupt, nur mittels eines sinnvollen Ineinandergreifens von strafrechtlichen Sanktionierungen und außerstrafrechtlichen Strategien zu erreichen.[529] Will man vom Strafrecht nicht ganz lassen, so wird man einen kriminellen Verbandsgeist nur mit Hilfe eines korrelierenden Verbandsstrafrechts wirksam bekämpfen können.[530] Hierauf soll im folgenden ein genauerer Blick geworfen werden.

---

[525] Auf diesen wohl kaum haltbaren Zustand deutet auch Winkelbauer, S. 19, hin.
[526] So die Untersuchung in Entwurf zur Bekämpfung der Unternehmenskriminalität, S. 153.
[527] Nachzulesen bei Eidam, S. 65.
[528] In diese Richtung gehen die Hinweise von Ackermann, S. 192.
[529] Siehe zur Bedeutsamkeit der außerstrafrechtlichen Möglichkeiten Schünemann, GS f. Kaufmann, S. 629.
[530] In diesem Sinne Ackermann, S. 192.

4. Die Vorzüge der Einführung einer Strafmündigkeit von Unternehmen

Über die Option der Einführung eines Verbandsstrafrechts wurde bereits vor etlichen Jahren diskutiert. Relativ lange brach dann aber wieder Schweigen über dieses Thema aus. Grund dafür dürfte das klare Votum gegen eine Einführung auf dem 40. Deutschen Juristentag 1953 gewesen sein. Eine Verbandsstrafe, so die dort vertretene Auffassung, liefe dem Sinn- und Wesenselement von Strafe zuwider.[531] In letzter Zeit sind jedoch wieder verstärkt Diskussionen um dieses Thema entfacht, was an der wachsenden Bedeutung der Wirtschaftskriminalität liegen dürfte.

In der Jurisprudenz sind die Kooperativen fest etabliert. Man hat ihnen Leben eingehaucht, eine Schöpfung seitens des Rechts betrieben.[532] Die juristische Person ist eben nicht bloß eine Fiktion. Personenverbände gelten als menschliche Organisationsformen, die eigenständige Subjekte des Soziallebens darstellen und die vom Wechsel ihrer Mitglieder unabhängig sind.[533] Der Verband gilt heute als eine von den Mitgliedern abstrahierte Überpersönlichkeit.[534]

Wenn den juristischen Personen nun aber eine Eigenständigkeit zugesprochen wird, warum sollten sie dann nicht auch handeln, Absichten haben, im Unrecht sein und eben auch einen Vorwurf verdienen.[535] Mit den Geistern, die man rief, muß man schließlich irgendwie fertig werden. Unternehmenskriminalität ist diejenige Form des sozialschädlichen Verhaltens, von der unsere Industriegesellschaft geprägt wird.[536] De lege lata werden die Unternehmen aber von der strafrechtlichen Haftung ausgeschlossen. Das Strafrecht läßt auf diese Weise einen weiten Bereich brach liegen, ohne daß hierin eine systematische Entkriminalisierung zu erkennen wäre. Für die Bekämpfung der ständig steigenden Unternehmenskriminalität hat ein derartiges Strafrecht wenig zu bieten.[537] Mit Hilfe eines Unternehmensstrafrechts könnte dem Phänomen entgegengewirkt werden, daß Unternehmen eben auch dazu benutzt werden, um unter ihrem Schutz Straftaten zu begehen, die dann häufig aufgrund der undurchsichtigen Organisationsstrukturen vergeblich der Aufklärung harren. Man spricht in diesem Zusammenhang auch von organisierter Unverantwortlichkeit.[538]

---

[531] Siehe die Wiedergabe bei Hamm, S. 662.

[532] So der Duktus von Gierke, S. 8 ff., der die Verbände als lebendige Wesen bezeichnete. Ähnlich Bottke, S. 248.

[533] Siehe Hirsch, S. 9. In diesem Sinne auch Busch, S. 10 ff.

[534] Rotberg, S. 203.

[535] Diese Frage wirft zurecht Volk auf, S. 429.

[536] Schünemann, Unternehmenskuratel, S. 129; Marxen, JZ 1988, S. 289.

[537] Siehe Eidam, S. 2. Auf die Ineffizienz der Strafverfolgungspraxis hinsichtlich der Wirtschaftskriminalität weist auch Bottke, S. 245 ff., hin.

[538] Schünemann, Unternehmenskriminalität, S. 34; Volk, S. 433.

Es stellt sich die Frage, ob die dogmatischen Schwierigkeiten, die beim Unternehmensstrafrecht bestehen, unumschiffbare Klippen darstellen oder nicht. Im Strafrecht gilt der Grundsatz societas delinquere non potest. Ausgehend davon wird eine Strafbarkeit von juristischen Personen und Verbänden von weiten Teilen abgelehnt. Die individuelle Handlungs- und Schuldfähigkeit gilt gemeinhin als Voraussetzung für die Strafbarkeit und wird den juristischen Personen abgesprochen.[539] Das Schuldprinzip stehe einer Strafmündigkeit von Unternehmen entgegen. Strafrechtlich vorwerfbares Tun setze stets individuelle Verantwortung voraus, die ein Verband nicht haben könne.[540] Ein Blick auf die soziale Wirklichkeit läßt die Schuldfähigkeit juristischer Personen hingegen naheliegend erscheinen. Immer häufiger ist vom Verschulden einzelner Unternehmen die Rede. Man denke nur an die Diskussionen um die Ausgleichszahlungen deutscher Unternehmen an Zwangsarbeiter, die diese zu Zeiten des Dritten Reiches beschäftigt hatten. An Körperschaften wird immer öfter ein sittlicher Maßstab angelegt. Schuld ist hier durchaus nicht ethisch indifferent.[541] Auf der anderen Seite nehmen die Unternehmen auch für sich selbst Ethik und Moral in Anspruch.[542] Anstelle der menschlichen Schuld, die als persönlich sittliche Fehlleistung verstanden wird,[543] müßte ein Schuldbegriff im weiteren Sinne treten, der sich an sozial rechtlichen Kategorien ausrichtet.[544] Dem Gesetzgeber steht es frei, diesbezüglich Änderungen vorzunehmen.[545] Das Recht bestimmt seine Adressaten selbstherrlich.[546] Schuld ist, so der berechtigte Einwand von Günter Heine, eine strafrechtliche Systemkategorie. Je nach Anwendungsbereich dieses Systems ändere sich deren Inhalt.[547] Verfassungsrechtlich ist der Schuldbegriff nicht definiert. Lediglich seine Existenz ist Ausfluß unseres Grundgesetzes. Schuld kann daher auf ein rechtsstaatskonformes Verantwortungsprinzip reduziert werden.[548] Hinsichtlich des Schuldbegriffs ist die Einführung eines Unternehmensstrafrechts also möglich.

Das Wirtschaftsleben unserer Zeit wird dominiert von Unternehmen. Meist sind sie es und nicht die einzelnen Individuen, die die großen Geschäfte und Profite machen. Hiervor sollte das Recht nicht die Augen verschließen. Ein wesentlicher Teil der sozialschädlichen Handlungen in einer modernen Industriegesell-

---

[539] BVerfGE 20, 323, 336; Jescheck/Weigend, S. 227; Roxin, § 8 Rn. 58; Sch-Sch-Cramer, Vorbem. § 25 Rn. 119.
[540] Insgesamt ablehnend Hamm, S. 663.
[541] Eidam, S. 109.
[542] Ein Ehrenschutz wird den juristischen Personen beispielsweise gewährt. Siehe BGHSt 6, 186; Sch-Sch-Lenckner, Vorbem. § 185 Rn. 3; Hirsch, S. 14.
[543] So etwa Kaufmann, Schuldprinzip, S. 128 f.
[544] Siehe den Vorschlag von Tiedemann, NJW 1988, S. 1172 f.
[545] Darauf verweisen Baumann/Weber/Mitsch, § 18 Rn. 27.
[546] In dieser Deutlichkeit Baumann, Grundbegriffe, S. 157.
[547] Unter Umständen könne das eben dazu führen, daß der personale Schuldmaßstab abgesenkt und objektiviert werde; so jedenfalls Heine, S. 264.
[548] So argumentiert Heine, S. 263.

schaft wie der unsrigen bleibt ohne ein Unternehmensstrafrecht unkontrolliert, wodurch ein Präventionsvakuum entsteht, das einer effizienten Strafrechtspflege im Wege steht.[549] Jedenfalls muß man sich klar machen, daß ein genereller Verzicht auf ein Verbandsstrafrecht gleichzeitig ein Verzicht auf Sozialkontrolle in einem wesentlichen Bereich ist.[550] Im Laufe der Zeit entwickelt sich ein Verbandsgeist, der auf die Handlungen der Verbandsmitglieder Einfluß nimmt. Diesem Phänomen ist mit Hilfe von Individualsanktionen nicht beizukommen. Ein normativer Verbandsgeist ist eben nur mit entsprechenden Verbandssanktionen zu bekämpfen.[551] Ein Verband stellt mehr dar als die Summe seiner Mitglieder oder gar nur ein abgetrenntes Sondervermögen. Es entsteht eine Gemeinschaft mit einer eigenständigen Wesenhaftigkeit.[552] Dies zeigt sich auch in dem Entstehen einer eigenständigen Unternehmenskultur. Dieses Phänomen wird von der modernen Betriebswirtschaftslehre als „corporate identity" bezeichnet.[553] Daraus kann wiederum der Schluß gezogen werden, daß es parallel zur Individualschuld das Phänomen einer Verbandsschuld geben muß.[554] Unternehmen werden als autopoietische Systeme aufgefaßt, an die die Rechtsnormen des Gesetzgebers nur von außen heranprallen. Innerhalb des Unternehmens werden die Rechtsnormen und ihre Anforderungen unternehmensspezifisch umformuliert. Der einzelne Mitarbeiter des Unternehmens nimmt dann nur noch das veränderte Normprodukt wahr und nicht die ursprüngliche Norm, die der Gesetzgeber ausgesendet hat.[555] Interessant und mit den dogmatischen Grundsätzen am besten vereinbar scheint der Gedanke von Günter Heine zu sein, der eine separate Spur kollektiver Verantwortlichkeit aufbauen möchte. Neben das Individualstrafrecht würde ein völlig eigenständiges Verbandsstrafrecht treten.[556] Eine solche zweite Spur sollte nun nicht das Individualstrafrecht verdrängen. Es sollte vielmehr dort einsetzen, wo das inkriminierende Ereignis vor allen Dingen in einer betrieblichen Fehlentwicklung zu sehen ist, der eingetretene Schaden Ausdruck eines in der Zeit liegenden Mißmanagements ist.[557]

---

[549] In diesem Sinne auch Schünemann, Unternehmenskuratel, S. 129.
[550] Darauf verweist Volk, S. 430.
[551] So die logische Schlußfolgerung von Brender, S. 14.
[552] In diesem Sinne Gierke, S. 13.
[553] Siehe die Ausführungen von Eidam, S. 117.
[554] In diesem Sinne Hirsch, S. 16. Bottke, S. 246, scheint sich hiermit schwerzutun, wenn er sagt, Urheberschaft von Unternehmen meine immer nur die hinter dem Unternehmen stehenden Personen. Er zieht diesen Schluß allerdings aus einer Analyse unserer Alltagssprache. Letztendlich verschließt sich aber auch Bottke nicht der Möglichkeit, Handlungen Kollektiven zuzuordnen. Siehe Bottke, S. 249.
[555] Zu den Besonderheiten in einem Unternehmen siehe Schünemann, Unternehmenskuratel, S. 132. Zum Recht als autopoietisches System siehe Teubner.
[556] Von der Notwendigkeit eines originären Verbandsstrafrechts spricht Heine, S. 207 ff.
[557] Heine, S. 308.

Es ist ein allseits bekanntes Phänomen, daß sich der Mensch in der Gruppe stärker fühlt als allein. Bei den ethisch moralischen Grundeinstellungen sind in ähnlicher Weise Veränderungen zu beobachten, sofern ein Gruppenbezug hergestellt wird. Fragwürdige Handlungen werden für weniger bedenklich gehalten, wenn sie im Sinne des dahinterstehenden Verbandsinteresse sind. Die ansonsten durchaus vorhandene psychologische Hemmschwelle, Unerlaubtes zu tun, wird in solchen Fällen erheblich abgesenkt oder verschwindet häufig sogar ganz.[558] Die feste Überzeugung, den Gemeinschaftszweck des Verbandes zu fördern, wozu sich der einzelne aufgrund seiner Dienst- und Treuepflicht verpflichtet fühlt, kann der strafbaren Handlung manchmal gar den Anschein der sozialen Berechtigung geben.[559] Droht jedoch der Verbandsperson selbst Strafe, werden diese Faktoren ausgeschaltet. Die altruistische Komponente, so sie denn vorhanden ist, wird in jedem Fall ausgeschaltet,[560] die Präventionswirkung verbessert.

So finden egoistisch gefärbte Motive bei Straftaten, die im Rahmen der Tätigkeit für ein Unternehmen begangen werden, durchaus ihren Einschlag. Der einzelne Mitarbeiter muß keineswegs stets nur den hehren Unternehmenszweck bei der Begehung einer Straftat im Auge haben. Die heutigen gesellschaftlichen Verhältnisse machen die Sorge um den Arbeitsplatz zu einem existentiellen Problem, hängt von diesem doch zum einen die finanzielle Absicherung, zum anderen der gesellschaftliche Status ab. Diese Verlustangst macht den einzelnen empfänglich, bestimmte Handlungen für den Verband vorzunehmen, die strafbar sind. Selbst ohne konkrete Einflußnahme der Verbandsmitglieder untereinander wird der einzelne deshalb zu denjenigen Verhaltensweisen greifen, die er aufgrund seiner Einbindung in den Verband als den Verbandsinteressen dienlich erlebt.[561] Aufgrund dieser Motivationslage werden sogar Menschen zu strafbaren Handlungen verleitet, die normalerweise ein eher unterdurchschnittliches Potential an krimineller Energie aufweisen.

Für ein Unternehmensstrafrecht spricht außerdem, daß die kriminellen Initiatoren häufig gar nicht die handelnden Organe sind, sondern die hinter der juristischen Person stehenden Anteilseigner.[562] Die handelnde natürliche Person wird dann gewissermaßen stellvertretend für den Verband bestraft.[563] Unser Strafrecht führt dazu, daß die Strafbarkeit der Tätigkeit als Organmitglied

---

558 Siehe zu diesem Zusammenspiel Eidam, S. 59.
559 In diesem Sinne Busch, S. 102.
560 Ackermann, S. 46.
561 Auf dieses Phänomen deutet Schünemann, Unternehmenskriminalität, S. 23, hin.
562 So vor allem bei dem Fall, der dem Urteil des Bundesgerichtshofs zugrunde liegt. Siehe hierzu BGHZ 134, 304 ff.
563 Vgl. die kritische Stimme von Ackermann, S. 191.

immanent ist. Sie gehört zum betrieblichen Risiko.[564] Mit der Einführung der Strafmündigkeit von Unternehmen käme man an die Anteilseigner zumindest indirekt heran. Die im Ordnungswidrigkeitenrecht bereits existente Möglichkeit der Verhängung einer Geldbuße trifft stets mittelbar die hinter dem Verband stehenden Anteilseigner.[565] Gerade dieser Umstand steht jedoch in der Kritik. Unschuldige Verbandsmitglieder hätten unter den wirtschaftlichen Folgen einer Verbandsstrafe zu leiden.[566] Hierbei wird vergessen, daß die Sanktion bei einem eigenständigen Verbandsstrafrecht ausschließlich den Verband als eigenständige Rechtspersönlichkeit trifft. Mittelbar gehen von einer solchen Strafe zwar durchaus Wirkungen für alle, eben auch die unschuldigen Verbandsmitglieder aus. Das ist aber etwas anderes als ein Mitbestrafen. Dem Strafrecht sind solche mittelbaren Auswirkungen sowieso nicht fremd. Die Individualstrafe gegen eine natürliche Person muß diese ebenfalls nicht allein treffen. So können sich beispielsweise Sanktionen gegen den Unterhaltsträger auf den Unterhaltsberechtigten auswirken.[567] Wesentlich stärker wird sogar das Kind einer alleinerziehenden Mutter betroffen, die eine Haftstrafe antreten muß. Das indirekte Mitbetroffensein ist demnach kein spezifisches Problem eines Unternehmensstrafrechts.

Aufgrund des ultima ratio Charakters des Strafrechts müssen vor einer Neukriminalisierung zunächst die Alternativen zu den strafrechtlichen Lösungsansätzen ausgelotet werden.[568] Es sprechen dennoch wie soeben gesehen grundsätzlich gute Gründe für die Einführung eines eigenständigen Unternehmensstrafrechts. Eine effiziente Prävention im Bereich der Wirtschaftskriminalität wird man ohne die Einführung der Strafmündigkeit von Verbänden nicht erreichen. Bezüglich des Straftatbestands des Vorenthaltens von Sozialversicherungsbeiträgen gemäß § 266 a Abs. 1 StGB hilft jedoch auch eine Unternehmensstrafbarkeit nicht weiter. Die eigentlichen Probleme, die bei diesem Straftatbestand bestehen, sind auf diese Weise kaum aus der Welt zu schaffen. In der Insolvenz wird mit Prävention kaum etwas erreicht werden können. Verfügt der Unternehmer nicht mehr über ausreichende Geldmittel, so ist er schlichtweg nicht in der Lage, die fälligen Beiträge zur Sozialversicherung abzuführen. Das Wissen um die Strafbarkeit des entsprechenden Verhaltens kann nur die Auswirkung haben, daß der Unternehmer dann die fälligen Sozialversicherungsbeiträge vorrangig vor anderen ebenfalls fälligen Verbindlichkeiten erfüllt. Ein Umstand, der nach der hier vertretenen Auffassung nicht zu rechtfertigen ist, da ein Vorrang der Beiträge zur Sozialversicherung gegenüber

---

[564] In dieser Schärfe Ransiek, S. 206 f.
[565] Entwurf zur Bekämpfung der Unternehmenskriminalität, S. 170.
[566] Dies kritisiert Pohl-Sichtermann, S. 9 ff.
[567] Siehe Eidam, S. 128; Rotberg, S. 204.
[568] Hierauf weist zu Recht Schünemann, Unternehmenskuratel, S. 133, hin.

anderen Verbindlichkeiten nicht existiert. Dies wird allerdings de facto durch die Strafbewehrung des § 266 a Abs. 1 StGB manifestiert.[569] Dies zeigt aber, daß die Schwierigkeit nicht darin liegt, mittels der Einführung der Strafmündigkeit an die verantwortlichen Unternehmen heranzukommen, sondern daß der Straftatbestand des § 266 a Abs. 1 StGB an sich verunglückt ist und deshalb abgeschafft werden sollte.

5. Die Anforderungen strafrechtlicher Grundsätze

Das Strafrecht unterliegt aufgrund seiner einschneidenden Wirkungen strengen Anforderungen. Der Gesetzgeber ist in seiner Entscheidung, bestimmte Taten mit Strafe zu belegen, keineswegs frei. Ein Straftatbestand hat deshalb stets mit den strafrechtlichen Grundsätzen in Einklang zu stehen. Nichts anderes gilt für § 266 a Abs. 1 StGB. Wie diese Grundsätze aussehen, soll im folgenden unter Berücksichtigung der Besonderheiten des § 266 a Abs. 1 StGB kurz dargestellt werden.

a) Die Subsidiarität des strafrechtlichen Schutzes

Strafrecht ist das letzte in Betracht kommende Mittel, das schützenswerten Rechtsgütern zukommen kann, das heißt es darf erst eingesetzt werden, wenn alle anderen Mittel der sozialen Problembewältigung versagen. In diesem Sinne ist das Strafrecht ultima ratio der Sozialpolitik und somit gegenüber anderen Regelungsmechanismen subsidiär.[570] Es ist die härteste Waffe der Staatsgewalt.[571] Das Prinzip erfordert einen Verzicht auf den staatlichen Strafanspruch, wenn auf andere Art und Weise der Rechtsgüterschutz gewährleistet werden kann.[572] Eingriffe von dieser Seite sind deshalb nur zulässig, wenn sie mit dem Verhältnismäßigkeitsprinzip in Einklang stehen. Ein Eingriff muß verhältnismäßig sein, was nur gegeben ist, wenn mildere Mittel keinen ausreichenden Erfolg versprechen.[573] Solange zivilrechtliche Regelungen einen effizienten Rechtsgüterschutz gewährleisten, mangelt es an dem Bedürfnis der zusätzlichen Strafbewehrung. Eine solche wäre dann sogar illegitim.[574]

Der Aufwand in Form von verstärkter Kontrollintensität verbunden mit höheren Kosten, der möglicherweise mit den Alternativmaßnahmen einhergeht, um vorerst auf strafrechtliche Sanktionen verzichten zu können, kann nicht gegen das Subsidiaritätsprinzip ins Feld geführt werden. Der Staat soll sich, wenn irgend

---

[569] Martens, wistra 1985, S. 53, sieht in dem Nichtabführen der Sozialversicherungsbeiträge kein strafwürdiges, sondern höchstens ordnungswidriges Verhalten.
[570] Siehe hierzu Roxin, § 2 Rn. 38 m.w.N.
[571] So der Hinweis von Herzog, Daseinsvorsorge, S. 119.
[572] In dieser Klarheit Albrecht, KritV 1996, S. 335.
[573] Vgl. Roxin, § 2 Rn. 39.
[574] In dieser Schärfe Haffke, S. 166.

möglich, der strafrechtlichen Intervention enthalten.[575] Zudem wird auf den vermeintlichen Widerspruch hingewiesen, daß der Staat auf der einen Seite eine mißbrauchsanfällige Ordnung etabliert und auf der anderen Seite diese Ordnung dann mittels Strafrecht gegen Mißbrauch geschützt wissen will.[576] Hierbei wird übersehen, daß die Mißbrauchsanfälligkeit nicht vom Gesetzgeber beabsichtigt ist, sondern unversehens zu Tage tritt und daß mit Hilfe des Strafrechts die Mißbrauchsanfälligkeit eben bekämpft werden soll.

Der Verhältnismäßigkeitsgrundsatz als Quelle des Subsidiaritätsprinzips muß nicht zwangsläufig eine Entkriminalisierung verlangen. Außerstrafrechtliche Alternativmaßnahmen können unter Umständen genauso wie strafrechtliche Sanktionen mit erheblichen Freiheitsbeschränkungen verbunden sein, die dann für viele Bürger, also teilweise auch für die rechtstreuen, eine Belastung darstellen.[577] Das Strafrecht wendet sich hingegen nur gegen einzelne nicht Rechtstreue und kann demzufolge manchmal das sanftere Mittel sein.[578] Die Pönalisierung einzelner ausgewählter Verhaltensweisen, die nur für einen kleinen Teil einen Eingriff bedeutet, kann die weniger einschneidende Maßnahme sein.[579] Die konsequente Anwendung des Subsidiaritätsprinzips kann folglich in bestimmten Fällen ein Weniger an Freiheit für den einzelnen bedeuten.

Einer zu starken Relativierung des Subsidiaritätsprinzips ist jedoch Einhalt zu gebieten. Eine erhöhte Regelungsdichte ist für eine Entkriminalisierung grundsätzlich in Kauf zu nehmen. Das ultima ratio-Prinzip ist nämlich für die Präventionswirkung der Strafe von großer Wichtigkeit. Übereifer des Gesetzgebers, der sich in einer Art „Über-Normierung" niederschlagen kann, führt dazu, daß der entstehende Konformitätsdruck Resignation beim Normadressaten hervorruft. Für diesen entsteht der Eindruck, normgemäßes Verhalten sei ohnehin ein kaum zu leistendes Unterfangen. Der unbedarfte Einsatz von Strafe, führt zu einer Verwässerung der Präventionswirkung. Diese steht in Korrelation zur Häufigkeit der Anwendung. Zuviel ist in diesem Zusammenhang schädlicher als zuwenig. Die strafrechtlichen Mittel müssen proportional und begrenzt Anwendung finden.[580] Das Subsidiaritätsprinzip sollte deshalb gerade von Verfechtern eines harten Strafrechts hochgehalten werden. Je häufiger das Strafrecht unbedacht zum Einsatz kommt, umso geringer wird seine Wirksamkeit werden. Dennoch ist eine Tendenz zu erkennen, nach der der Gesetzgeber

---

[575] Höhere Kosten sind dagegen kein Argument, siehe auch Herzog, Daseinsvorsorge, S. 121.
[576] Tiedemann, Strafrecht in der Marktwirtschaft, S. 531.
[577] So der Einwand von Tiedemann, Tatbestandsfunktionen, S. 145.
[578] Diesen Schluß zieht Weber, ZStW 96 (1984), S. 380.
[579] Diese Relativierung des Subsidiaritätsprinzips vollzieht auch Schünemann, GS f. Kaufmann, S. 632.
[580] Jescheck/Weigend, 26 f.

schnell zum letzten Mittel zu greifen bereit ist, nämlich zur strafrechtlichen Sanktion. Diese Leichtigkeit, mit der den Rechtsgütern heute der strafrechtliche Schutz gewährt wird, will aber nicht so recht passen zu dem ultima ratio Grundsatz.[581] Eine Zersetzung des Subsidiaritätsprinzips geht einher mit einer Zersetzung der Präventivwirkung von Strafe. Aufgrund der Interdependenz der strafrechtlichen Zwecke und Prinzipien bringt man das ganze System zum Einsturz, wenn an den einzelnen Teilen gesägt wird.

In jedem Fall muß eine Strafnorm dem Anspruch gerecht werden, daß mit ihrer Hilfe das Sozialleben besser geregelt wird als ohne.[582] Hierin kommt wiederum die Legitimationsbedürftigkeit zum Ausdruck. Der harte Einschnitt mittels einer Strafnorm bedarf demnach stets einer Rechtfertigung. Die Konsequenz daraus ist, daß bevor zur Strafbewehrung geschritten werden darf, zunächst zu prüfen bleibt, ob nicht etwa entsprechende Ergänzungen des Zivilrechts Abhilfe schaffen können.[583] Das moderne Strafrecht tendiert immer mehr dazu, die Erlaubnis des Freiheitsgebrauchs unter besondere Sorgfaltsanforderungen zu stellen. Der Weg zu einem Strafrecht der Pflichtverletzungen ist von dort nicht mehr weit.[584] Ein solches Strafrecht läuft Gefahr, konturlos zu werden und damit einer Ausweitung des Strafrechts Vorschub zu leisten, was jedenfalls mit dem Subsidiaritätsgedanken in Konflikt gerät.[585] Gewöhnliche Vertragsverletzung mit der Härte des Strafrechts zu ahnden, kann mit dem Subsidiaritätsprinzip kaum in Einklang stehen. Vielmehr sollten zivilrechtliche Maßnahmen dabei grundsätzlich ausreichen. Eine Strafbewehrung ist erst angemessen, wenn besondere Umstände hinzutreten, etwa wenn jemand seinen Geschäftspartner zum Zwecke rechtswidriger Bereicherung schädigen will.[586] Derartiges ist bei der Vorenthaltung von Sozialversicherungsbeiträgen eines insolventen Unternehmers nicht ersichtlich. Zum einen ist in dem Vorenthalten keine Vertragsverletzung zu sehen, da das Rechtsverhältnis zwischen Arbeitgeber und Sozialversicherungsträger durch Gesetz entsteht.[587] Selbst wenn man aber Parallelen zu einer Vertragsverletzung ausfindig machen will, sind bei dem insolventen Unternehmer keine Umstände erkennbar, die eine Strafbewehrung rechtfertigen könnten.

Untersucht man das Insolvenzstrafrecht genauer, stellt sich die Frage, ob mit dessen Hilfe eine Verbesserung des Soziallebens erreicht werden kann und ob

---

[581] In diesem Sinne Lüderssen, Krise des Strafanspruchs, S. 9.
[582] Auf diesen Rechtfertigungsdruck verweisen Baumann/Weber/Mitsch, § 3 Rn. 7.
[583] Siehe hierzu Lüderssen, Krise des Strafanspruchs, S. 40 f.
[584] Kritisch zum ganzen Günther, Von der Rechts- zur Pflichtverletzung, S. 458 f.
[585] Zudem ist aus historischer Sicht auf die nationalsozialistische Belastung dieses Gedankenguts hinzuweisen, was auch G. Jakobs, 2. Abschn. Rn. 18, tut.
[586] Vgl. zum ganzen Roxin, § 2 Rn. 39.
[587] Vgl. Cahn, S. 380.

damit das Insolvenzstrafrecht legitimiert ist. Das alte Konkursstrafrecht wurde diesem Anspruch nicht gerecht. Eine Sicherstellung der Gläubigerinteressen im Konkurs wurde nicht erreicht.[588] Das Strafrecht verfehlte seinen Zweck im Sinne eines erhöhten Rechtsgüterschutzes. Diesbezüglich eine Änderung zu erreichen, ist eine der Hoffnungen, die in die Reform des Insolvenzrechts gelegt werden.[589] Die Berechtigung dieser Hoffnungen ist allerdings zweifelhaft. Das Augenmerk wurde bei der Reform des Insolvenzrechts kaum auf das Insolvenzstrafrecht gelenkt. Wilhelm Uhlenbruck spricht zu Recht von einer stiefmütterlichen Behandlung durch den Gesetzgeber.[590] Im entsprechenden Regierungsentwurf wurde sogar ausdrücklich darauf hingewiesen, daß Änderungen des Strafgesetzbuches zur Erreichung der Ziele der Insolvenzrechtsreform nicht erforderlich seien.[591] Die Rechtswirklichkeit erweckt den Anschein, daß hier einiges im Argen liegt. Ob das Strafrecht die Zwecke des Insolvenzrechts überhaupt unterstützen kann, ist äußerst fraglich. Insofern ist dem Gesetzgeber, wenn auch wohl aus anderen Gründen, beizupflichten. Das Strafrecht wird kaum zu höheren Befriedigungsquoten in der Insolvenz beitragen.[592]

Strafrechtliche Haftung erfordert immer einen Handlungsunwert. Deliktisches Tun kann diesem Grundsatz folgend nur mit Strafe bewehrt werden, wenn eine Begrenzung auf vorsätzliche Deliktsverwirklichung vorgenommen wird.[593] Durch die extensive Strafandrohung des § 266 a Abs. 1 StGB mutiert das Rechtsverhältnis Arbeitgeber – Einzugsstelle verhältnismäßig schnell in ein strafrechtlich sanktioniertes Machtverhältnis.[594] Die strafrechtliche Keule wird allein deshalb ausgepackt, weil der Unternehmer eine offenstehende Verbindlichkeit nicht begleicht. Hierin ein strafwürdiges Verhalten zu erblicken, fällt schwer, insbesondere wenn man den Sozialversicherungsbeiträgen keine Bevorzugung zuteil werden lassen möchte. Jedenfalls ist der Punkt noch nicht erreicht, an dem alle anderen Alternativen zum Schutz des Rechtsguts des Sozialversicherungsaufkommens versagt haben. Dem Subsidiaritätsgrundsatz folgend kann das Strafrecht eigentlich noch nicht zum Einsatz kommen.[595]

b) Das strafrechtliche Bestimmtheitsgebot

Das strafrechtliche Bestimmtheitsgebot hat seine verfassungsmäßige Verankerung in Art. 103 Abs. 2 GG. Danach darf eine Tat nur bestraft werden, wenn die Strafbarkeit gesetzlich bestimmt war, bevor die Tat begangen wurde.

---

588 Siehe den Hinweis von Moosmayer, S. 20.
589 In diesem Sinne Moosmayer, S. 20.
590 Uhlenbruck, wistra 1996, S. 2.
591 BT-Drucks. 12/3803, S. 100.
592 Dazu mehr im 4. Teil dieser Arbeit.
593 Lüderssen, Überschuldung, S. 687.
594 So der Hinweis von Tag, Diss., S. 114, die hierin einen folgenschweren Sachverhalt erblickt.
595 Auf die außerstrafrechtlichen Schutzmöglichkeiten des Sozialversicherungsaufkommens wird im 4. Teil dieser Arbeit eingegangen werden.

Allein darauf beschränkt sich dieser Grundsatz aber nicht. Art. 103 Abs. 2 GG garantiert darüber hinaus die Vorhersehbarkeit strafrechtlicher Sanktionierung.[596] Je genauer ein Straftatbestand nämlich umschrieben ist, desto exakter läßt sich die staatliche Strafentfaltung für den Normadressaten vorhersehen. Dies ist notwendig, damit es zu keiner Kollision mit dem Rechtsstaatsprinzip kommt.[597] Die Anforderungen an den Bestimmtheitsgrundsatz variieren. Sie sind nicht statischer Natur. Sie sind um so höher, je schwerer das Delikt und dementsprechend die Schärfe der Strafe ist.[598] Strafgesetze müssen deshalb generell einen höheren Bestimmtheitsgrad aufweisen als andere Eingriffsgesetze.[599]

Das Strafrecht greift sowohl auf deskriptive, als auch auf normative Begriffe zurück. Die deskriptiven bereiten aus Sicht des Bestimmtheitsgebots keine Probleme. Anders verhält es sich mit den normativen, die aufgrund ihrer Wertausfüllungsbedürftigkeit aus der Natur der Sache heraus unbestimmt sind. Es drängt sich der Gedanke auf, ob das Strafrecht auf die normativen Rechtsbegriffe nicht verzichten kann, um dem Bestimmtheitsgebot zur Entfaltung zu verhelfen. Das Rechtsstaatsprinzip erfordert aber, daß ein möglichst hohes Maß an materieller Gerechtigkeit hergestellt wird. Ohne die Elastizität der normativen Begriffe wird man diese kaum erreichen können. Es hat folglich eine Abwägung stattzufinden. Auf der einen Seite ist aufgrund des Rechtsstaatsprinzips soviel materielle Gerechtigkeit wie möglich zu verwirklichen, auf der anderen Seite erfordert das Bestimmtheitsgebot ein Maximum an Rechtssicherheit.[600] Eine Einzelfallbetrachtung, die hinsichtlich eines Prinzips natürlich wenig aussagekräftig ist, wird unumgänglich. Im Zweifel wird jedenfalls auf eine Strafbewehrung zugunsten des Bestimmtheitsgebots verzichtet werden müssen. Das strafrechtliche Bestimmtheitsgebot kann von dem Rechtsstaatsprinzip, das nur zu einem Teil die materielle Gerechtigkeit erfordert, zum anderen aber ebenfalls das Bestimmtheitsgebot mitprägt, nicht hinweggefegt werden, sondern ist vielmehr selbst Ausfluß desselben.

Eine absolute Präzision der Begriffe wird es nicht geben können, soll das Strafrecht nicht in eine Ecke gedrängt werden, wo es zur Bedeutungslosigkeit verdammt ist. Denken wir beispielsweise an den Allgemeinen Teil des Strafgesetzbuches, wird deutlich, daß ein gewisses Maß an Unbestimmtheit unumgänglich ist.[601] Die Problematik spitzt sich an diesem Punkt aber nicht zu, da eine Strafbarkeit allein aus Vorschriften des Allgemeinen Teils nicht begründet wird. Dies

[596] Vgl. BVerfGE 92, 1, 12.
[597] Siehe die Ausführungen von Tiedemann, Tatbestandsfunktionen, S. 184.
[598] BVerfGE 14, 245, 251.
[599] BVerfGE 14, 174, 185.
[600] Siehe hierzu ausführlich Lenckner, JuS 1968, S. 305.
[601] Ein Mangel an Bestimmtheit ist, so Lenckner, JuS 1968, S. 306, in Kauf zu nehmen.

geschieht vielmehr allein in Verbindung mit Vorschriften aus dem Besonderen Teil.

Darüber hinaus fehlt es nicht selten gerade dem Wirtschaftsstrafrecht an der notwendigen Bestimmtheit, was mit der behandelten Materie zusammenhängt. Der sozialen Marktwirtschaft ist eine Unberechenbarkeit immanent, da die fehlende Berechenbarkeit des Marktgeschehens eines ihrer Wesenselemente ist. Dieser Umstand kollidiert zwangsläufig mit dem Grundanliegen marktwirtschaftlicher Gesetzgebung, nämlich der Berechenbarkeit der rechtlichen Rahmenbedingungen.[602] Der Gesetzgeber wird dadurch zu größerer Präzision verpflichtet, was mit nicht unerheblichen Schwierigkeiten verbunden ist. So hat er beispielsweise einen Katalog von Begehungsformen aufzustellen. Die Gefahr von Strafbarkeitslücken steigt damit an, was jedoch in Kauf zu nehmen ist, will man den Bestimmtheitsgrundsatz ernst nehmen. Verfassungsrechtliche Bedenken können im Strafrecht immer wieder auftreten, was an dem besonderen Eingriffscharakter des Strafrechts liegt. Allgegenwärtig ist der Gleichheitsgrundsatz des Art. 3 GG. So kann es vorkommen, daß der Gesetzgeber ein bestimmtes Verhalten mit Strafe belegt hat, während ein anderer ebenso schwerwiegender Fall straflos bleibt.[603] Mit solchen Unwägbarkeiten muß man aber im Strafrecht auskommen. Absolute Gerechtigkeit gibt es auf dieser Erde nun einmal nicht. Absolute Gerechtigkeit wird es auch nicht zu dem Preis der Aufgabe des Bestimmtheitsgrundsatzes geben können, zumal dieser sowieso viel zu hoch wäre.

Besonders schwierig wird die Handhabung des Bestimmtheitsgebots, wenn verstärkt mit Begriffen gearbeitet wird, die ihre Prägung außerhalb des Strafrechts erfahren haben, was insbesondere für das Insolvenzrecht zutrifft. Die prognostischen Elemente, die das Insolvenzrecht prägen,[604] entwickeln sich dabei zu Stolpersteinen. Diese vertragen sich naturgemäß wenig mit dem strafrechtlichen Bestimmtheitsgebot. So dürfte es nicht zulässig sein, zur Begründung einer Strafbarkeit auf subjektive Bewertungen und Zukunftserwartungen zurückzugreifen.[605] Ohne solche Elemente wird das Insolvenzrecht aber kaum auskommen können. Unter strafrechtlichen Gesichtspunkten darf eine Prognoseentscheidung niemals auf generellen Erfahrungsmaßstäben aufbauen, sondern muß sich an den Umständen des jeweiligen Einzelfalls orientieren.[606] Nur ein hohes Maß an Wahrscheinlichkeit wird die Prognose den strafrechtlichen Anforderungen genügen lassen. Bereits geringe Zweifel

[602] Darauf verweist auch Tiedemann, Strafrecht in der Marktwirtschaft, S. 535.
[603] Lenckner, JuS 1968, S. 307.
[604] Man denke an die Feststellung der Zahlungsunfähigkeit oder der Überschuldung.
[605] In diesem Sinne auch Kölner Kommentar-Mertens, § 92 Rn. 30.
[606] Siehe Tiedemann, NJW 1977, S. 781, der sich mit der strafrechtlichen Problematik einer Prognoseentscheidung auseinandersetzt.

müssen aufgrund des ultima ratio-Charakters des Strafrechts Berücksichtigung finden.

Das strafrechtliche Bestimmtheitsgebot darf nicht dazu führen, die notwendige Gesetzesauslegung auf eine bestimmte Methode festzulegen. Ohne Auslegung kommt unsere Rechtsordnung gerade nicht aus. Der Bestimmtheitsgrundsatz führt aber dazu, daß eine restriktive Auslegung der Strafgesetze notwendig ist.[607] Keineswegs setzt er die Kenntnis des einzelnen voraus, was rechtens ist und was nicht. Die grundsätzliche Erkennbarkeit muß aber gegeben sein.[608]

c) Die Lehre vom erlaubten Risiko

Unter einem erlaubten Risiko versteht man ein Verhalten, das ein rechtlich relevantes Risiko schafft, das jedoch unabhängig vom jeweiligen Einzelfall erlaubt ist. Die Rechtsfigur des erlaubten Risikos schließt die Zurechnung zum objektiven Tatbestand aus.[609] Ist nach der Lehre vom erlaubten Risiko ein Verhalten gestattet, kommt der jeweilige Deliktstyp erst gar nicht zur Entstehung. Die Entwicklung dieser Rechtsfigur ist notwendig gewesen, da in unserer hochtechnisierten Welt die Konfrontation mit Gefahren unausweichlich, eine totale Kriminalisierung der Gesellschaft aber zu vermeiden ist. Mit Hilfe der Rechtsfigur des erlaubten Risikos wird die Risikoimmanenz in Relation zur sozialen Nützlichkeit gesetzt.[610] Es findet hierbei ein Abwägungsprozeß im Sinne einer Globalabwägung statt. Es ist also nicht zu entscheiden, ob das Verhalten im speziellen Einzelfall hochrangige Interessen verfolgt, sondern allein, ob es grundsätzlich erlaubt sein soll. So ist zum Beispiel Autofahren trotz seiner immensen Gefährlichkeit erlaubt, weil das überwiegende Interesse der Allgemeinheit dies verlangt. Wird im Einzelfall eine Fahrt nur aus Langeweile unternommen, ist sie dennoch als erlaubtes Risiko gestattet.[611] Genauso ist das Führen eines Gewerbebetriebs erlaubt, solange die gesetzlichen Vorschriften eingehalten werden, unabhängig davon, ob dieses Unternehmen Gewinn erwirtschaftet oder nicht.[612] Gerade im wirtschaftlichen Bereich sind Risiken unvermeidbar,[613] will man den Unternehmer nicht zu wirtschaftlicher Untätigkeit verbannen.[614] Gleichwohl sind dem Unternehmertum Grenzen gesetzt. Nicht jedes Tun wird als erlaubtes Risiko geduldet. Beispielsweise müssen die Kapitalgesellschaften die gesetzlich vorgeschriebenen Mindestbedingungen erfüllen, wenn sie am

---

607 Auf diese Verbindung verweist Tiedemann, Tatbestandsfunktionen, S. 186.
608 So die Schlußfolgerung von Tiedemann, Tatbestandsfunktionen, S. 203.
609 Roxin, § 11 Rn. 60.
610 Siehe Moosmayer, S. 74; zu den typischen Konfliktsituationen siehe Harneit, S. 81 ff.
611 Vgl. hierzu die Darstellung von Roxin, § 11 Rn. 60.
612 Zu den erlaubten Risiken im wirtschaftlichen Bereich siehe die Beispiele bei Ransiek, S. 25.
613 In bezug auf die Verbände siehe Heine, S. 277.
614 Von der Gefahr der Einengung durch Kriminalisierung im wirtschaftlichen Bereich spricht Kaiser, Kriminologie, § 74 Rn. 3.

Rechtsverkehr teilnehmen wollen.[615] Tun sie dies nicht, schaffen sie damit ein unerlaubtes Risiko.

Insbesondere für die Bewertung des Verhaltens eines Unternehmers in der Insolvenz ist die Lehre vom erlaubten Risiko von großer Bedeutung.[616] Sie besagt in diesem Zusammenhang, daß ein Verhalten solange nicht tatbestandsmäßig sein kann, wie es wirtschaftlich vernünftig ist und im überwiegenden Interesse der Allgemeinheit liegt.[617] Ein marktwirtschaftliches Wirtschaftssystem bedarf zu seiner Funktionsfähigkeit eines Spielraums, der nicht mehr als notwendig eingeengt werden sollte.[618] Eine Gläubigergefährdung muß demnach rechtlich hingenommen werden, solange sie von der Lehre des erlaubten Risikos gedeckt wird.[619] Hierbei ist die objektivierende Sicht eines ordentlichen Geschäftsleiters maßgeblich.[620] Dieses Leitbild ist zum einen gesetzlich festgelegt, zum anderen von der Rechtsprechung ausgeformt worden. Der Begriff ist inhaltlich gestuft.[621] Was zu einem Zeitpunkt noch mit den Grundsätzen ordnungsgemäßen Wirtschaftens in Einklang zu bringen ist, mag zu einem anderen Zeitpunkt damit kollidieren. In der wirtschaftlichen Krise verkürzt sich beispielsweise die Bilanzierungsfrist.[622] Der Maßstab richtet sich nach dem Zeitpunkt der Verwirklichung der wirtschaftlichen Maßnahme. Der Strafrichter muß aus der ex ante Perspektive entscheiden.[623] Ein strafrechtlicher Vorwurf kann nur gemacht werden, wenn dem Unternehmer noch eine Wahlmöglichkeit zwischen mehreren wirtschaftlichen Maßnahmen verbleibt. Die Strenge des Maßstabs richtet sich nach dem Normadressaten. Unterschieden werden muß hierbei zwischen privatem und kaufmännischem Wirtschafter.[624] Die GmbH wird also immer dem strengeren Maßstab unterworfen sein. Die Verletzung des Maßstabs ordnungsgemäßen Wirtschaftens kann erst vorliegen, wenn die wirtschaftliche Entscheidung oder Maßnahme zweifelsfrei unvertretbar erscheint.[625] Für das wirtschaftliche Unternehmen gehört die Risikogestaltung gewissermaßen zum Geschäft.[626] Ein risikoscheuer Mensch wird deshalb selten ein erfolgreicher Unternehmer sein. Zum Unternehmertum gehören Eigenschaften, die nicht meßbar sind, die vielmehr etwas mit Fingerspitzengefühl und der-

---

[615] Ransiek, S. 35.
[616] Darauf weist Moosmayer, S. 75 hin.
[617] Riskant kann das Verhalten hingegen durchaus sein, so Harneit, S. 92.
[618] Siehe Kube, S. 45. Die unternehmerische Risikobereitschaft ist der Marktwirtschaft immanent, worauf Kaiser, Kriminologie, § 74 Rn. 41, hinweist.
[619] Das Insolvenzstrafrecht kann und soll hier gar nicht helfen. Siehe hierzu Mohr, S. 31.
[620] So die Konklusion von Harneit, S. 112.
[621] Vgl. zu dem Begriff Tiedemann, Insolvenz-Strafrecht, Vor § 283 Rn. 103.
[622] So die Entscheidung BVerfGE 48, 48, 61 ff., in der auf die Interessen der Gläubiger aufgrund der besonderen Situation einer Krise hingewiesen wird.
[623] Für die strafrechtliche Relevanz der ex-ante Fehlentscheidungen siehe Schlüchter, Bankrottdelikte, S. 24 f.
[624] Diese Unterscheidung trifft Tiedemann, Insolvenz-Strafrecht, Vor § 283 Rn. 108 ff.
[625] SK-Samson, § 283 Rn. 11.
[626] Renger, S. 70.

gleichen zu tun haben.[627] Eine funktionierende Rechtsordnung hat gleichwohl darauf zu achten, daß nicht Hasardeure das Wirtschaftsleben bestimmen. Aus diesem Grunde wurde der handelsrechtliche Begriff des ordentlichen Kaufmanns entwickelt,[628] welcher variiert wird zu ordentlicher Geschäftsmann oder ordentlicher und gewissenhafter Geschäftsleiter. All diese Begriffe haben aber letztlich die gleiche Bedeutung, der durch die Verkehrssitte geprägt wurde, das heißt die tatsächliche Übung, die sich unter Kaufleuten entwickelt hat.[629] Die konkreten Sorgfaltsanforderungen richten sich nach Art des entsprechenden Geschäfts.[630] Welches Risiko der Unternehmer im einzelnen eingehen darf, ohne pflichtwidrig zu handeln, richtet sich nach dem Unternehmensgegenstand und der jeweiligen Unternehmenssituation.[631] In der Krise wird dieser Maßstab notwendigerweise strenger. Der Unternehmer darf nicht wie beim Glücksspiel alles auf eine Karte setzen.[632] Auf der anderen Seite wird die Unvertretbarkeit einer wirtschaftlichen Maßnahme nur in den seltensten Fällen gegeben sein, wo das Risiko per se zum Wirtschaften gehört.[633]

Der Unternehmer ist also, wie wir soeben gesehen haben, nicht berechtigt, unerlaubte Risiken einzugehen. Maßnahmen, die seine Zahlungsfähigkeit am Fälligkeitstag der Beiträge zur Sozialversicherung sicherstellen, muß er grundsätzlich ergreifen. Unterläßt er es, seinen Kreditrahmen auszuschöpfen oder sich neue Kredite zu banküblichen Zinsen zu verschaffen oder seine ausstehenden Forderungen geltend zu machen, so schafft er ein unerlaubtes Risiko.[634] Verwirklicht sich ein solches Risiko später in der Weise, daß der Arbeitgeber am Fälligkeitstag nicht mehr in der Lage ist, die Beiträge abzuführen, so muß er sich die Schaffung des Risikos zurechnen lassen. In den seltensten Fällen wird der Unternehmer aber in die Insolvenz geraten, weil er etwa einen angebotenen Kredit nicht in Anspruch nimmt. Eine solche Konstellation scheint eher abwegig. Die Festlegung dessen, was noch von der Lehre des erlaubten Risikos gedeckt wird und was schon in den Bereich einer unzulässigen Gefährdung anderer fällt, bleibt immer eine Gratwanderung, die letztlich doch eine Einzelfallentscheidung sein muß. Eine Leitschnur, an der man sich konkret orientieren kann, liefert uns die Lehre vom erlaubten Risiko jedenfalls nicht.

---

[627] Reske/Brandenburg/Mortsiefer, S. 61.
[628] Siehe § 347 Abs. 1 HGB.
[629] Zum Begriff des ordentlichen Kaufmanns siehe Tiedemann, Insolvenz-Strafrecht, Vor § 283 Rn. 111; Scholz-Schneider, § 43 Rn. 70 ff.
[630] Vgl. Baumbach/Hopt, § 347 Rn. 1.
[631] Scholz-Schneider, § 43 Rn. 77.
[632] So etwa lag der Fall RGSt 61, 211, 213 f.
[633] Tiedemann, JuS 1989, S. 698.
[634] Tag, Diss., S. 122.

III. Das Vorenthalten der Sozialversicherungsbeiträge als Insolvenzdelikt

Wie wir bereits festgestellt haben, tritt das Phänomen der Vorenthaltung von Sozialversicherungsbeiträgen meist in der Insolvenz auf.[635] Insolvenzdelikte weisen Besonderheiten auf, die hier zunächst dargestellt werden sollen. Ob diese Besonderheiten auch für § 266 a Abs. 1 StGB zutreffen, hängt im wesentlichen mit der Frage zusammen, ob der Straftatbestand als Insolvenzdelikt einzuordnen ist. Die Folgeprobleme des Vorenthaltens in der Krise werden daran anschließend erörtert.

1. Die Besonderheiten von Insolvenzdelikten im allgemeinen

Kriminelle Liquidation von Unternehmen ist stets mit großen Schäden für die Volkswirtschaft verbunden. Gläubiger, Arbeitnehmer und Fiskus sehen sich hierbei Schäden in mehrstelliger Milliardenhöhe gegenüber.[636] Durch Insolvenzen werden ganze Unternehmen zerstört, verbunden mit dem Verlust vieler Arbeitsplätze.[637] Darüber hinaus führen die Unternehmenszusammenbrüche zu Wertverlusten bei den Geschäftspartnern der insolventen Unternehmen, indem diese mit Forderungsausfällen zu kämpfen haben. Die Insolvenz eines einzelnen Unternehmens führt zu Kettenwirkungen bei Lieferanten und Kunden mit negativen Auswirkungen für die gesamte Volkswirtschaft.[638] Mit Hilfe des Insolvenzstrafrechts versucht man hier Einhalt zu gebieten. Die Fruchtlosigkeit dieses Unterfangens läßt jedoch Zweifel an der Effizienz aufkommen, wodurch die Legitimation dieser Delikte in Frage gestellt wird.

Grundsätzlich können Insolvenzstraftaten von jedermann begangen werden, de facto kommen aber nur Unternehmer in Betracht.[639] Häufig sind es gescheiterte Rettungsversuche von Unternehmern, die in die Insolvenz führen, mit tragischen Folgen für die Handelnden, indem sie sich einer Anklage und schließlich sogar einer Verurteilung gegenüber sehen.[640] Es findet hier eine Verstrickung mit Strafe statt, die nicht gutzuheißen ist. Dem Täter wird es häufig gänzlich an krimineller Energie fehlen, er wird vielmehr aufgrund der Krisensituation den Kopf verlieren und deshalb straffällig, ohne sich dessen bewußt zu werden. Unternehmerisches Handeln ist stets mit Risiken behaftet. Zum Tätigkeitsfeld des Unternehmers gehört es, ständig Entscheidungen zu treffen. Aufgrund der Fehlbarkeit der menschlichen Natur werden deshalb auch immer wieder Fehlentscheidungen getroffen.[641] Eine Pönalisierung unternehmerischer

---

[635] Vgl. hierzu etwa Scholz-Tiedemann, Vorb. zu § 82 GmbHG Rn. 53; ebenso Rönnau, wistra 1997, S. 13 m.w.N.
[636] Siehe die Ausführungen von Müller/Wabnitz/Janovsky, S. 140.
[637] Vgl. hierzu Arzt/Weber, LH 4, Rn. 310.
[638] Zu der Kettenwirkung siehe M-G-Bieneck, § 75 Rn. 3.
[639] Vgl. die Hinweise bei Arzt/Weber, LH 4, Rn. 329. Der Personenkreis also, der die wirtschaftliche Krise prägt, nach Wegner, S. 285.
[640] Siehe diesbezüglich Schlüchter, 2. WiKG, S. 34.
[641] So auch Schlüchter, Bankrottdelikte, S. 10.

Fehlentscheidungen darf es in einer freiheitlichen Wirtschaftsordnung nicht geben.[642] Die Freiheitlichkeit eines solchen Systems würde ansonsten ad absurdum geführt werden. Entscheidungsfreiheit setzt immer auch die Option zur Fehlentscheidung voraus.

Den meisten Insolvenzdelikten ist die Situation gemeinsam, aus der heraus sie begangen werden. Das Handeln in der Krise ist geprägt von dem panikartigen Bestreben, die tatsächliche Lage zu verschleiern.[643] Obwohl der Zusammenbruch sich deutlich abzeichnet, werden die Geschäfte weitergeführt in der vagen Hoffnung auf Besserung, die allerdings in der Regel illusorisch ist. So ist es geradezu kennzeichnend für die wirtschaftliche Krise, daß der von ihr betroffene Unternehmer eine Vielzahl von Straftatbeständen erfüllt.[644] Zum anderen ist die Krise des Unternehmens mit der Demoralisierung des Unternehmers verbunden. Die Sparsamkeit wird aufgegeben, da man sich ja bereits in einer Situation befindet, in der es ohnehin nicht mehr darauf ankommt.

Die Insolvenzstraftaten werden unterschieden in Insolvenzdelikte im engeren Sinne und Insolvenzdelikte im weiteren Sinne. Die Insolvenzdelikte im engeren Sinne unterscheiden sich von den Insolvenzdelikten im weiteren Sinne dadurch, daß erstere durch speziell insolvenzrechtliche Begriffe geprägt sind. Letztere wiederum werden zu den Insolvenzdelikten aufgrund der besonderen kriminogenen Situation der wirtschaftlichen Krise des Schuldners gezählt, ohne von der Tatbestandsstruktur in ihrem Anwendungsbereich auf die Insolvenz beschränkt zu sein.[645] Rechtsgut der Insolvenzdelikte sind die Vermögensinteressen der Gläubiger an der Befriedigung ihrer geldwerten Ansprüche.[646] Überindividuelles Schutzgut der §§ 283 ff. StGB ist außerdem die Funktionsfähigkeit der Kreditwirtschaft als Teil der Gesamtwirtschaft.[647] Die Vereitelung von Gläubigerrechten ist dennoch grundsätzlich nicht mit Strafe bewehrt. Anders ist dies nur dann, wenn der Schuldner zu diesem Zweck verwerfliche Mittel einsetzt.[648]

Beim Insolvenzstrafrecht im engeren Sinne der §§ 283 ff. StGB entsteht erst Anlaß für die Ermittlungsbehörde tätig zu werden, wenn neben einer masseschmälernden Handlung noch der wirtschaftliche Zusammenbruch tritt.[649] Diese objektive Bedingung der Strafbarkeit erfüllt die Funktion einer Strafbarkeitsbe-

---

642 Eine Wirtschaftsordnung, die das Adjektiv freiheitlich verdient, muß wohl mit Insolvenzen als Resultat unternehmerischer Fehlentscheidungen leben. So auch Arzt/Weber, LH 4, Rn. 329.

643 Tiedemann, Insolvenz-Strafrecht, Vor § 283 Rn. 27.

644 Vgl. hierzu M-G-Bieneck, § 75 Rn. 7.

645 Siehe die Darstellung bei Moosmayer, S. 54.

646 Lackner/Kühl, § 283 Rn. 1.

647 BVerfGE 48, 48, 61 f.; Tiedemann, Insolvenz-Strafrecht, Vor § 283 Rn. 56.

648 Nur dann, so Arzt/Weber, LH 4, Rn. 306, darf das Strafrecht zur Anwendung kommen.

649 Vgl. die Darstellung bei Mohr, S. 34 ff.

schränkung.[650] Das Strafbedürfnis geht verloren, wenn es dem Schuldner gelingt, die Krise abzuwenden.[651] Wird eine Bankrotthandlung vorgenommen, ohne daß es schließlich zur Eröffnung oder Ablehnung des Insolvenzverfahrens kommt, scheidet die Strafbarkeit aus.[652] Auf der anderen Seite muß man sich die Funktion der Strafbarkeitsbeschränkung stets vor Augen halten. Die Insolvenzeröffnung ist eben Strafbarkeitsbeschränkung und keine Strafbarkeitsausweitung. Jede Insolvenzeröffnung kann demnach nicht zwingend zur Strafbarkeit einer Bankrotthandlung führen. Die Funktion als Strafbarkeitsbeschränkung würde man ansonsten in ihr Gegenteil verkehren.[653] Es hat vielmehr eine teleologische Auslegung stattzufinden. Dies bedeutet freilich auch, daß eine zeitliche Vorverlagerung der Insolvenzeröffnung niemals zu Lasten der Handelnden ausgestaltet werden darf.

Aufgrund der mannigfaltigen Unwägbarkeiten, die bei der strafrechtlichen Bewertung wirtschaftlicher Vorgänge auftreten, stößt die Effektivität des Strafrechts in Bereichen des Wirtschaftsrechts, wie zum Beispiel dem Insolvenzrecht, relativ schnell an seine Grenzen.[654] Feststellungsprobleme können in der Praxis zu weitreichenden Konsequenzen führen, indem sie Diskussionen in Gerichtsverhandlungen provozieren, ob eine Insolvenzverschleppung vorliegt oder nicht.[655] Die Schwierigkeit im Insolvenzrecht besteht darin, daß sich hier viele Begriffe aus dem Zivilrecht an den strafrechtlichen Maßstäben messen lassen müssen, was häufig nicht einfach ist.[656] Insbesondere aus präventiven Gesichtspunkten ist es notwendig, daß sich der Wirtschaftskriminelle einem geballten wirtschaftlichem Wissen gegenüber sieht und die Strafverfolgungsorgane ihm nicht machtlos gegenüberstehen.[657] Zumindest nach dem alten Konkursrecht wird der Geschäftsführer möglichst spät die Eröffnung des Konkursverfahrens beantragt haben, da er dadurch seine Position gefährdet sah und zudem eine Strafbarkeit befürchten mußte. Zu diesem Zeitpunkt wird dann meist offenkundig gewesen sein, daß das Unternehmen nicht mehr lebensfähig ist, worauf allein die vielen masselosen Insolvenzen hindeuten. Der Geschäftsführer ist naturgemäß nicht sonderlich erpicht auf die Eröffnung des Verfahrens gewesen. Für die möglichst frühzeitige Eröffnung des Insolvenzverfahrens ist dies nicht förderlich. Daran konnte auch eine Strafbewehrung nichts ändern.[658] Eine Änderung nach neuem Insolvenzrecht bleibt zu wünschen. Ob diese

---

[650] Lackner/Kühl, § 283 Rn. 26.
[651] Vgl. BT-Drucks. 7/3441, S. 33.
[652] Auf diese Interdependenz der objektiven Strafbarkeitsbedingung zu den Straftatbeständen der Bankrottdelikte verweist Sch-Sch-Stree, § 283 Rn. 59.
[653] Das unterstreicht Moosmayer, S. 191.
[654] So auch die Bedenken von Ransiek, S. 390.
[655] Reck, S. 195.
[656] Siehe hierzu näher unter I. 2.
[657] Schlüchter, 2. WiKG, S. 35.
[658] Hierauf weist Hopt, Probleme der Insolvenzvermeidung, S. 31, hin.

Änderungen ausreichen, ist zweifelhaft. Den Drohungen des Strafrechts sieht sich der Geschäftsführer jedenfalls noch immer gegenüber.

2. Die Einordnung des § 266 a Abs. 1 StGB

Das Insolvenzstrafrecht im engeren Sinne umschreibt einzelne Bankrotthandlungen, die in §§ 283 ff. StGB einzeln aufgeführt sind.[659] Das Vorenthalten von Beiträgen zur Sozialversicherung ist hierin jedoch nicht explizit aufgeführt, sondern ist in § 266 a Abs. 1 StGB geregelt. Finden nun aber die meisten Vorenthaltungen in der wirtschaftlichen Krise statt, stellt sich die Frage, ob § 266 a Abs. 1 StGB nicht als Insolvenzdelikt im weiteren Sinne eingeordnet werden kann.

Teilweise wird dies verneint. Der Straftatbestand der Beitragsvorenthaltung erlange keinesfalls nur in der Krise oder der drohenden Zwangsvollstreckung Bedeutung.[660] Ein reines Insolvenzdelikt sei § 266 a Abs. 1 StGB nicht und deshalb auch nicht als solches zu behandeln. Brigitte Tag erkennt zwar die enge Verknüpfung des § 266 a Abs. 1 StGB in der Praxis mit dem Insolvenzstrafrecht an, verweist aber auf die angeblich unterschiedliche Schutzrichtung beider Komplexe.[661] Diese ist jedoch nicht zu erkennen. Sowohl in §§ 283 ff. StGB als auch in § 266 a Abs. 1 StGB geht es darum, eine Gläubigerbenachteiligung zu vermeiden. Daß sich im Zusammenhang mit § 266 a Abs. 1 StGB Probleme ergeben, weil dieser eine Gläubigerbevorzugung, die nicht begründbar ist,[662] vornimmt, steht auf einem anderen Blatt und sagt nichts über einen Charakterisierung als Insolvenzdelikt aus.

Überwiegend werden Beitragsvorenthaltungen nun einmal von Unternehmern begangen, die sich in finanziellen Schwierigkeiten befinden.[663] Sowohl die Steuerhinterziehung nach §§ 370 ff. AO als auch die Nichtabführung von Sozialversicherungsbeiträgen nach § 266 a Abs. 1 StGB ist kennzeichnend für die drohende oder eingetretene Insolvenz.[664] Sachlich gehören diese Straftatbestände deshalb in die Nähe der Insolvenzdelikte.[665] Sie sind zumindest als Insolvenzdelikte im weiteren Sinne zu bezeichnen.[666]

---

659 Tiedemann, GmbH-Strafrecht, Vor §§ 82 ff. Rn. 30.
660 So auch Fisseler, S. 104.
661 Siehe Tag, BB 1997, S. 1117.
662 Siehe erneut 2. Teil, III. 4.
663 Vgl. Scholz-Tiedemann, Vorb. zu § 82 GmbHG Rn. 53; Rönnau, wistra 1997, S. 13 m.w.N.
664 Tiedemann, Insolvenz-Strafrecht, Vor § 283 Rn. 28; Grub/Rinn, S. 1586.
665 Diese Einordnung nimmt Fritz, S. 121 vor; in diesem Sinne auch Müller/Wabnitz/Janovsky, S. 141.
666 So auch die Auffassung von Tiedemann, Insolvenz-Strafrecht, Vor § 283 Rn. 2; Moosmayer, S. 54.

Vergleicht man die Funktion des § 266 a Abs. 1 StGB mit der des Insolvenzstrafrechts im engeren Sinne, fällt folgender Unterschied auf. Eine Bankrotthandlung hat selbst einen Handlungsunwert. § 283 Abs. 1 Nr. 1 StGB erfordert beispielsweise das Beiseiteschaffen von Bestandteilen des Vermögens. Der Täter wendet hier also in jedem Fall ein gewisses Maß an krimineller Energie auf. Anders im Falle des Vorenthaltens von Sozialversicherungsbeiträgen nach § 266 a Abs. 1 StGB. Der insolvente Unternehmer unternimmt gar nichts. Er schlägt sinnbildartig die Hände über dem Kopf zusammen und läßt dem Unglück seinen Lauf. Um eine eigene Bereicherung geht es dem Unternehmer in der Insolvenz beim Vorenthalten der Beiträge nicht. Die Strafwürdigkeit des Vorenthaltens von Sozialversicherungsbeiträgen in der Insolvenz ist nicht zu erkennen.

Aufgrund der rechtlichen und tatsächlichen Schwierigkeiten, die die Feststellung der Insolvenz den Strafverfolgungsbehörden bereitet, wird § 266 a Abs. 1 StGB nicht selten als Ausweichdelikt mißbraucht. Zahlungsunfähigkeit und Überschuldung als Tatbestandsmerkmale der Insolvenzdelikte im engeren Sinne können häufig nicht mit der für das Strafrecht notwendig an Sicherheit grenzenden Wahrscheinlichkeit festgestellt werden. Gerne weichen die Staatsanwaltschaften deshalb auf die meist in solchen Situationen vollendete Vorenthaltung von Sozialversicherungsbeiträgen aus.[667] Ein solches Vorgehen ist jedoch äußerst fragwürdig, zumal die Legitimation des § 266 a Abs. 1 StGB insbesondere in der Insolvenz angezweifelt wird. Vor allen Dingen spielt die Frage nach der Überschuldung und der Zahlungsunfähigkeit für den Straftatbestand des § 266 a Abs. 1 StGB genauso eine Rolle.

Es würde allein deshalb wenig helfen, die Vorenthaltung der Beiträge zur Sozialversicherung zu einem Insolvenzdelikt im engeren Sinne zu transformieren, um somit deren Strafbarkeitsbeschränkung mit zu übernehmen. Gerade in der wirtschaftlichen Krise besteht kein erkennbares Strafbarkeitsbedürfnis für eine Vorenthaltung. Im Gegenteil, § 266 a Abs. 1 StGB dürfte gerade nur eingreifen, wenn bei dem Unternehmer in wirtschaftlicher Hinsicht alles in Ordnung ist. Enthält die Bankrotthandlung ihre inkriminierende Wirkung erst durch die wirtschaftliche Beziehung,[668] so verhält es sich bei § 266 a Abs. 1 StGB nicht anders. Die inkriminierende Wirkung breitet sich jedoch in eine andere Richtung aus als bei den Bankrottstraftaten. Die wirtschaftliche Krise führt bei § 266 a Abs. 1 StGB dazu, daß das Vorenthalten eben nicht mehr vorwerfbar ist. Konsequenterweise müßte die Insolvenz die Voraussetzung für einen Strafbarkeitsausschluß sein. Nur auf diese Weise entkommt man dem Dilemma, welches

---

[667] So der Hinweis bei Eisenberg, § 47 Rn. 41.
[668] So Bieneck, wistra 1992, S. 91.

das gesellschaftsrechtliche Zahlungsverbot aus § 64 Abs. 2 GmbHG im Verhältnis zu der Zahlungspflicht aus § 266 a Abs. 1 StGB mit sich bringt.

3. Die Pflicht zur Stellung des Insolvenzantrags

Die Eröffnung des Insolvenzverfahrens setzt gemäß § 13 InsO die Stellung eines Antrags voraus. Der Schuldner ist hierzu ebenso berechtigt. Aus den gesellschaftsrechtlichen Vorschriften, § 64 Abs. 1 GmbHG, ergibt sich, daß er hierzu sogar verpflichtet sein kann. Diese Pflicht steht in Korrelation zu der latenten Gläubigergefährdung, die der GmbH immanent ist. Das Interesse der Gesellschafter an einer Haftungsbeschränkung, die mittels der Rechtsform der GmbH ermöglicht wird, ist den Interessen der Gläubiger an einer weitgehenden Sicherung naturgemäß gegenläufig.[669] Die Insolvenzantragspflicht soll dieser Gläubigergefährdung gegensteuern.[670]

Die Stellung des Insolvenzantrags ist nichts anderes als eine mögliche Reaktion auf wirtschaftliche Schwierigkeiten. Inwieweit sie Mittel zum Zweck der Abwendung der Krise sein kann, hängt zum einen von ihrer Ausgestaltung, vor allen Dingen aber von der Anwendungshäufigkeit ab. Nur ein hohes Eigeninteresse des Schuldners an der Eröffnung des Insolvenzverfahrens wird hier Erfolg bringen können.[671] Die Verhütung und die Behebung einer Unternehmenskrise erfordert umfangreiche Erfahrungen und Kenntnisse im ökonomischen Bereich. Es sind etliche markt- und ertragsbezogene betriebswirtschaftliche Analysen durchzuführen, die Aufschluß darüber geben sollen, welche Maßnahme schließlich zu ergreifen ist,[672] die aber den Unternehmer überfordern. Eine Überforderung des Unternehmers ist für die Krisensituation eines Unternehmens symptomatisch. Die ordentliche Geschäftsleitung leidet, weil der Unternehmer mit Aufgaben beschäftigt ist wie dem Abwimmeln und Vertrösten von Gläubigern und dergleichen. Strategische Entscheidungen, für den Unternehmenserfolg äußerst bedeutsam und in der Krise erst recht, werden auf die lange Bank geschoben, an deren Ende das Unternehmen dann nicht mehr existiert, weil es liquidiert werden mußte.[673]

Mit Änderung des Insolvenzrechts und Einführung der neuen Insolvenzordnung sollte der Insolvenzzeitpunkt nach vorne gezogen werden, da es nicht mehr in erster Linie um die Zerschlagung der Vermögenssubstanz gehen sollte. Es setzte sich die Auffassung durch, daß die Erfolgschancen eines Insolvenzverfahrens um so höher sind, je früher es zu dessen Einleitung kommt. Das

---

[669] Ohne die GmbH deshalb grundsätzlich in Frage zu stellen, darf es eben nicht sein, die Risiken einseitig auf die Gläubiger zu verlagern. Siehe Ulmer, FS f. Duden, S. 663.
[670] Ebenso Haffke, S. 174.
[671] Siehe hierzu ausführlich den 4. Teil der Arbeit.
[672] M-G-Bieneck, § 75 Rn. 5.
[673] Siehe die Ausführungen von Groß, S. 4 f.

Problem der Masseauszehrung durch insolvenzfeste Sicherungsrechte der Gläubiger ist damit freilich nicht aus der Welt zu schaffen.[674] Die Pflichten eines geschäftsführenden Organs eines Unternehmens sind allerdings sehr vielfältiger Art. Sie beschränken sich nicht auf die Stellung eines Insolvenzeröffnungsantrags in der wirtschaftlichen Krise. Der Geschäftsführer ist beispielsweise verpflichtet, bei Verlust der Hälfte des Stammkapitals gemäß § 43 Abs. 3 GmbHG eine Gesellschafterversammlung einzuberufen. Es wird dadurch eine interne Sanierungspflicht des Geschäftsführers gegenüber der Gesellschaft begründet.[675] Die Insolvenzantragspflicht ist lediglich ein Baustein innerhalb der Aufgaben der Organe, die eine Geschäftsführungspolitik in der GmbH gewährleisten soll, die die Gefährdung Dritter möglichst ausschließt. Es ist von erheblichem volkswirtschaftlichen Nutzen, hier eine Kultur des seriösen Geschäftsgebarens zu verankern. Daß dies mit Mitteln des Strafrechts erreicht werden kann, ist jedoch anzuzweifeln.

Es stellt sich darüber hinaus die Frage, ob eine Strafbewehrung der Insolvenzantragspflicht überhaupt zu rechtfertigen ist. Sicherlich verdient der Gläubiger Schutz, von dem Schuldner nicht vorsätzlich in ein schadensbringendes Engagement hineingezogen zu werden. Anders verhält es sich aber, wenn der Schuldner dieses Risiko selbst nicht überschauen kann und die Insolvenzreife verkennt. Genauso liegt aber nicht selten der Fall. Der Unternehmer verliert in der wirtschaftlichen Krise den Überblick. Strafrechtspolitisch ist es jedenfalls alles andere als selbstverständlich, die fahrlässige Verletzung der Insolvenzantragspflicht mit Strafe zu bewehren.[676]

4. Das Postulat von der Einheit der Rechtsordnung

Nach dem Postulat der Einheit der Rechtsordnung sind identische Bewertungsgegenstände im identischen Kontext nach gleichen Maximen zu bewerten.[677] Wertungswidersprüche kann sich die Rechtsordnung nicht erlauben. Was zivil- oder öffentlich-rechtlich erlaubt ist, kann strafrechtlich nicht verboten sein.[678] „Einheit der Rechtsordnung" bedeutet letztlich nichts anderes als „widerspruchsfreie Rechtsordnung".[679] Für den rechtstreuen Bürger soll die Rechtsordnung eine Orientierungshilfe für das eigene Tun darstellen. Eine widersprüchliche Rechtsordnung kann eine solche Hilfestellung aber nicht leisten.

---

[674] So der Einwand von Jauernig, S. 177 und Müller/Wabnitz/Janovsky, S. 140, die trotzdem in der Vorverlagerung einen Vorteil sehen.
[675] Siehe den Hinweis von Uhlenbruck, GmbHR 1995, S. 86.
[676] In dieser Klarheit Canaris, S. 652.
[677] Vgl. G. Jakobs, 11. Abschn. Rn. 5.
[678] In diesem Sinne Roxin, § 14 Rn. 31.
[679] In dieser Klarheit G. Jakobs, 11. Abschn. Rn. 5 f.

Nun sind unterschiedliche Wertungen in den einzelnen Rechtsgebieten nicht unüblich. Dies muß aber noch keinen Widerspruch der Rechtsordnung bedeuten. Etabliert beispielsweise das Zivilrecht für ein bestimmtes Verhalten eine Haftung, muß dies nicht zwangsläufig strafbar sein. Dies folgt daraus, daß das Strafrecht akzessorisch und subsidiär ist. Im Zivilrecht kann sich etwa der Schuldner gemäß § 279 BGB nicht darauf berufen, zur Leistung aus einer Gattung nicht in der Lage zu sein. Ein etwaiges Leistungsunvermögen wirkt sich nicht auf das Bestehen der Leistungspflicht aus, die Einstandspflicht ist vielmehr verschuldensunabhängig.[680] Im Strafrecht ist das anders. Hier entfällt die strafbewehrte Handlungspflicht bei Unterlassungsdelikten, selbst wenn die Unmöglichkeit zur Handlung nur aus finanziellen Gründen herrührt.[681] Das subjektive Unvermögen führt im strafrechtlichen Bereich, im Gegensatz zum Zivilrecht, grundsätzlich zur Exkulpation. Man sieht, daß es in den verschiedenen Teilbereichen des Rechts unterschiedliche Wertungen gibt.

Eine völlige Einheitlichkeit ist schon allein aufgrund der unterschiedlichen Zielsetzung der einzelnen Rechtsgebiete schwer herzustellen. Am Beispiel des Insolvenzrechts wird deutlich, daß im zivilrechtlichen Bereich ein flexibles Instrumentarium notwendig ist, um entsprechend hilfreich auf die wirtschaftliche Krise reagieren zu können, wohingegen im strafrechtlichen Bereich stets die notwendige Vorhersehbarkeit strafrechtlicher Haftung aufgrund des Bestimmtheitsgrundsatzes beachtet werden muß.[682] An einer unterschiedlichen Bewertung ist so lange nichts auszusetzen wie der zu bewertende Lebenssachverhalt entweder nur einen Teil der Rechtsordnung betrifft oder sich die einzelnen Teilbereiche der Rechtsordnung zumindest nicht widersprechen.

In diesem Sinne offenbaren sich erhebliche Wertungswidersprüche, was das Vorenthalten der Sozialversicherungsbeiträge in der Insolvenz angeht. Eine Antwort darauf, wie sich der Unternehmer bei akuten Zahlungsschwierigkeiten und Fälligkeit der Sozialversicherungsbeiträge verhalten soll, läßt die Rechtsordnung vermissen. Führt er schlicht keine Beiträge an die Einzugsstelle ab, kommt eine Haftung aus Delikt gemäß § 823 Abs. 2 BGB in Verbindung mit § 266 a Abs. 1 StGB in Betracht. Die gleiche Rechtsfolge trifft ihn aber ebenso gemäß § 64 Abs. 2 GmbHG, wenn er Zahlungen in der unternehmerischen Krise leistet. Der Unternehmer gerät demnach in ein Dilemma, weil er sich zwei sich widersprechenden Handlungsanweisungen gegenüber sieht. Gleich für welche Alternative er sich entscheidet, kein Weg scheint sich zu öffnen, der ihn vor einer persönlichen zivilrechtlichen Haftung bewahren könnte.[683] Will man

---

[680] Siehe hierzu Palandt-Heinrichs, § 279 Rn. 1.
[681] Vgl. Winkelbauer, S. 17.
[682] Siehe die Ausführungen von Moosmayer, S. 2.
[683] Auf dieses Dilemma verweist Rönnau, wistra 1997, S. 16.

die Existenz des Grundsatzes von der Einheit der Rechtsordnung nicht völlig negieren, kann zivilrechtlich gebotenes Handeln, strafrechtlich nicht geahndet werden. Zahlungen, die aufgrund von Verboten in der Insolvenz nicht geleistet werden dürfen, können demnach nicht nach § 266 a Abs. 1 StGB geboten sein. Die Rechtsordnung führte sich schließlich selbst ad absurdum, legte sie eine Pflicht zu einer Handlung auf, die durch eben jene Rechtsordnung verboten sei.[684]

Es existieren durchaus Bereiche, in denen an der Einheit der Rechtsordnung nicht gerüttelt wird, etwa bei den zivilrechtlichen Tilgungsregelungen der §§ 366, 367 BGB. Diese werden im Strafrecht anerkanntermaßen entsprechend angewandt und müssen von den Gerichten beachtet werden.[685] Bezogen auf § 266 a Abs. 1 StGB hat das zur Konsequenz, daß Tilgungsbestimmungen des Beitragsschuldners gemäß § 366 Abs. 1 BGB zu berücksichtigen sind. Der Arbeitgeber wird, wenn er nicht in der Lage ist, die gesamten fälligen Beiträge zu überweisen, zunächst auf die offenstehenden Arbeitnehmeranteile leisten wollen. Nur diesbezüglich droht ihm de lege lata Strafe. Trifft er keine konkrete Bestimmung, ist zu prüfen, ob dies nicht konkludent herauszulesen ist. Grundsätzlich ist eine konkludente Tilgungsbestimmung möglich.[686] Es müssen jedoch Umstände vorliegen, die in irgendeiner Weise auf einen konkreten Tilgungswillen hindeuten.[687] Fehle es daran gänzlich, sei die gesetzliche Tilgungsreihenfolge des § 366 Abs. 2 BGB einzuhalten.[688] Im Rahmen einer Strafbarkeitsprüfung wie bei § 266 a Abs. 1 StGB sind jedoch Besonderheiten zu beachten. Der strafrechtliche Grundsatz „in dubio pro reo" ist in die Erwägungen mit einzubeziehen. Begleicht der Arbeitgeber, wie bei der Zahlung der Sozialversicherungsbeiträge, nur die Hälfte einer aus zwei Teilen bestehenden Verbindlichkeit, so ist davon auszugehen, daß er vor allen Dingen den Teil begleichen wollte, bei deren Nichtzahlung ihm eine Bestrafung droht; bezogen auf § 266 a Abs. 1 StGB bedeutet dies, den Arbeitnehmeranteil. Die in § 366 Abs. 2 BGB angeführte Tilgungsreihenfolge, die grundsätzlich einschlägig ist, wenn ein Erklärungswille des Schuldners nicht, eben auch nicht konkludent, feststellbar ist, bedarf einer Korrektur zugunsten des Angeklagten innerhalb eines Strafverfahrens. Ein solcher Wille kann stets nur darauf gerichtet sein, die Strafbarkeit zu vermeiden, weshalb immer eine Verrechnung mit dem Arbeitnehmeranteil vorzunehmen ist.[689] Es wird insoweit nicht in subjektiver Hinsicht erforscht, welche Hinweise auf ein wie auch immer gestaltetes Tilgungsinter-

---

[684] Zu dem Erfordernis der Widerspruchsfreiheit siehe Baumbach/Weber/Mitsch, § 15 Rn. 18; SK-Rudolphi, Vor § 13 Rn. 29 a.
[685] Vgl. BGH NJW-RR 1989, S. 1186; BGH NJW 1985, S. 3065.
[686] Siehe Palandt-Heinrichs, § 366 Rn. 4.
[687] Dies ist nach BGH NJW-RR 1989, S. 1186, erforderlich.
[688] Diesen Schluß zieht OLG Düsseldorf NJW-RR 1996, S. 289.
[689] So der einleuchtende Lösungsvorschlag von Sch-Sch-Lenckner, § 266 a Rn. 10 a.

esse hindeuten. Vielmehr wird in diesem Zusammenhang auf ein sogenanntes objektives Tilgungsinteresse abgestellt.[690]

Alles in allem ist die Einheit der Rechtsordnung wohl als Zahnradsystem zu begreifen, deren einzelne Zahnräder die verschiedenen Rechtsgebiete darstellen und die ineinandergreifen. Es sollte nicht unnötigerweise darin eingegriffen werden. Bei auftretenden Wertungswidersprüchen sind diese nach allgemeinen Interpretationsgrundsätzen aufzulösen.[691] Auf diese Weise soll Funktionsstörungen im Verhältnis der einzelnen Rechtsgebiete zueinander begegnet werden.

5. Die Probleme mit dem Vorsatz

Für das Vorenthalten der Sozialversicherungsbeiträge nach § 266 a Abs. 1 StGB kommt gemäß § 15 StGB nur vorsätzliches Handeln in Betracht. Der Täter muß es bewußt und gewollt unterlassen haben, die Beiträge an die jeweiligen Sozialversicherungsträger abzuführen. Vom Vorsatz müssen nicht nur die pflichtbegründenden Umstände umfaßt werden, sondern auch das Bestehen der Abführungspflicht selbst.[692] Die Kenntnis, daß er für die von ihm beschäftigten Arbeitnehmer Beiträge abführen muß, wird ihm dabei unterstellt.[693]

Dolus eventualis reicht aber für die subjektive Tatbestandsmäßigkeit nach § 266 a Abs. 1 StGB aus. Der Täter muß weder mit Bereicherungs- noch mit Schädigungsabsicht gehandelt haben.[694] Bloße Zweifel an der Zahlungsfähigkeit zum Fälligkeitszeitpunkt reichen jedoch für die Bejahung des subjektiven Tatbestandes nicht aus.[695] Der Täter muß die Zahlungsunfähigkeit vielmehr für möglich erachtet und sie billigend in Kauf genommen haben. Übergibt der Geschäftsführer einer GmbH der Einzugsstelle einen Scheck im Vertrauen, dieser werde eingelöst werden, fehlt es grundsätzlich am Vorsatz, selbst wenn dieses Vertrauen aufgrund der wirtschaftlichen Lage des Unternehmens blauäugig ist.[696] Wurden die Sozialversicherungsbeiträge mindestens einmal gar nicht oder verspätet abgeführt, sind entsprechende Einlassungen eines Angeklagten, ihm sei die Bedrohlichkeit der wirtschaftlichen Lage nicht bewußt gewesen, als wenig glaubhaft anzusehen. Letztenendes sind für eine straf-

---

[690] In diesem Sinne auch Fischer, WiB 1997, S. 923.
[691] In diesem Sinne G. Jakobs, 11. Abschn. Rn. 5 ff. Siehe hierzu ebenfalls Hruschka, FS f. Dreher, S. 189 ff.
[692] Siehe hierzu OLG Frankfurt/Main ZIP 1995, S. 218.
[693] So die Einschätzung von Martens, wistra 1986, S. 157.
[694] Vgl. Lackner/Kühl, § 266 a Rn. 16.
[695] So der Hinweis in BGHZ 134, 304, 315.
[696] Siehe die Ausführungen von Bente, wistra 1997, S. 106.

rechtliche Beurteilung aber alle Aspekte der jeweiligen Umstände in einer Gesamtschau zu berücksichtigen und entsprechend zu bewerten.

Schwierigkeiten können sich für einen Angeklagten ergeben, der als Arbeitgeber bei der Einzugsstelle einen Stundungsantrag gestellt hat. Der Bundesgerichtshof hat hieraus den Schluß gezogen, der Unternehmer habe von der Krisensituation und der Fälligkeit der Beiträge gewußt.[697] Ein Stundungsantrag sollte demnach wohl überlegt sein. Durch ihn können gegebenenfalls fatale Präjudizien für eine spätere Strafbarkeit nach § 266 a Abs. 1 StGB gesetzt werden.[698] Ist einem Beklagten hingegen lediglich vorzuwerfen, er habe mit dem Eintritt der Zahlungsunfähigkeit rechnen müssen, handelt es sich um einen klassischen Fall von Fahrlässigkeit.[699] Eine Strafbarkeit scheidet dann aus, weil die Schwelle zum bedingten Vorsatz noch nicht überschritten ist und eine Fahrlässigkeitsstrafbarkeit bei § 266 a StGB nicht vorgesehen ist.

Hieran zeigt sich einmal mehr, daß die Wirkungen des § 266 a Abs. 1 StGB nicht unbedingt auf einen effizienten Rechtsgüterschutz hinzielen. Will etwa der strauchelnde Unternehmer wieder eine systematische Ordnung in seinen Betrieb bringen und stellt er deswegen einen Stundungsantrag bei der Einzugsstelle, kann ihm dieses an sich vorbildliche Verhalten schließlich zu seinem Nachteil gereichen. Im übrigen ist zu bedenken, daß die Willensrichtung des Täters beim Vorenthalten von Sozialversicherungsbeiträgen nach § 266 a Abs. 1 StGB dahin geht, daß er nichts erhalten, sondern vielmehr nichts hergeben will. Hierin unterscheidet er sich wesentlich von einem Betrüger.[700] Bedenkt man dabei, daß der zahlungsunfähige Täter ja gar nichts hergeben kann, ob er nun wollte oder nicht, läßt dies erhebliche Zweifel an einer Strafwürdigkeit dieses Verhaltens aufkommen.

6. Die Rechtfertigung der Vorenthaltung in der Insolvenz

Möchte der insolvente Unternehmer die finanziellen Mittel, die er durch die Vorenthaltung der Sozialversicherungsbeiträge einspart, etwa dafür verwenden, Arbeitsplätze oder sogar das Unternehmen als ganzes zu retten, ist es denkbar, hierin gegebenenfalls einen Rechtfertigungsgrund im Sinne des § 34 StGB zu sehen.[701] Die widerstreitenden Interessen müßten also gegeneinander abgewogen werden. Bei § 266 a Abs. 1 StGB stehen der Leistungsfähigkeit der Sozialversicherung auf der einen die Sicherung der Arbeitsplätze auf der anderen Seite gegenüber. Damit es zum Rechtswidrigkeitsausschluß nach § 34

---

[697] Dieser fatale Schluß liegt der Entscheidung BGH wistra 1997, S. 104, zugrunde.
[698] So auch die Bedenken von Bente, wistra 1997, S. 106.
[699] OLG Celle wistra 1996, S. 115.
[700] Siehe den Hinweis von Martens, wistra 1985, S. 53.
[701] So jedenfalls Sch-Sch-Lenckner, § 34 Rn. 9.

StGB kommen kann, müßte die Abwägung ergeben, daß eines der geschützten Interessen das andere wesentlich überwiegt.[702] Eine solche Eindeutigkeit ist hier jedoch nicht gegeben. Die sich gegenübertretenden Rechtsgüter sind vielmehr in etwa gleichwertig.[703] Ein Vorenthalten kann demnach grundsätzlich nicht nach § 34 StGB gerechtfertigt werden.

Im übrigen bedarf es der allgemeinen Rechtfertigungsregeln des Strafgesetzbuchs für den Fall der Zahlung in der Insolvenz überhaupt nicht. Es ist vielmehr auf die speziellen Rechtfertigungsnormen zurückzugreifen, die hierfür konzipiert wurden. Eine solche Rechtfertigungsklausel stellt § 64 Abs. 2, Satz 2 GmbHG dar.[704] Ob diese Ausnahmeregelung des gesellschaftsrechtlichen Zahlungsverbots für die Zahlungen an die Sozialversicherungsträger einschlägig ist, soll im folgenden beleuchtet werden.

7. Das Zahlungsverbot in der Insolvenz

Ein Ausweg aus dem dargestellten Dilemma könnte vielleicht direkt in den gesellschaftsrechtlichen Normen gefunden werden. Das Zahlungsverbot des § 64 GmbHG hält für bestimmte Zahlungen Ausnahmeregelungen bereit. Diese Ausnahmeregelungen werden als Rechtfertigungsklauseln bezeichnet und sind für die GmbH in § 64 Abs. 2, Satz 2 GmbHG festgeschrieben.[705] Danach sind Zahlungen nach Eintritt der Insolvenz vom Zahlungsverbot ausgenommen, solange sie mit der Sorgfalt eines ordentlichen Geschäftsmanns vereinbar sind. Der Geschäftsführer dürfte die Sozialversicherungsbeiträge trotz Insolvenz überweisen, wenn dies nach § 64 Abs. 2, Satz 2 GmbHG gerechtfertigt ist. Dies ist gegeben, wenn solche Zahlungen mit der Sorgfalt eines ordentlichen Geschäftsmanns vereinbar sind.

Interpretiert werden muß dies unter dem Gesichtspunkt des Gläubigerschutzes.[706] Zahlungen, die keinen schmälernden Einfluß auf die Insolvenzmasse haben, lösen demnach grundsätzlich keine Schadensersatzpflicht aus.[707] Werden etwa Zahlungen geleistet, die dem Insolvenzverfahren selbst dienen oder die im Hinblick auf eine ernstlich erwartete Sanierung vorgenommen werden, so wäre es geradezu widersinnig, hier auf die strikte Einhaltung des Zahlungsverbotes zu pochen.[708] Eine Haftung entfällt auch bei Zug-

---

[702] Siehe zur Abwägung Tröndle/Fischer, § 34 Rn. 8.
[703] LG Nürnberg-Fürth NJW 1988, S. 1857; Tag, Diss., S. 139. Nach Winkelbauer, S. 18, kann es nicht Aufgabe der Sozialversicherung sein, zur Sanierung notleidender Unternehmen beizutragen. Dem ist zu folgen. Gewährt man den Sozialversicherungsbeiträgen keine Vorrangstellung auf der einen Seite, so kann man sie auf der anderen genauso wenig über die Maßen in die Pflicht nehmen.
[704] In diesem Sinne auch Rönnau, wistra 1997, S. 17.
[705] Vgl. Liebs, S. 370, 374 ff.
[706] Zur Bedeutung des Gläubigerschutzes siehe Rowedder, § 64 Rn. 17.
[707] So der Hinweis von Rönnau, wistra 1997, S. 15.
[708] In diesem Sinne auch Rowedder, § 64 Rn. 15.

um-Zug-Zahlungen, bei denen der Schuldner unmittelbar eine werthaltige Gegenleistung erhält.[709] Laufende Kosten, wie etwa Telefon sowie Lohn- und Mietzahlungen sollen von der Rechtfertigungsklausel ebenfalls gedeckt sein. Zahlungen, bei deren Ausbleiben mit einer sofortigen Betriebsstillegung gerechnet werden muß, sind grundsätzlich zulässig.[710] Das Gläubigerinteresse ist aber auch hierbei im Auge zu behalten.[711] Ob eine Zahlung letztlich im Sinne der Rechtfertigungsklausel zulässig ist oder nicht, ist eine Frage des jeweiligen Einzelfalls.

Gerade in der wirtschaftlichen Krise wird unternehmerisches Geschick in verstärktem Maße erforderlich sein, um das Unternehmen wieder in sichere Fahrwasser zurückzuleiten. Für die Notwendigkeit eines besonderen Fingerspitzengefühls spricht die Tatsache, daß in Wirtschaftskreisen einigen Managern ein Ruf vorauseilt, Unternehmen, die in wirtschaftliche Schwierigkeiten geraten sind, wieder in den Bereich von sogenannten schwarzen Zahlen zurückholen zu können. Diese Sanierer wandern dann von einem zum anderen maroden Unternehmen.[712] Hieraus ergibt sich, daß das Zahlungsgebot im Sinne einer gesunden Volkswirtschaft nicht zu starr gehandhabt werden darf. So kann sich geradezu die Pflicht für den Geschäftsführer ergeben, die Zahlungen aufrechtzuerhalten, um etwaige Sanierungsversuche oder chancenreiche Veräußerungsoptionen nicht von vornherein zu vereiteln.[713]

Die Krankenkassen sind dafür bekannt, bei der Eintreibung ihrer Forderungen besonders hartnäckig und nicht gerade nachsichtig zu sein. Sie sind es, die häufig als erste einen Konkurs- bzw. Insolvenzantrag stellen.[714] Will der Unternehmer eine sofortige Betriebsstillegung verhindern, ist ihm deshalb anzuraten, die Beiträge rechtzeitig abzuführen. Insoweit unterscheiden sich die Beiträge nicht von den anderen laufenden Kosten. Das Abführen der Beiträge an die Krankenkassen könnte also ebenso von der Rechtfertigungsklausel gedeckt sein. Es gibt aber auch kein Gebot, das öffentlich rechtliche Verpflichtungen, wie zum Beispiel Steuerschulden vom Zahlungsverbot ausnehmen würde.[715] Teilweise wird gesagt, öffentlich-rechtliche Verpflichtungen wie Steuerschulden und Ansprüche der Sozialversicherungsträger würden nicht generell von der Rechtfertigungsklausel erfaßt werden, sondern nur, wenn besondere Umstände

---

[709] BGH WM 1986, S. 239; Baumbach/Hueck-Schulze-Osterloh, § 64 Rn. 16; Liebs, S. 375.
[710] Scholz-K. Schmidt, § 64 Rn. 30; Rowedder, § 64 Rn. 15; Hachenburg-Ulmer, § 64 Rn. 42.
[711] So die Einschränkung von Baumbach/Hueck-Schulze-Osterloh, § 64 Rn. 16.
[712] Man denke hier etwa an den Sanierer Kajo Neukirchen.
[713] Darauf verweisen Lutter/Hommelhoff, § 64 Rn. 9.
[714] So der Hinweis bei Uhlenbruck, Rpfleger 1981, S. 377.
[715] Kölner Kommentar-Mertens, § 92 Rn. 59, zum identischen Zahlungsverbot für die Aktiengesellschaft.

hinzuträten.[716] Grundsätzlich gälten die gesellschaftsrechtlichen Zahlungsverbote uneingeschränkt für diese Verbindlichkeiten.[717]

Die Zulässigkeit von Zahlungen in der Krise soll sich danach richten, inwieweit eine Sanierung noch möglich erscheint oder nicht. Je nachdem, wie eine Prognose diesbezüglich ausfällt, hat der Unternehmer sein Handeln bzw. sein Zahlungsverhalten einzurichten. Sind die Erfolgsaussichten gut, wird gegen Zahlungen weniger einzuwenden sein als in einer ausweglosen Situation. In letzterem Fall wird der Unternehmer massebewahrend agieren müssen.[718] Die Rechtfertigungsklausel ist also um so großzügiger zu handhaben, je wahrscheinlicher die erfolgreiche Sanierung des Unternehmens ist.

Es wird argumentiert, ein Unternehmen, das nicht mehr in der Lage ist, die Beiträge zur Sozialversicherung abzuführen, wird nicht selten bereits wirtschaftlich kollabiert sein.[719] Das Nichtzahlen der Sozialversicherungsbeiträge gilt als Symptom des wirtschaftlichen Endstadiums. Gewährt man dem Unternehmer hingegen mit allen Konsequenzen ein Tilgungsbestimmungsrecht und lehnt zudem eine Tilgungspräferenz der Sozialversicherungsbeiträge ab, kann es durchaus sein, daß das Unternehmen im Falle des Nichtzahlens der Beiträge zwar zweifelsohne mit erheblichen Liquiditätsproblemen zu kämpfen haben wird, auf einen Totalzusammenbruch kann deshalb jedoch noch nicht geschlossen werden.

Greift die Rechtfertigungsklausel nicht ein, aus welchen Gründen auch immer, so liegt eine rechtliche Handlungsunmöglichkeit vor. Diese müßte sich im Rahmen der Prüfung des Unterlassungsdelikts des § 266 a Abs. 1 StGB genauso auswirken wie eine tatsächliche Handlungsunmöglichkeit, wie dies die Zahlungsunfähigkeit ist.[720] Dies mag vielleicht sozialpolitisch nicht wünschenswert sein,[721] auf die rechtliche Beurteilung und Wertung kann dies aber keinen Einfluß haben. Der Rechtsordnung fehlt es hier an Klarheit. Vom Normadressaten kann deshalb nicht verlangt werden, sich in einer bestimmten Art und Weise zu verhalten, da eben keine eindeutige Handlungsanweisung vorgeben ist. Werden unterschiedliche Überzeugungen von der Rechtsordnung

---

[716] Kölner Kommentar-Mertens, § 92 Rn. 59. Rowedder, § 64 Rn. 15, weist darauf hin, daß solche Zahlungen zwar zulässig sein können, allerdings dürfen sie nicht gegen die Gläubigerinterssen laufen. Insoweit kann es zumindest keine schrankenlose Rechtfertigung solcher Zahlungen geben.
[717] Für Umsatzsteuerfoderungen hat dies das OLG Köln, ZIP 1995, S. 1419 f., entschieden.
[718] Vgl. Lutter/Hommelhoff, § 64 Rn. 9.
[719] So sieht es jedenfalls Rönnau, wistra 1997, S. 15.
[720] In diesem Sinne Sch-Sch-Lenckner, § 266 a Rn. 10; Tag, Diss., S. 115.
[721] Siehe die Ausführungen von Wegner, S. 290.

als gleichwertig angesehen, so ist einer Strafbewehrung die Grundlage entzogen.[722]

Zu einer Zuspitzung des Problems kommt es obendrein, wenn die sich widersprechenden Rechtsnormen beide mit Strafe bewehrt sind. Eine solche Normenkollision ist hier gegeben. Es stehen sich § 266 a Abs. 1 StGB auf der einen und § 84 GmbHG auf der anderen Seite gegenüber. Eine heilende Regelung des insoweit widersprüchlichen Systems sucht man für diesen Fall vergebens. Man muß versuchen, den Widerspruch anders aufzulösen. Das Sozialrecht selbst eröffnet keine Lösungswege, was nicht verwunderlich sein dürfte. Es beschäftigt sich mit dem Menschen und seiner existentiellen Absicherung gegen die Risiken des Lebens. Die Unternehmen finden mit ihren Nöten im Sozialrecht keine Berücksichtigung.[723]

So wäre daran zu denken, die Kollisionsfälle zu eliminieren, indem man einer der beiden Normen den Vorzug gibt. Dies kann freilich nicht einfach willkürlich geschehen. Man könnte etwa den Grundsatz lex posterior derogat legi proiri zu Rate ziehen. Die lex prior könnte somit aus dem System ausgeschieden werden. In unserem zu untersuchenden Fall hätte demnach § 64 Abs. 1 GmbHG als ältere Norm zurückzutreten. Es müßte nur das Zahlungsgebot des § 266 a Abs. 1 StGB befolgt werden.[724] Einer solchen Vorgehensweise ist dennoch eine gewisse Willkür eigen. Zudem leugnet sie den nun einmal existenten Kollisionsfall, weshalb ein derartiges Vorgehen abzulehnen ist. Vielmehr sollte nach Regeln gesucht werden, die in einem Kollisionsfall generell zur Anwendung kommen können und demnach zwischen den Kollidierenden eine Ordnung herstellen.

Wenig erquicklich scheint da der Lösungsvorschlag zu sein, bei der Kollision von grundsätzlich gleichwertigen Pflichten handele der Normadressat immer pflichtwidrig, egal wie er sich verhalte.[725] Eine sinnvolle Strafrechtsordnung kann jedenfalls mittels solcher Kollisionsregeln nicht hergestellt werden. Von einem Strafrecht mit der Grundaussage: handele wie willst, du wirst ohnehin bestraft, werden jedenfalls wohl kaum präventive Wirkungen ausgehen können. Zudem erhöben sich gegen ein solches Strafrecht verfassungsrechtliche Bedenken. Bleibt dem einzelnen gar keine Wahlmöglichkeit, sich für das Gute zu entscheiden, widerspricht ein solcher Strafanspruch rechtsstaatlichen Grundsätzen. Die einzig sinnvolle Antwort, die ein System in einem Kollisionsfall

---

[722] Dieses Dilemma sieht auch Lenckner, JuS 1968, S. 308.
[723] Vgl. die Ausführungen bei Maydell, S. 126.
[724] Vgl. die Darstellungen bei Hruschka, FS f. Dreher, S. 194.
[725] In diesem Sinne Jescheck/Weigend, S. 367, die dann aber einen Schuldausschließungsgrund für möglich halten.

geben kann, ist diejenige, nach der sich der Normadressat entscheiden kann, welche Verhaltensanweisung von beiden er erfüllen möchte.[726]

Bezogen auf § 266 a Abs. 1 StGB in der Insolvenz der GmbH bedeutet dies letztlich, daß der Unternehmer sich aussuchen darf, ob er dem Zahlungsgebot nachkommen will, wodurch das Zahlungsverbot des § 64 Abs. 1 GmbHG relativiert wird, oder ob er dem Zahlungsverbot folgen möchte und dann nicht nach § 266 a Abs. 1 StGB strafbar werden kann. Die Crux an dieser Angelegenheit ist, daß § 266 a Abs. 1 StGB ein Straftatbestand ist, der typischerweise in der Insolvenz auftritt. Mithin würde er meistens durch eine derartige Kollisionsregel ausgehebelt werden. Wenn das so ist, könnte aber auch gleich gänzlich auf den § 266 a Abs. 1 StGB verzichtet werden.

IV. Zur Vorverlagerung der Strafbarkeit

Im Falle der Insolvenz wirft der Strafbarkeitsvorwurf nach § 266 a Abs. 1 StGB erhebliche Probleme auf. Dem insolventen Unternehmer fehlt es schlicht an der Fähigkeit zum normgemäßen Verhalten. Scheidet nun eine Strafbarkeit mangels Handlungsmöglichkeit aus, könnte eine Strafbarkeit nur begründet werden, wenn an eine Handlung angeknüpft wird, die vor Eintritt der Zahlungsunfähigkeit angesiedelt ist. Dies ist auf zweierlei Weise denkbar. Einmal, indem man den Tatbestand des Unterlassungsdelikts durch eine der Untätigkeit vorausgehenden Handlung als erfüllt ansieht, zum anderen, indem man die aktive Beseitigung der Handlungsmöglichkeit als Grund annimmt, die Nichtvornahme der gebotenen Handlung in der Gefahrenlage als Unterlassen zuzurechnen.[727] In jedem Fall muß ein Vorverhalten stets selbst alle Strafbarkeitsvoraussetzungen erfüllen. Im Zeitpunkt des Vorverhaltens müßte der Täter bereits verpflichtet gewesen sein, seine Handlungsfähigkeit zur späteren Erfüllung aufrecht zu erhalten. So ist beispielsweise einem Autofahrer, der eine Fahrt ohne vorgeschrieben Verbandskasten antritt, eine unterlassene Hilfeleistung gemäß § 323 c StGB vorzuwerfen, der aus diesem Grunde keine Hilfe leisten kann.[728] Eine derart weitgehende Vorverlagerung wird man nur erreichen können, wenn den Täter eine Garantenpflicht treffen würde. Daß nun aber der Unternehmer eine Garantenpflicht gegenüber den Sozialversicherungsträgern habe, wird von niemandem ernsthaft vertreten.[729]

Weiterhelfen könnten die Ausführungen zu einer gleich gelagerten Problematik, nämlich der Schuldunfähigkeit im Zeitpunkt der Tatbegehung. Grundsätzlich

---

[726] So der stringente Lösungsvorschlag von Hruschka, FS f. Dreher, S. 195.
[727] Vgl. die Darstellung bei Hruschka, FS f. Bockelmann, S. 422 ff.
[728] Baumann/Weber/Mitsch, § 15 Rn. 28.
[729] Zum Problem der Pflichtenstellung innerhalb des Sozialversicherungsverhältnisses siehe Tag, BB 1997, S. 1116.

führt die Schuldunfähigkeit des Täters zum Entfall der Strafbarkeit. Schuldfähigkeit ist Strafbarkeitsvoraussetzung. Dies führt jedoch mitunter zu unbilligen Ergebnissen. Um hier Abhilfe zu schaffen, wurden die Grundsätze der actio libera in causa entwickelt.[730] Die actio libera in causa beschäftigt sich mit der Frage, ob der Täter trotz Schuldunfähigkeit bestraft werden kann, etwa weil er vorsätzlich oder fahrlässig den Zustand der Schuldunfähigkeit herbeigeführt hat.[731] Die Rechtsfigur der actio libera in causa bewirkt eine Vorverlagerung der Strafbarkeit. Sie ist jedoch keineswegs unumstritten.[732] Die vorsätzliche actio libera in causa verlangt einen sogenannten Doppelvorsatz. Der Täter muß zum einen den Defektzustand, der zur Schuldunfähigkeit führt, vorsätzlich hervorgerufen haben und er muß die anschließende Defekttat vorsätzlich begangen haben.[733] Daran fehlt es etwa, wenn der Defektzustand für den Täter gar nicht abzusehen war. In Frage kommt dann nur noch eine Fahrlässigkeitstat, die allerdings strafrechtlich normiert sein muß. Im übrigen bewirkt auch die actio libera in causa nicht, daß vom Täter eine unmögliche Leistung zu verlangen ist. Es kann mit deren Hilfe allerdings an einen Zeitpunkt angeknüpft werden, zu dem die Möglichkeit eben noch gegeben war.[734]

Es liegt nahe, sich bei Unterlassungsdelikten ähnlicher Grundsätze zu bedienen, da auch dabei Fälle auftreten können, in denen eine Bestrafung wünschenswert erscheint, obwohl sie nicht ohne weiteres gegeben ist. Hierfür wurde das Institut der omissio libera in causa entwickelt.[735] Ob eine solche Vorgehensweise zulässig ist, kann durchaus in Zweifel gezogen werden.[736] Die actio libera in causa wurde für Begehungsdelikte konzipiert. Selbst dabei treten nicht unerhebliche dogmatische Schwierigkeiten auf. Bei Unterlassungsdelikten verschärft sich diese Lage noch. Die Besonderheiten der Unterlassungsdelikte sind in jedem Fall im Auge zu behalten. Nur einem Handlungspflichtigen kann ein Vorwurf gemacht werden, daß er seine Handlungsunfähigkeit herbeigeführt hat.[737] Aus diesen Bedenken heraus, scheint die Anzahl der Vertreter zu wachsen, die behaupten, die omissio libera in causa sei zumindest auf den Straftatbestand des § 266 a Abs. 1 StGB gar nicht anwendbar.[738]

---

730 Sch-Sch-Lenckner, § 20 Rn. 33 ff.

731 Hier sei auf die Darstellung bei Hillenkamp, 13. Problem, verwiesen.

732 BGHSt 42, 235. Gegen eine Rechtsfigur der actio libera in causa sprechen sich außerdem aus: Hettinger, S. 1 ff.; Hruschka, JZ 1996, S. 64 ff.

733 Vgl. etwa Tröndle/Fischer, § 20 Rn. 20; G. Jakobs, 17. Abschn. Rn. 66; Roxin, § 20 Rn. 60; Sch-Sch-Lenckner, § 20 Rn. 36.

734 In diesem Sinne Tiedemann, GmbH-Strafrecht, Vor §§ 82 ff. Rn. 59.

735 Siehe die Ausführungen von Wegner, S. 288; Holzkämper, S. 2142; Sch-Sch-Lenckner, § 266 a Rn. 10; Fritz, S. 115. Siehe außerdem BGHZ 134, 304, 308.

736 Siehe hierzu Hellmann, S. 1006.

737 Diese Einschränkung nimmt Sch-Sch-Stree, Vorbem. §§ 13 ff. Rn. 144, vor.

738 Siehe hierzu Rönnau, wistra 1997, S. 14 m.w.N.

Es ist umstritten, ob eine Vorverlagerung der Strafbarkeit bei § 266 a Abs. 1 StGB überhaupt möglich ist. Teilweise wird dies verneint. Die Vorverlagerung müsse an eine Versuchsstrafbarkeit anknüpfen, die § 266 a StGB aber nicht kenne.[739] Hierbei wird allerdings übersehen, daß es bei der actio libera in causa genauso wie bei der omissio libera in causa nicht um eine Versuchsstrafbarkeit geht. Es muß lediglich festgestellt werden, ob der Täter im Versuchsstadium noch schuldfähig gewesen ist oder nicht. Das Versuchsstadium durchläuft jede Handlung, unabhängig davon, ob der Versuch mit Strafe bewehrt ist oder nicht. Für die Strafbarkeit einer Vollendungstat ist es nicht notwendig, daß der Täter während des gesamten Zeitraums zwischen Versuch und Beendigung schuldfähig ist. Es genügt vielmehr, daß der Täter die Ausführung der Tat verantwortlich in Gang setzt und daß es zu keiner wesentlichen Kausalabweichung kommt.[740]

Erkennt man hingegen die Rechtsfigur der omissio libera in causa an, ist der Straftatbestand des § 266 a Abs. 1 StGB in einem völlig anderen Licht zu sehen. Für die Erfüllung des Tatbestandsmerkmals des Vorenthaltens kommt es dann nicht mehr allein auf die Frage der Möglichkeit zum normgemäßen Verhalten an. Festgestellt werden muß auch, ob die Herbeiführung der Insolvenz als pflichtwidriges Verhalten gewertet werden muß.[741] Ein solches pflichtwidriges Verhalten könnte gegeben sein, wenn der Eintritt der Zahlungsunfähigkeit von dem Geschäftsleiter vorauszusehen war.[742] Für den Sozialversicherungsträger als Gläubiger wird dies nur sehr schwer darzulegen sein.[743] Das Oberlandesgericht Düsseldorf fordert deshalb für diese Fälle, daß eine Beweislastumkehr zu erfolgen habe. Der Geschäftsleiter habe im einzelnen nachvollziehbar darzulegen, weshalb die Zahlungsunfähigkeit eingetreten ist.[744] Ein Vorwurf könnte dem Unternehmer beispielsweise gemacht werden, wenn er mit Hilfe geeigneter Maßnahmen die Zahlungsfähigkeit zum Fälligkeitstermin hätte sichern können.[745] Kümmert er sich nicht darum, könnte in dem Herbeiführen der Zahlungsunfähigkeit ein pflichtwidriges Unterlassen zu sehen sein.[746] § 266 a Abs. 1 StGB sieht jedoch keine Fahrlässigkeitsstrafbarkeit vor.[747] Eine Vorverlagerung der Strafbarkeit im Sinne der omissio libera in causa kann nur gelingen, wenn dem Täter die Herbeiführung der Zahlungsunfähigkeit vorsätz-

---

739 In diesem Sinne Rönnau, wistra 1997, S. 14.
740 Vgl. Roxin, § 20 Rn. 60; ebenso mit besonderem Bezug zu § 266 a StGB Tag, Diss., S. 119.
741 Siehe die Ausführungen von Wegner, S. 289.
742 So etwa Holzkämper, S. 2142 und Hellmann, S. 1006.
743 Dennoch will etwa das OLG Frankfurt ZIP 1995, S. 213, bei der normalen Beweislastverteilung bleiben.
744 Aufgrund seiner Kenntnis sei dem Geschäftsleiter, so das OLG Düsseldorf NJW-RR 1996, S. 289, die Sachverhaltsaufklärung aufzubürden.
745 Sch-Sch-Lenckner, § 266 a Rn. 10; Tröndle/Fischer, § 266 a Rn. 12; Winkelbauer, S. 17.
746 So auch BGHZ 134, 304, 308.
747 Siehe hierzu Tag, BB 1997, S. 1116.

lich vorzuwerfen ist. Diesen Fatalismus zeichnet nun aber die wenigsten Unternehmer aus.

Ohnehin kann nicht jedes Tun und Unterlassen von dem Unternehmer gefordert werden, damit er seine Zahlungsfähigkeit sicherstellt. Verlangt werden kann nur das, was sich in den Grenzen der Zumutbarkeit bewegt. Es sind mithin Fälle denkbar, in denen das dem Täter abverlangte Handeln aus besonderen Gründen nicht zumutbar ist.[748] Wolfgang Winkelbauer führt das wohl eher abwegig erscheinende Beispiel an, daß der Arbeitgeber die zur Erfüllung seiner sozialversicherungsrechtlichen Pflichten bereitgestellten Gelder dazu verwendet, sein Kind aus den Händen von Entführern freizukaufen.[749] Kein Mensch würde von einem Arbeitgeber in einer solchen Situation verlangen, daß er stattdessen die Sozialversicherungsbeiträge begleicht. Generell ist von Unzumutbarkeit zu sprechen, wenn durch eine Handlung eigene billigenswerte Interessen in erheblichem Umfang beeinträchtigt werden und diese wiederum in einem angemessenen Verhältnis zum drohenden Erfolg stehen.[750]

Auf die angedeuteten Schwierigkeiten einer Vorverlagerung der Strafbarkeit nach § 266 a Abs. 1 StGB soll im folgenden genauer eingegangen werden. Dies wird geschehen, indem die Rechtsfigur der omissio libera in causa in ihren beiden Erscheinungsformen beleuchtet wird, nämlich der omissio libera in omittendo und der omissio per commissionem.

1. Omissio libera in omittendo

Die omissio libera in omittendo behandelt die Frage, was der Täter im Vorfeld des Fälligkeitstermins tun *muß*, damit ihn kein Verschulden trifft.

Ein zur Rettung Verpflichteter hat nach allgemeinen rechtsdogmatischen Grundsätzen des Unterlassungsdelikts nicht allein die unmittelbar geforderte Rettungshandlung vorzunehmen, sondern er muß darüber hinaus dafür Sorge tragen, daß er einen Zustand erhält, der ihn zur Rettung befähigt.[751] Jede Norm beinhaltet neben der Primäranweisung auch eine Sekundäranweisung. Eine solche Sekundäranweisung verpflichtet den Normadressaten, bestehende Alternativen zu einer verbotenen Handlung nicht durch aktives Tun zu vereiteln. Die Sekundäranweisung verlangt, sich nicht die Möglichkeiten zur Erfüllung der Primäranweisung abzuschneiden.[752] Im Falle der Zahlungsunfähigkeit kann der Arbeitgeber die Gebotserfüllungshandlung des § 266 a Abs. 1 StGB nicht voll-

---

[748] Sch-Sch-Stree, Vorbem. § 13 Rn. 155 f.
[749] Winkelbauer, S. 18.
[750] BGH NStZ 1984, S. 164; Jescheck/Weigend, S. 634.
[751] Rönnau, wistra 1997, S. 13 m.w.N.
[752] So die Konklusion von Hruschka, FS f. Bockelmann, S. 427.

ziehen. Es stellt sich jedoch die Frage, ob der Unternehmer nach § 266 a Abs. 1 StGB verpflichtet ist, sich seine Zahlungsfähigkeit zu erhalten. Diese Pflicht könnte eben mit Hilfe der Rechtsfigur der omissio libera in omittendo konstruiert werden.

Nach der Rechtsprechung zum alten Recht, das heißt den Vorgängervorschriften zu § 266 a StGB, gingen die Zahlungserhaltungspflichten des Arbeitgebers so weit, daß er verpflichtet war, Lohnkürzungen vorzunehmen, damit die Zahlung der darauf entfallenden Beiträge noch möglich war.[753] Die Treuhänderstellung des Arbeitgebers bezüglich der Beiträge gegenüber dem Arbeitnehmer zog diese hohen Anforderungen nach sich, die an die Zahlungserhaltungspflichten des Arbeitgebers gestellt wurden.[754] Mit Einführung des § 266 a StGB wurde das Tatbestandsmerkmal des Einbehaltens gestrichen. Eine treuhänderische Verwaltung der Beiträge durch den Arbeitgeber wird heute deshalb weitgehend nicht mehr vertreten.[755] Ebenso ist die Lohnzahlung keine Strafbarkeitsvoraussetzung mehr.[756] Dennoch wird von Teilen der Literatur gefordert, auch weiterhin dem Arbeitgeber bezüglich der Beiträge eine Zahlungserhaltungspflicht aufzubürden.[757]

Was von dem Unternehmer im Rahmen der Zahlungserhaltungspflicht verlangt wird, ist mitunter sehr weitgehend. Für die Beschaffung von Geldliquidität kann sogar der Verkauf von Vermögenswerten verlangt werden. Dies gilt zumindest für den Fall, daß dies kurzfristig möglich ist, ohne daß deshalb die Einstellung des Betriebs notwendig wird.[758] Der Geschäftsleiter habe im übrigen im Zuge der Vorsorge organisatorisch sicherzustellen, daß es zu keiner zweckwidrigen Verwendung der Mittel kommt, die für die Sozialversicherungsträger vorgesehen sind.[759] Die Wertung des Gesetzgebers, der eine Privilegierung der Sozialversicherungsbeiträge gegenüber anderen Verbindlichkeiten wünsche, sei zu respektieren. Dadurch seien auch die gesteigerten Pflichten des Arbeitgebers zur Erhaltung seiner Zahlungsfähigkeit zum Fälligkeitstermin der Sozialversicherungsbeiträge gerechtfertigt.[760] Die höchsten Anforderungen hat diesbezüglich das Landgericht Augsburg aufgestellt, das vom Zeitpunkt der Lohn-

---

[753] Vgl. BGHSt 30, 265, 267; RGSt 40, 235, 237.
[754] BGHSt 32, 236, 240, wo ein deutlicher Hinweis auf die Treuhänderstellung des Arbeitgebers hinsichtlich der einbehaltenen Lohnanteile zu finden ist. Diese Entscheidung aus dem Jahre 1984 bezog sich aber noch auf die alte Rechtslage, nach der eine solche Treuhänderstellung ja, anders als heute, tatsächlich gegeben war.
[755] So auch OLG Düsseldorf NJW-RR 1993, S. 1449.
[756] Siehe oben 2. Teil, III. 5.
[757] Siehe die Auffassungen von Holzkämper, S. 2143; Scholz-Schneider, § 43 Rn. 255 m; Bente, wistra 1996, S. 116.
[758] Bittmann, wistra 1998, S. 324.
[759] Siehe hierzu die Entscheidungen des LG Augsburg NJW 1992, S. 2643; ebenso OLG Düsseldorf NJW-RR 1993, S. 1128.
[760] Diesen Schluß zieht Holzkämper, S. 2143.

zahlung an eine Absonderungspflicht der Arbeitnehmeranteile zur Sozialversicherung fordert, damit die Unmöglichkeit der Zahlung am Fälligkeitstage von vornherein ausgeschlossen werden kann.[761] Ebenso wird die volle Ausschöpfung des vorhandenen Kreditrahmens gefordert. Solange der Unternehmer noch liquide Mittel heranschaffen kann, wozu eben ein nicht ausgeschöpfter Kreditrahmen als verfügbares Giralgeld zählt, gilt er als zahlungsfähig. Unterläßt er es trotzdem, so wird hierin die vorsätzliche Herbeiführung der Zahlungsunfähigkeit gesehen.[762]

Mögen diese Überlegungen teilweise zwar nicht völlig abwegig erscheinen, sind sie doch realitätsfern. Banken sind dafür bekannt, nicht sonderlich zur Risikobereitschaft zu neigen. Ein Unternehmen in der Krise wird selten seinen Kreditrahmen vergrößern können. Doch nicht nur das - sobald die Banken Ruch von wirtschaftlichen Schwierigkeiten eines Kreditnehmers bekommen, werden sie nicht ausgeschöpfte Kreditrahmen umgehend streichen.[763] Der Unternehmer wird im Regelfall selbst größtes Interesse daran haben, die Insolvenz zu vermeiden. An der Erhaltung seiner Zahlungsfähigkeit wird ihm gelegen sein. Kommt es dennoch zur Zahlungsunfähigkeit, wird ein Verweis auf eine etwaig nicht beachtete Zahlungserhaltungspflicht nicht weiterhelfen, um einen strafrechtlichen Vorwurf zu konstruieren.

Auf die Notwendigkeit einer Vorverlagerung der Strafbarkeit bei § 266 a Abs. 1 StGB wird dennoch mit Nachdruck verwiesen. Andernfalls würde die Strafbarkeit bei Vorenthaltungen ausgehöhlt werden. Der Täter des § 266 a Abs. 1 StGB sei nun einmal meistens zahlungsunfähig. Der Schutzzweck der Regelung könne ohne eine derartige Konstruktion nicht mehr erfüllt werden, weil es an einem anknüpfbaren Verhalten des Arbeitgebers fehle.[764]

Sicherlich ist schwer von der Hand zu weisen, daß nur noch wenig Raum für eine Verurteilung nach § 266 a Abs. 1 StGB bleibt, wenn man eine Berücksichtigung der Zahlungsunfähigkeit auf Tatbestandsebene befürwortet und gleichzeitig eine Vorverlagerung der Strafbarkeit ablehnt . Diese vielleicht nicht wünschenswerte Situation kann aber nicht dadurch aus der Welt geschafft werden, indem einfach über bestehende rechtsdogmatische Hindernisse hinweggegangen wird. Zudem spricht gegen eine Zahlungserhaltungspflicht der Umstand, daß entsprechende Anhaltspunkte einer besonderen Pflichtenstellung

---

[761] Vgl. LG Augsburg NJW 1992, S. 2642 f.
[762] In diesem Sinne auch Hartung, S. 8.
[763] Diesen Umstand erkennt auch Bittmann, wistra 1998, S. 323.
[764] So Pape/Voigt, S. 832 und Marxen, EWiR 1995, S. 392, die sich der Probleme des § 266 a Abs. 1 StGB in der Insolvenz des Arbeitgebers bewußt sind, wenngleich sie die Lösungen in der falschen Richtung suchen.

zumindest dem Sozialversicherungsrecht nicht zu entnehmen sind.[765] Ebensowenig existiert eine Tilgungspräferenz der Beiträge gegenüber anderen Verbindlichkeiten.[766] Daraus läßt sich der Schluß ziehen, daß es für eine Zahlungserhaltungspflicht keine entsprechenden Anhaltspunkte in der Rechtsordnung gibt.[767] Dem Arbeitgeber obliegen also keine erhöhten Zahlungserhaltungspflichten hinsichtlich der Sozialversicherungsbeiträge. Aus diesem Grunde sind gesteigerte Pflichten des Geschäftsleiters wegen der Abführung von Beiträgen zur Sozialversicherung abzulehnen.[768]

Die omissio libera in omittendo bewirkt also hinsichtlich der Vorenthaltung von Beiträgen zur Sozialversicherung nach § 266 a Abs. 1 StGB in der Insolvenz keine Vorverlagerung der Strafbarkeit.

2. Omissio per commissionem

Die zweite Erscheinungsform der omissio libera in causa ist die omissio per commissionem. Bei ihr geht es um die Frage, was der Täter tun *darf*, ohne daß ihm ein Verschulden zur Last zu legen ist. Hierbei geht es darum, inwieweit es dem Unternehmer gestattet ist, andere Zahlungsverpflichtungen den Forderungen der Sozialversicherungsträger vorzuziehen. Danach entscheidet sich dann, ob dem Arbeitgeber die Herbeiführung der Zahlungsunfähigkeit vorzuwerfen ist oder nicht

Welche Zahlungen der Unternehmer in der wirtschaftlichen Krise vornehmen darf, hängt von unterschiedlichen Voraussetzungen ab. So wird danach unterschieden, ob der Arbeitgeber kongruente oder inkongruente Deckungen vornimmt. Das Gesetz nennt diese Begriffe in der neuen Insolvenzordnung in §§ 130, 131 InsO, ohne damit eine Legaldefinition zu liefern. Für die Kongruenz der Deckung ist entscheidend, ob der Gläubiger sie nach dem betreffenden Schuldverhältnis beanspruchen durfte oder nicht. Hat der Gläubiger keinen Anspruch auf Befriedigung oder nicht in der Art oder zu dem Zeitpunkt, so bezeichnet man eine gleichwohl vorgenommene Leistung als inkongruente Deckung.[769] Handelt es sich hingegen um Zahlungen, die der Gläubiger gerade zu diesem Zeitpunkt einredefrei einfordern kann, spricht man von kongruenten Deckungen.[770]

Nimmt der Unternehmer inkongruente Zahlungen vor, soll eine Strafbarkeit nach § 266 a Abs. 1 StGB nach den Grundsätzen der omissio per

---

[765] Darauf verweist OLG Celle wistra 1996, S. 114.
[766] Dies wird zumindest hier im Ergebnis vertreten.
[767] So im Ergebnis auch OLG Düsseldorf NJW-RR 1993, S. 1448.
[768] Ebenso in diesem Sinne SK-Samson/Günther, § 266 a Rn. 30.
[769] Siehe Häsemeyer, S. 446 f.; HK-Kreft, § 131 Rn. 8 ff.
[770] Vgl. HK-Kreft, § 130 Rn. 10; aus strafrechtlicher Sicht Sch-Sch-Stree, § 283 c Rn. 8.

commissionem begründet werden können.[771] Immerhin kommt es hier zur Deckung noch gar nicht fälliger Verbindlichkeiten. Dennoch soll unter bestimmten Umständen auch eine inkongruente Deckung zulässig sein. Dies soll in Situationen gelten, in denen andere finanzielle Verpflichtungen vorrangig erfüllt werden, weil andernfalls der gesamte Unternehmensbestand gefährdet werden würde, wodurch Arbeitsplätze auf dem Spiel stehen. Dagegen wird vorgebracht, daß es nicht Aufgabe der Sozialversicherung sein kann, zur Sanierung notleidender Unternehmen beizutragen. Die Interessen der Arbeitnehmer würden keinesfalls die Interessen der Versichertengemeinschaft am Sozialversicherungsaufkommen überwiegen. Dies gelte zumindest für die heutige Zeit, in der die existentielle Sicherung des Arbeitnehmers mit den Mitteln des Sozialstaates gewährleistet wird.[772] Nimmt man auf der einen Seite aber eine Tilgungspräferenz an, ist es wenig einleuchtend, auf der anderen Seite diese wieder mit Ausnahmen zu durchlöchern. Wie bereits mehrfach erwähnt wurde, befinden sich die meisten Unternehmen, die Beiträge zur Sozialversicherung vorenthalten, in wirtschaftlichen Schwierigkeiten, in denen das Unternehmen als ganzes und damit viele Arbeitsplätze auf dem Spiel stehen.

Die kongruente Deckung anderer Verbindlichkeiten kann nur gemäß § 266 a Abs. 1 StGB pflichtwidrig sein, wenn man von einer Vorrangstellung der Sozialversicherungsbeiträge ausgeht.[773] Lehnt man diese ab, ist nicht einzusehen, was an einer kongruenten Deckung pflichtwidrig sein soll.[774] Auf der anderen Seite ist eine Unterscheidung zwischen kongruenten und inkongruenten Deckungen gar nicht notwendig, wenn man eine Vorrangstellung der Sozialversicherungsbeiträge gegenüber anderen finanziellen Verpflichtungen des Arbeitgebers annimmt. Der Straftatbestand des § 266 a Abs. 1 StGB ist dann sogar erfüllt, wenn die Zahlungsfähigkeit aufgrund kongruenter Deckung zum Fälligkeitstermin eingebüßt wurde.[775] Das schlichte Nichtbeachten der Tilgungspräferenz führt dabei zur Strafbarkeit. Lehnt man wie hier eine Tilgungspräferenz ab, kann es wenn überhaupt nur bei einer inkongruenten Deckung zu einer Strafbarkeit gemäß § 266 a Abs. 1 StGB über die Rechtsfigur der omissio per commissionem kommen. Kongruente Zahlungen können mangels Vorrangstellung nicht pflichtwidrig sein.

---

[771] Siehe etwa Sch-Sch-Lenckner, § 266 a Rn. 10; Bente, Diss., S. 65; Tag, Diss., S. 133 f.
[772] Siehe die Ausführungen von Martens/Wilde, S. 58 ff.
[773] Die Pflichtwidrigkeit kongruenter Deckung nehmen an Sch-Sch-Lenckner, § 266 a Rn. 10; Bente, Diss., S. 65; Fritz, S. 120 ff.
[774] Ebenso Tag, Diss., S. 134.
[775] BGHZ 134, 304, 313; ebenso Fritz, S. 120 ff., der sich für die Vorrangstellung der Sozialversicherungsbeiträge ausspricht.

V. Zur Machtlosigkeit des Strafrechts

1. Der verbleibende Anwendungsbereich des § 266 a Abs. 1 StGB

a) Die vereinbarte Schwarzarbeit

§ 266 a Abs. 1 StGB ist einschlägig, wenn zwischen Arbeitgeber und Arbeitnehmer einvernehmlich sogenannte Schwarzarbeit vereinbart wurde, das heißt, daß Einigkeit darüber besteht, daß keine Sozialabgaben abgeführt werden sollen. Dies kann allerdings nur bejaht werden, wenn man wie hier der Auffassung ist, daß § 266 a Abs. 1 StGB kein untreueähnliches Verhalten mehr erfordert. Letztlich ist es durchaus streitig, ob im Falle der Schwarzarbeit § 266 a Abs. 1 StGB überhaupt zum Zuge kommt.[776] Selbst wenn man dies bejaht, ist fraglich, ob es nun aber zu rechtfertigen ist, der Schwarzarbeit mit einem derartigen Straftatbestand aufzuwarten. Sicherlich ist die Schwarzarbeit eine nicht zu billigende Erscheinung. Die Ausgestaltung als Ordnungswidrigkeit dürfte jedoch ausreichen. Eine Kriminalisierung ist jedenfalls nicht zwingend. Vielmehr wird durch § 266 a Abs. 1 StGB mit Kanonen auf Spatzen geschossen, was dem Subsidiaritätsgedanken zuwider läuft.

b) Die inkongruente Deckung

Wie wir gesehen haben, ist eine Strafbarkeit nach § 266 a Abs. 1 StGB über die Rechtsfigur der omissio per commissionem konstruierbar, wenn der Arbeitgeber nicht die Beiträge zur Sozialversicherung abführt, sondern stattdessen inkongruente Deckungen vornimmt. Der Unternehmer begleicht beispielsweise eine Lieferantenrechnung, die noch nicht fällig ist, anstatt die Krankenkassen zu befriedigen. Lehnt man allerdings wie hier eine Tilgungspräferenz der Sozialversicherungsbeiträge ab, stellt sich die Frage, ob die Strafbewehrung einer gewöhnlichen Verbindlichkeit gerechtfertigt werden kann. Zwar kann die inkongruente Deckung in der wirtschaftlichen Krise dazu führen, daß der Gläubiger, das heißt der Sozialversicherungsträger, völlig leer ausgeht, weil kein Geld mehr vorhanden ist, gegen solche Mißliebigkeiten hat jedoch bereits die Insolvenzordnung Vorsorge getroffen. Eine solche Rechtshandlung ist nämlich gemäß § 131 Abs. 1 InsO anfechtbar. Was darüber hinaus eine Strafandrohung bringen soll, ist nicht ersichtlich. Sie ist deshalb abzulehnen.

2. Die Option der Straffreiheit durch Selbstanzeige gemäß § 266 a Abs. 5 StGB

Der Unternehmer, der es unterläßt, die fälligen Beiträge der Sozialversicherung abzuführen, befindet sich meist in einer wirtschaftlich schwierigen bis ausweglosen Situation, was dem Gesetzgeber bei Einführung der Strafvorschrift des § 266 a StGB bewußt gewesen ist.[777] Mit der Anfügung der Strafbefreiungsvor-

---

776 Zum Streitstand, ob § 266 a Abs. 1 StGB bei vereinbarter Schwarzarbeit einschlägig ist, vgl. Bente, Diss., S. 47 ff.

777 BT-Drucks. 10/318, S. 12 ff.

schrift des Absatz 5 wollte er diesem Umstand Rechnung tragen.[778] Ohne Zweifel ist § 266 a Abs. 1 StGB ein weit gefaßter Straftatbestand. Zur Tatbestandsverwirklichung genügt es, daß der Täter den Fälligkeitstermin der Sozialversicherungsbeiträge verstreichen läßt.[779] Eine Einschränkung ist allein schon wegen des verfassungsrechtlichen Bestimmtheitsgebots erforderlich.[780] Zum Zwecke der Tatbestandsbegrenzung dürfte der Gesetzgeber deshalb die Einfügung der Strafbefreiungsmöglichkeit des § 266 a Abs. 5 StGB vorgenommen haben.[781]

Will man in den Genuß der Straffreiheit nach § 266 a Abs. 5 StGB kommen, wird vorausgesetzt, daß die ausstehenden Beiträge nachentrichtet werden. Da sich der straffällig werdende Unternehmer nach § 266 a StGB meist in einer wirtschaftlichen Krise befindet, wird er nur in den seltensten Fällen dazu in der Lage sein, dieser Auflage nachzukommen. Kommt er ihr nicht nach, geht er der in Aussicht gestellten Straffreiheit verlustig. Ein Unternehmer, der die Beiträge zur Sozialversicherung vorenthält, weil er weder von seiner Bank weitere Kredite erhält noch über sonstige liquide Mittel verfügt, wird kaum dazu in der Lage sein, seiner Beitragspflicht in absehbarer Zeit nachzukommen. Dieser Nachentrichtungspflicht wird jedoch ein wenig die Schärfe genommen, indem ihr nicht sofort nachgekommen werden muß, sondern erst innerhalb einer von der Einzugsstelle zu bestimmenden angemessenen Frist. Die Angemessenheit bestimmt sich zum einen dadurch, daß es dem Täter möglich und zumutbar sein muß, die Geldmittel für die Nachzahlung aufzubringen. Zum anderen ist aber auch das Interesse der Einzugsstelle an der Tilgung der Beitragsschuld in die Erwägungen mit einzubeziehen.[782] Zur Bestimmung der Angemessenheit der Frist sind die gesamten Einkommensverhältnisse und Zahlungsverpflichtungen des Täters einzubeziehen.[783] Das Ergebnis einer solchen Abwägung wird wesentlich davon beeinflußt, ob den Sozialversicherungsbeiträgen gegenüber sonstigen Zahlungsverpflichtungen eine Tilgungspräferenz zugestanden wird oder nicht. Geht man wie hier davon aus, daß die Sozialversicherungsbeiträge grundsätzlich keine Bevorzugung verdienen, kann dies nur zur Einräumung einer relativ langen Frist zur Nachentrichtung führen.

Außerdem ist zur Gewährung der Straffreiheit erforderlich, daß der Täter der Einzugsstelle darlegt, warum ihm die Zahlung zum Fälligkeitszeitpunkt nicht möglich gewesen ist und in welcher Höhe er Beiträge vorenthalten hat. Diese Mitteilungspflicht ist verfassungsrechtlich nicht unbedenklich. Immerhin handelt

---

[778] Diese Auffassung vertritt Fritz, S. 4.
[779] So auch KG wistra 1991, S. 189; AG Berlin-Tiergarten wistra 1989, S. 317.
[780] Siehe hierzu im einzelnen oben unter II. 4. b).
[781] Fritz, S. 4.
[782] Winkelbauer, S. 18.
[783] Schlüchter, 2. WiKG, S. 170.

es sich um eine Pflicht zur Selbstbezichtigung.[784] Hierin könnte ein Verstoß gegen den Grundsatz nemo tenetur se ipsum prodere gesehen werden. Diesem Grundsatz mangelt es zwar an einer ausdrücklichen grundgesetzlichen Verankerung, dennoch wird an dessen Bestand heute kaum noch gezweifelt.[785] Im übrigen hat er durchaus seinen gesetzlichen Niederschlag gefunden, etwa in § 136 Abs. 1, Satz 2 StPO. Viele Freiheitsrechte, zu denen im weiteren Sinne auch der nemo tenetur Grundsatz gehört, werden aus den allgemeinen Verfassungsprinzipien abgeleitet.[786] Die Auskunftspflicht wird dennoch in einigen Bereichen bejaht, obwohl sich der Auskunftgebende dadurch der Gefahr strafrechtlicher Verfolgung aussetzen muß. Man hilft sich über diese Diskrepanz hinweg, indem für die durch die Auskunft erhaltenen Informationen ein Beweisverwertungsverbot konstruiert wird.[787]

Vorbild der strafbefreienden Vorschrift des § 266 a Abs. 5 StGB war für den Gesetzgeber unverkennbar die aus dem Steuerrecht kommende Selbstanzeige nach § 371 AO.[788] § 371 Abs. 3 AO sieht ebenfalls vor, daß bereits eingetretene Steuerverkürzungen nachentrichtet werden müssen. Der wesentliche Unterschied zu § 266 a Abs. 5 StGB besteht allerdings darin, daß nach § 371 Abs. 3 AO der Kreis der Nachzahlungspflichtigen auf diejenigen Personen beschränkt ist, die einen Vorteil aus der Steuerhinterziehung haben. Für die anderen Täter reicht es gemäß § 371 Abs. 1 AO bereits aus, wenn sie die unrichtigen Angaben korrigieren. § 266 a Abs. 5 StGB sieht eine solche Differenzierung nicht vor. Will der für den Bereich der Sozialversicherung gemäß § 14 Abs. 2 StGB verantwortlich Handelnde in den Genuß der Straffreiheit nach § 266 a Abs. 5 StGB gelangen, hat er die vorenthaltenen Beiträge notfalls persönlich nachzuentrichten, unabhängig davon, ob er selbst Beitragsschuldner ist oder nicht. Es werden ihm demnach auf strafrechtlicher Ebene Pflichten auferlegt, die über diejenigen des Sozialversicherungsrechts hinausgehen.[789] Das eigene Interesse wird der handelnden Person durch das Strafrecht aufoktroyiert. Dies ist besonders im Hinblick auf die Grundsätze von der Einheit der Rechtsordnung und den Bestimmtheitsgrundsatz strafrechtlicher Normen nicht unproblematisch. Weshalb keine dem § 371 Abs. 3 AO entsprechende Regelung bei § 266 a StGB getroffen wurde, ist nicht klar und geht aus den Gesetzesmaterialien auch nicht hervor. Es drängt sich die Vermutung auf, der Gesetz-

---

[784] Zur vergleichbaren Gesetzeslage im Steuerrecht siehe Reiß, S. 140 ff.
[785] Reiß, S. 141. Kleinknecht/Meyer-Goßner, Einl. Rn. 29 a m.w.N.
[786] Siehe hierzu BVerfG NJW 1981, S. 1431, das eine erzwingbare Auskunftspflicht als Eingriff in die Handlungsfreiheit und Beeinträchtigung des Persönlichkeitsrechts im Sinne des Art. 2 Abs. 1 GG beurteilt.
[787] Siehe hierzu BVerfG NJW 1981, S. 1431; ebenso Reiß, S.198. Eine bedenkliche Aufweichung des Grundsatzes ist hierin trotzdem zu erblicken.
[788] Siehe Winkelbauer, S. 16.
[789] Auf diesen unhaltbaren Zustand weist Winkelbauer, S. 19, hin.

geber habe die Problematik der Selbstanzeige dieser Personengruppe schlichtweg übersehen.[790]

Wie man § 266 a Abs. 5 StGB auch auslegen mag, der Täter soll in jedem Fall nicht in den Genuß der Straffreiheit gelangen, wenn er bei Tatbegehung davon ausgeht, daß er auch in Zukunft die Beiträge nicht oder jedenfalls nicht in absehbarer Zeit nachentrichten können wird.[791] Dem Täter soll die Wohltat des § 266 a Abs. 5 StGB nur zugute kommen, wenn er sich dies verdient hat. Warum er sich aber etwas verdienen muß, obwohl er vorher nichts verschuldet hat, erscheint wenig einsichtig. Strafbefreiende Wirkung soll die Selbstanzeige nach § 266 a Abs. 5 StGB nur entfalten, wenn die Zahlung zum Fälligkeitstermin tatsächlich unmöglich gewesen ist. Folgt man der hier vertretenen Auffassung, führt dies aber bereits zum Tatbestandsausschluß, so daß für eine Strafbefreiung kein Platz mehr ist. Für einen Strafausschließungsgrund, wie ihn § 266 a Abs. 5 StGB vorsieht, besteht deshalb kein Bedürfnis.[792]

3. Konstruktive Schutzwirkung oder Kontraproduktivität durch die Herbeiführung von Insolvenzen

Es bleibt zu untersuchen, ob mit Hilfe des Strafrechts die erhoffte Schutzwirkung für das Rechtsgut des Sozialversicherungsaufkommens erzielt werden kann. Der Straftatbestand des § 266 a Abs. 1 StGB könnte schließlich sogar kontraproduktiv wirken, indem er Insolvenzen heraufbeschwört, die vermeidbar gewesen wären.

Es drängt sich mithin die Frage auf, ob Strafschutz für Interessen gewährt werden sollte, die de jure zwar bestehen, de facto aber wertlose Vermögenspositionen darstellen.[793] Bezogen auf das Vorenthalten von Sozialversicherungsbeiträgen nach § 266 a Abs. 1 StGB heißt das, die Forderungen der Sozialversicherungsträger mögen zwar bestehen, der in der Insolvenz steckende Unternehmer wird zu deren Begleichung aber schlichtweg nicht in der Lage sein. Die mangelnde Fähigkeit zur Zahlung der Beiträge ist meist ein Symptom des Endstadiums der wirtschaftlichen Lebensfähigkeit eines Unternehmens. Für die Krankenkassen stellen die Forderungen gegenüber insolventen Unternehmern in der Regel demnach wertlose Vermögenspositionen dar.

---

[790] So die naheliegende Vermutung von Winkelbauer, S. 19.

[791] Winkelbauer, S. 18.

[792] Diese Erwägung stellt sogar Fritz, S. 113, an. Freilich sieht er ein Bedürfnis nach einer Strafbefreiungsvorschrift, da er den Sozialversicherungsbeiträgen einen Vorrang einräumt; siehe Fritz, S. 120 ff.

[793] Diese Frage wirft Moosmayer, S. 140, im Zusammenhang mit der Frage nach der Legitimation des Insolvenzstrafrechts auf. Meines Erachtens läßt sich dieser Gedanke aber genauso auf das Vorenthalten von Sozialversicherungsbeiträgen übertragen.

Das Sozialrecht verursacht für die Unternehmen erhebliche Kosten. Diese Kosten wachsen den Unternehmen mitunter derart über den Kopf, daß sie Mitauslöser der wirtschaftlichen Krise werden können. Die Sozialversicherungsträger sind Gläubiger der Unternehmen, was für die Insolvenz zur Folge hat, daß diese bei rigorosem Vorgehen den Insolvenzfall herbeiführen bzw. Insolvenzantrag stellen können.[794] Nicht selten ist dies auch der Fall. Das Vorenthalten der Beiträge zur Sozialversicherung ist häufig ein Indiz dafür, daß das Unternehmen wirtschaftlich am Ende ist.

Die Strafbarkeit nach § 266 a Abs. 1 StGB kann dazu führen, daß Liquidität gebunden wird, die besonders in Krisenzeiten anderweitig benötigt wird. Wegen der Angst vor einer Bestrafung, die durchaus ihre Berechtigung hat, zumindest wenn man der wohl als herrschend zu bezeichnenden Meinung folgt, nach der der Unternehmer Vorsorge zu treffen hat, damit er am Fälligkeitstag der Beiträge über ausreichende Geldmittel verfügt,[795] wird er vorher fällig werdende Forderungen anderer Gläubiger nicht befriedigen. Dies führt dann unter Umständen dazu, daß der Unternehmer früher als notwendig in die Insolvenz getrieben wird[796] In Zeiten, in denen in finanzieller Hinsicht eng wird für den Arbeitgeber, ist ein möglichst freies Jonglieren mit den noch vorhandenen Mitteln wichtig, um das Schlimmste, nämlich den wirtschaftlichen Zusammenbruch, zu verhindern. Ist von diesen Mitteln vorneweg ein nicht unwesentlicher Teil beiseite zu legen, kann dies fatale Auswirkungen haben, die nicht notwendig sind. Solche Auswirkungen sind aber sicherlich nicht im Sinne des Gesetzgebers. Dem Schutzzweck des § 266 a Abs. 1 StGB, das heißt der Sicherung des Sozialversicherungsaufkommens, dient die Auflösung eines Unternehmens in keiner Hinsicht. Die Zerschlagung von Vermögenswerten bzw. ganzer Unternehmen ist für die Sozialversicherungsträger kein Vorteil. Genauso wenig bringt ihnen eine Bestrafung des Unternehmers unmittelbar etwas.[797] Wird eine juristischen Person aufgelöst, ist bei ihr gar nichts mehr, auch nicht in Zukunft, zu holen.

In Extremsituationen sollte deshalb mit entsprechender Flexibilität dem Arbeitgeber entgegengekommen werden.[798] Fraglich ist, was man in diesem Zusammenhang unter einer Extremsituation zu verstehen hat. Die Insolvenz ist für den Unternehmer stets eine Extremsituation, sieht man einmal von den Fällen ab, in denen sich der Unternehmer zum Zwecke der persönlichen Bereicherung

---

[794] Hierauf verweist Maydell, S. 119 ff.
[795] Siehe hierzu insbesondere die Ausführungen zur Vorverlagerung der Strafbarkeit unter IV.
[796] Nachzulesen bei OLG Celle wistra 1996, S. 115.
[797] Eine Genugtuungsfunktion wird hier wohl nicht eintreten. Siehe auch Fritz, S. 7.
[798] In diesem Sinne Tröndle/Fischer, § 266 a Rn. 22; Winkelbauer, S. 18.

bewußt in eine solche Situation manövriert hat.[799] Folglich müßte der Straftatbestand des § 266 a Abs. 1 StGB immer flexibel gehandhabt werden. Dies kann aber kaum gewollt sein. Jedenfalls steht eine allzu flexible Regelung dem strafrechtlichen Bestimmtheitsgebot entgegen. In bezug auf die Schutzwirkung wird sich eine solche Flexibilität ebenfalls negativ auswirken. Flexibilität und Strafrecht sind schließlich eine Art Gegensatzpaar. Das Strafrecht muß in seinem Anwendungsbereich klar abgrenzbar sein. Ansonsten besteht immer die latente Gefahr der Willkür, die generell in einem Rechtsstaat nichts zu suchen hat, für einen solch hochsensiblen Bereich wie das Strafrecht aber geradezu Gift ist. Zudem wird die Bedeutung der Einleitung eines Strafverfahrens gegen ein krisenbefangenes Unternehmen als kritisch angesehen. Die Einleitung eines Strafverfahrens führt nicht selten erst zum wirtschaftlichen Ruin des Unternehmens.[800]

Ruft man sich nun die ursprünglich angepeilten Ziele bei Einführung des § 266 a StGB in Erinnerung, so wurden diese kaum erreicht. Die Bedeutung der Funktionsfähigkeit der Sozialversicherung in unserer Gesellschaft kann kaum zu hoch eingeschätzt werden. Die Effizienz des Rechtsgüterschutzes durch § 266 a StGB fällt hingegen mangelhaft aus, eben weil der Täter meist gar nicht zu normgemäßem Verhalten in der Lage ist. Dem Beibehalten eines Straftatbestands wie § 266 a Abs. 1 StGB kann demnach wohl nicht mehr als eine rein symbolische Funktion zugeschrieben werden. Selbst eine solch symbolische Aufgabe kann aber nicht funktionieren, wenn der Adressat des jeweiligen Straftatbestands de facto keine Einflußmöglichkeit auf sein Verhalten hat. Nicht viel anders verhält es sich mit dem Insolvenzstrafrecht. Das Insolvenzstrafrecht ist ebenfalls stark gefährdet, zu einem rein symbolischen Dasein verurteilt zu sein.[801] Es läuft Gefahr, auf ein überholtes Ordnungsprinzip reduziert zu werden, da dessen Wirkungsgrad minimal ist.[802] Eine Reduzierung auf den symbolischen Wert geht häufig mit der Sinnentleerung der Strafgesetze einher, das heißt von ihnen gehen keine gesellschaftlichen Auswirkungen mehr aus. Dieses Phänomen steht in Korrelation zu der Häufigkeit, in der Gesetze eine symbolische Funktion übernehmen.[803] Bedingt dadurch steht die Legitimation solcher Normen auf tönernen Füßen. Strafen, die auf der Grundlage solcher Gesetze verhängt werden, können nur im Sinne einer Vergeltung wirken. Diese Aufgabe des Strafrechts wird gemeinhin als überholt betrachtet.[804]

---

799 Zur Ausnahmesituation M-G-Bieneck, § 62 Rn. 6.
800 Auf diese Bedenken weist auch BT-Drucks. 7/3441, S. 33, hin.
801 Zum Symbolischen Strafrecht siehe die ausführliche Darstellung von Hassemer, NStZ 1989, S. 553 ff.
802 So die Befürchtungen von Tiedemann, Insolvenz-Strafrecht, Vor § 283 Rn. 6.
803 In diesem Sinne auch Hill, S. 37.
804 Vgl. im einzelnen unter II. 3.

Nach dem derzeitigen Status quo geht die Präventionswirkung von Strafe im Bereich der Wirtschaftskriminalität ohnehin häufig ins Leere. Wird nämlich die handelnde natürliche Person verurteilt, übernimmt die juristische Person, also das Unternehmen, die Strafe.[805] Eine Strafvereitelung nach § 258 StGB ist hierin, wie höchstrichterlich entschieden wurde, nicht zu sehen.[806] Die handelnde Person wird manchmal sogar noch in der Weise gestärkt, daß sie belobigt oder befördert wird.[807] Daß hierbei jegliche Art von Generalprävention auf der Strecke bleibt, liegt auf der Hand. Ein Unternehmensstrafrecht könnte Abhilfe schaffen.[808] Die Sinnhaftigkeit einer Bestrafung insolventer Unternehmen ist jedoch ebenso zweifelhaft. Das strauchelnde Unternehmen bekommt auf diese Weise zusätzlich die strafrechtliche Keule zu spüren, die ihm zu guter letzt sogar den tödlichen Schlag versetzen kann. Eine Geldstrafe sollte, wenn überhaupt, nur verhängt werden, wenn diese an die Gewinnlage des Unternehmens gekoppelt werden würde.[809] An den generellen Zweifeln einer Sinnhaftigkeit des § 266 a Abs. 1 StGB in der Insolvenz würde freilich auch eine Bestrafung des Unternehmens nichts ändern.

Wirft man einen Blick auf die Vorgehensweise in der Praxis, wird deutlich, daß scheinbar mühelos auf den Straftatbestand des § 266 a Abs. 1 StGB verzichtet werden kann. Wie bereits gesagt, treten die Vorenthaltungsfälle meist in Zusammenhang mit anderen Insolvenzdelikten auf, mit der Folge, daß sie dann meist über §§ 153 ff StPO ausgeschaltet werden.[810] Nach der hier vertretenen Auffassung ist die Anwendbarkeit des § 266 a Abs. 1 StGB ohnehin nur sehr begrenzt. In der wirtschaftlichen Krise des Unternehmens dürfte er nur in Ausnahmefällen einschlägig sein, typischerweise tritt er aber gerade in dieser Situation auf. Der Straftatbestand des § 266 a Abs. 1 StGB, folgt man der hier vertretenen Auffassung, ist deshalb zu einem Schattendasein verurteilt. Aus dieser Sicht wird man ihm kaum eine produktive Schutzwirkung zusprechen können.

4. Die Einrichtung von unternehmensinternen Kontrollen

Man könnte sich eine Besserung der Situation erhoffen, indem mittels Förderung unternehmensinterner Kontrollen insolvenzgefährdende Situationen von vornherein vermieden werden, was wiederum positive Auswirkungen auf das Vorenthalten der Sozialversicherungsbeiträge hätte. Einem Großteil von Wirtschaftskriminalität könnte mit Hilfe bereits vorhandener innerbetrieblicher

---

[805] Auf diese unglückliche Konstellation deutet Ackermann, S. 191, hin. Siehe auch Bente, Diss., S. 35; Ransiek, S. 203.
[806] BGHSt 37, 226.
[807] Vgl. zum ganzen Volk, S. 430.
[808] Auf die Grundzüge eines Unternehmensstrafrechts wurde bereits eingegangen unter II. 4.
[809] In diesem Sinne auch der Vorschlag von Ransiek, S. 356.
[810] Rönnau, wistra 1997, S. 17.

Kontrollsysteme, wie etwa der Innenrevision, beigekommen werden. Diese Kontrollmechanismen werden zumindest in größeren Unternehmen errichtet, um der Betriebskriminalität zu begegnen, die sich gegen das Unternehmen selbst richtet. Es erscheint naheliegend, daß sich die Strafverfolgungsbehörden diese effizient arbeitenden Systeme zu Nutze machen. Die Effektivität solcher Kontrollen ist der strafrechtlichen Sozialkontrolle weit überlegen.[811]

Als Gremium zur Wahrnehmung solcher unternehmensinterner Aufgaben bietet sich der Aufsichtsrat an. Ihm sind nach dem Aktiengesetz bereits verschiedene Kontrollfunktionen zugewiesen. Gemäß § 52 GmbHG ist es möglich, in einer GmbH einen Aufsichtsrat einzurichten. Die Vorschriften des Aktiengesetzes über den Aufsichtsrat finden auch für den Aufsichtsrat einer GmbH Anwendung. Es obliegt dem Aufsichtsrat gemäß § 111 Abs. 1 AktG, die Geschäftsführung zu überwachen und er ist es auch, der gemäß § 112 AktG die Gesellschaft gegenüber dem Vorstand vertritt. Ist ein solches Kontrollorgan installiert, kann dies allein schon positive Auswirkungen auf die Einhaltung gesetzlicher Vorgaben durch die Geschäftsführung haben.[812] Auf der anderen Seite geben die internen Strukturen von Kapitalgesellschaften Anlaß, an einer effizienten Kontrolle Zweifel zu erheben. Insbesondere in Großunternehmen existiert häufig eine unternehmensübergreifende gegenseitige Verflechtung,[813] die den Verdacht nahelegt, hier werde keine Krähe der anderen ein Auge aushacken.

Solche Kontrollmechanismen bergen die Gefahr in sich, daß der einzelne darauf vertraut, eine übergeordnete Stelle werde ja seine Handlungen noch kontrollieren. Insoweit werden solchen Kontrollsystemen sogar kriminogene Auswirkungen zugeschrieben.[814] Zudem haben wirtschaftseigene Kontrollmaßnahmen den Nachteil, daß Unternehmen in der Regel nur dann aktiv werden, wenn sie konkretisierbare Einzelinteressen verfolgen. Dies drückt sich beispielsweise in der mangelnden Anzeigebereitschaft von Wirtschaftsdelikten aus.[815] Die internen Kontrollen werden im Sinne eines effizienten Rechtsgüterschutzes nur fruchten, wenn das Unternehmen dadurch eigene Interessen wahrnehmen kann. Die Rechtsordnung müßte demnach dieses Eigeninteresse stimulieren. Welche Möglichkeiten es diesbezüglich gibt bzw. welche Alternativen entwickelt werden könnten, wird im 4. Teil dieser Arbeit ausführlich behandelt werden.

---

[811] Schünemann, Unternehmenskriminalität, S. 26.
[812] Diese Auffassung vertritt Ransiek, S. 369, wenngleich er selbst einräumt, daß sich dies nicht in sicheren Kausalaussagen niederschlagen würde.
[813] Auf die Gewaltenteilung innerhalb der Aktiengesellschaft ist deshalb wenig Verlaß, worauf Schünemann, GS f. Kaufmann, S. 638, hinweist.
[814] Siehe die Ausführungen von Schünemann, Unternehmenskriminalität, S. 24.
[815] Kaiser, Kriminologie, § 74 Rn. 67.

VI. Zwischenergebnis

Nach den bisherigen Ausführungen scheint es um den Straftatbestand der Vorenthaltung von Sozialversicherungsbeiträgen gemäß § 266 a Abs. 1 StGB nicht gut zu stehen. Seine Anwendung ist auf wenige Ausnahmesituationen beschränkt, etwa wenn der Arbeitgeber die Beiträge einfach nicht zahlt, obwohl er dazu in der Lage ist. Selbst bei inkongruenten Deckungen wird hier eine Strafbarkeit abgelehnt. Mangels Vorrangstellung der Beitragsschuld fehlt es an einer entsprechenden Legitimation. Man könnte wohl darüber streiten, ob § 266 a Abs. 1 StGB allein aufgrund seiner Einschlägigkeit im Falle von Schwarzarbeit eine Daseinsberechtigung beanspruchen könnte. Auf der anderen Seite sind sich noch nicht einmal die grundsätzlichen Befürworter des Straftatbestands einig, ob § 266 a Abs. 1 StGB bei Schwarzarbeit einschlägig sein soll. Es ist ausreichend, dies als Ordnungswidrigkeit zu ahnden, um keine unnötige Kriminalisierung voranzutreiben.

Es stellt sich die Frage, ob die gänzliche Abschaffung des § 266 a Abs. 1 StGB eine Bankrotterklärung des Strafrechts darstellen würde. Wer die Abschaffung eines Straftatbestands fordert, sieht sich nicht selten Vorwürfen ausgesetzt, mit den Kräften des gesellschaftlichen Untergangs verbündet zu sein.[816] Gegen einen Tatbestand, der das vorsätzliche Vorenthalten ohne Not, also das Nichtzahlen der Beiträge trotz Zahlungsfähigkeit, unter Strafe stellt, ist wohl nichts einzuwenden. Diese Tatvariante trifft man aber nur recht selten an. Meist tritt das Vorenthalten von Sozialversicherungsbeiträgen eben als Insolvenzstraftat auf. Der Täter wird also im Regelfall zahlungsunfähig sein. Genau in diesem Falle wird aber auf den Strafvorwurf nach der hier vertretenen Auffassung verzichtet. Daß es sich dabei um den Hauptanwendungsfall des Straftatbestands handelt, deutet gerade auf den Mangel des § 266 a Abs. 1 StGB hin, der den Zeigefinger erhebt, wenn der Adressat gewissermaßen gar keine Möglichkeiten mehr hat, der Rechtsordnung die Treue zu schwören. Die Sinnhaftigkeit des Straftatbestands wird dadurch nicht unterstrichen. Der Straftatbestand des § 266 a Abs. 1 StGB hat demnach seine Wirkungsabsicht verfehlt.

Den Sozialversicherungsbeiträgen steht keine Tilgungspräferenz zu. Es handelt sich folglich um eine gewöhnliche Verbindlichkeit, deren Nichtzahlen allerdings unter Strafe steht. Eine sozialethisch neutrale Handlung wird dabei als kriminelles Unrecht gewertet, was unzulässig ist. Hierüber kann eben auch eine Vorverlagerung der Strafbarkeit nicht hinweghelfen. Würde § 266 a Abs. 1 StGB derart umgestaltet werden, daß der Strafvorwurf in der Insolvenz entfiele, könnte zwar gegen den Straftatbestand aus dogmatischen Gründen nichts

---

[816] Diese Erfahrungen mußte offensichtlich auch Herzog, Strafrecht als Sozialpolitik, S. 105, machen.

mehr auszusetzen sein, er würde jedoch vollends zu einem Schattendasein verurteilt werden, so daß sich erneut die Frage stellen würde, ob er stattdessen nicht gleich abgeschafft werden sollte.

§ 266 a Abs. 1 StGB ist demnach nicht in der Lage, dem Sozialversicherungs-aufkommen den notwendigen Schutz zu gewähren. Die Forderung seiner Abschaffung scheint deshalb kein allzu kühner Gedanke zu sein. Dies gilt um so mehr, wenn man gleichzeitig im Zuge einer Entkriminalisierung effizientere Alternativen bereit stellt, die dem Rechtsgüterschutz erheblich zuträglicher sind. Daß diese zum einen existieren, zum anderen im Bereich der Insolvenz alles andere als ausgeschöpft sind und daß entsprechende Ausgestaltungen hinsichtlich eines effizienteren Rechtsgüterschutzes recht vielversprechend sind, bleibt im folgenden 4. Teil dieser Arbeit aufzuzeigen.

4. Teil: Außerstrafrechtliche Lösungsansätze

I. Der Weg zur Entkriminalisierung

Die Hoffnungen, gesellschaftlicher Mißstände Herr zu werden, richten sich heute allzu schnell auf das Strafrecht. Der ultima ratio Gedanke, der dem Strafrecht zugrundeliegt, wird dabei als störend empfunden und viel zu oft leichtfertig über Bord geworfen. Mag sich der verantwortungsbewußte Jurist allein hiergegen schon zu einem Aufschrei genötigt sehen, ist es darüber hinaus fraglich, ob der Rechtsgüterschutz, um den es dem Strafrecht ja letztlich geht, nicht auf effektivere Weise zu erreichen ist, nämlich durch außerstrafrechtliche Lösungsansätze.

Ein Zivilrecht und ein öffentliches Recht, die nicht immer gleich auf strafrechtliche Mittel zurückzugreifen wissen, werden vermutlich eine größere Phantasie entwickeln als dies in unserer heutigen Zeit der Fall ist. Drängte man hier das Strafrecht weiter zurück, wo es aufgrund des Subsidiaritätsgedanken hingehört, hätte dies positive Auswirkungen auf die Kreativität der anderen Rechtsgebiete.[817] Eine Entkriminalisierung muß im Endeffekt kein weniger an Rechtsgüterschutz bedeuten, sondern kann, aufgrund der größeren Flexibilität, sogar ein mehr an Rechtsgüterschutz zur Folge haben. Freilich sind dazu gelegentlich die konventionellen Pfade zu verlassen. Der Knüppel des Strafrechts hat jedenfalls solange im Sack zu bleiben, bis sich die anderen Mittel als unzulänglich erwiesen haben.[818] Gerade umgekehrt wird aber heute meist verfahren, das heißt, was an zivilrechtlichen Ausgleichsmechanismen fehlt, wird gerne dem „allzeit bereitstehenden Strafrecht"[819] zugeschoben.

In einem Insolvenzverfahren sollte es in erster Linie darum gehen, die Gläubiger in möglichst hohem Maße zu befriedigen. Für § 266 a Abs. 1 StGB bedeutet dies, daß der wesentliche Ansatzpunkt eine geringe Ausfallquote für die Sozialversicherungsträger ist. Ziel sollte sein, das Sozialversicherungsaufkommen zu schützen. Ineffiziente Sanktionsmaßnahmen, egal ob sich diese gegen die handelnden Organe oder die dahinterstehenden Gesellschafter richten, können kein Heilmittel sein. Auf sie kann guten Gewissens verzichtet werden. Nun führten aber weder die Insolvenzantragspflichten noch die Pflichten zur Abführung der Beiträge zur Sozialversicherung zu einer höheren Befolgungsquote, indem sie strafrechtlich sanktioniert wurden.[820] Alles Streben

[817] Lüderssen, Krise des Strafanspruchs, S. 49 f., spricht davon, daß die bloße Existenz des Strafrechts das Zivilrecht auf kleiner Flamme gehalten habe.
[818] Ganz dem Subsidiaritätsgedanken entsprechend bei Haffke, S. 175.
[819] Lüderssen, Krise des Strafanspruchs, S. 56.
[820] Für die Insolvenzantragspflichten siehe Hopt, Probleme der Insolvenzvermeidung, S. 31. Das Sozialversicherungsaufkommen wird insoweit geschützt, daß die Krankenkassen sich über

nach einer besseren Lösung muß deshalb dahin gehen, die Gläubiger so gut es geht gegen Forderungsausfälle zu schützen.[821] Im übrigen ist gerade im Bereich des Insolvenzrechts noch lange nicht über alle strafrechtliche Alternativen nachgedacht worden.[822] Wird das Insolvenzverfahren bereits zu einem frühen Zeitpunkt eröffnet, wird sich dies aller Voraussicht nach positiv auf die Kriminalitätsstatistik auswirken. Die geordneten Bahnen eines solchen Verfahrens und vor allem die starke Stellung eines Insolvenzverwalters reduzieren die Gelegenheiten zu kriminellen Aktivitäten der Beteiligten.

Werfen wir nun noch einen kurzen Blick auf das Phänomen der Vorenthaltung von Sozialversicherungsbeiträgen in der Insolvenz. Es wurde deutlich, daß hier eine Situation gegeben ist, in der der Täter häufig gar keine Handlungsalternative hat, der Straftatbestand des § 266 a Abs. 1 StGB folglich ins Leere geht.[823] Ein erhöhter Schutz des Sozialversicherungsaufkommens wäre in erster Linie durch eine Reduzierung der Insolvenzen zu erreichen. Fraglich ist allerdings, wie dies erreicht werden kann. Das Strafrecht wird bestimmt keinen Beitrag zur Insolvenzvermeidung leisten können.

II. Außerstrafrechtliche Alternativmaßnahmen

1. Die Verhängung eines Berufsverbots

Die Verhängung eines Berufsverbots gegen den Unternehmer, der Beiträge zur Sozialversicherung vorenthalten hat, wäre eine denkbare Sanktionsmaßnahme. Als Strafe ist derartiges bereits in § 70 StGB vorgesehen. Gewerberechtlich ist eine Untersagung ebenfalls gemäß § 35 GewO möglich. Sicherlich entspricht es dem Interesse aller, berufskriminelle Unternehmer aus dem Wirtschaftsleben auszuschließen. Mit Hilfe eines Berufsverbots kann sichergestellt werden, daß die Wirtschaft in Zukunft nicht mehr von unseriösen Teilnehmern unterwandert werden wird.[824]

Die Voraussetzungen für die Verhängung eines Berufsverbots sind eng gefaßt, weshalb diese Maßnahmen nur selten zur Anwendung kommen.[825] Eine solch restriktive Handhabung ist aber auch zu befürworten. Immerhin ist die Verhängung eines Berufsverbots eine äußerst einschneidende Maßnahme. Dem Betroffenen wird schließlich verwehrt, in seinem angestammten Geschäftszweig

---

§ 823 Abs. 2 BGB in Verbindung mit § 266 a Abs. 1 StGB am Geschäftsführer schadlos halten, was unbillig ist.

821 In diesem Sinne ist auch Roth, S. 174, zu verstehen.

822 Dies sieht Ransiek, S. 394, ebenso.

823 Vgl. hierzu abermals Rönnau, S. 13 m.w.N.

824 In dieser Klarheit Tiedemann, FS f. Würtenberger, S. 248, der hierin die einzig kriminalpolitisch erfolgversprechende Lösung sieht.

825 Vgl. Tiedemann, Bd. 1, S. 72 f.

tätig zu sein. Ob nun verwaltungsrechtlich oder strafrechtlich aufgebaut, derart rigides Vorgehen darf nur ultima ratio sein.

An der Effizienz eines Berufsverbots gibt es sicher wenig Zweifel. Schaltet man den Straftäter mittels eines Berufsverbots aus, kann er im Geschäftsleben eben keine Straftaten mehr begehen. Wegen der Schärfe einer solchen Sanktion, die durch eine verwaltungsrechtliche Konzeption nicht weniger gravierend wird, gibt es hiergegen Bedenken. In seiner Absolutheit lasse die Verhängung eines Berufsverbots keine ausreichende Differenzierung zu, was aber notwendig sei, um verfassungsrechtlichen Bedenken begegnen zu können.[826] Einer Ausweitung verwaltungsrechtlicher Vorschriften und Maßnahmen wird deshalb mit einiger Skepsis begegnet. Unter Umständen könne die Inkriminierung wirtschaftlicher Mißbräuche einen weniger belastenden staatlichen Eingriff darstellen als die Gängelung der Unternehmer mittels eines engmaschigen Netzes aus verwaltungsrechtlichen Vorschriften.[827]

Das Berufsverbot scheint nach all dem eine schlechte Alternative zum Straftatbestand des § 266 a Abs. 1 StGB zu sein, zumindest solange man an einer Entkriminalisierung der insolventen Unternehmer ernsthaft interessiert ist. Belegt man diese Unternehmer mit einem Berufsverbot, anstatt sie gemäß § 266 a Abs. 1 StGB abzustrafen, erreicht man jedenfalls für sie keine Besserung und gibt ihnen Steine statt Brot.

2. Die Gleichberechtigung der Sozialversicherungsträger als Gläubiger in der wirtschaftlichen Krise

Wie bereits erörtert wurde, ist ein Tilgungsvorrang der Sozialversicherungsbeiträge gegenüber anderen Verbindlichkeiten des notleidenden Unternehmers abzulehnen.[828] Auf der anderen Seite sollte nun aber nicht der Fall eintreten, daß das Gegenteil passiert, nämlich daß es zu einer Benachteiligung der Krankenkassen als Gläubiger kommt. Hierfür gäbe es genausowenig eine Rechtfertigung. Ob eine solche Gefahr allerdings überhaupt zu befürchten ist, steht keineswegs fest.

Immerhin hätten die Sozialversicherungsträger auch ohne strafrechtlichen Schutz weiterhin Vorteile gegenüber anderen Gläubigern. Die Beitreibung der offenstehenden Forderungen wird beispielsweise durch die gesetzlichen Regelungen im Sozialgesetzbuch IV erleichtert, wodurch Höhe und Fälligkeit der Beitragsforderungen festgelegt sind und damit unstreitig feststehen. Diesbezügliche Einwände des Schuldners, die sich andere Gläubiger nicht selten

---

[826] Siehe hierzu M-G-Bieneck, § 75 Rn. 54.
[827] Hierauf verweist Tiedemann, JuS 1989, S. 690.
[828] 2. Teil, III. 4.

anhören müssen, können zu erheblichen Zahlungsverzögerungen führen, sind demnach gegenüber den Sozialversicherungsträgern aber kaum denkbar.[829]

Trotzdem sollten Überlegungen angestellt werden, inwieweit die Krankenkassen die ausstehenden Sozialversicherungsbeiträge besichern könnten. Die Schäden, die durch das Vorenthalten der Beiträge entstehen, sind exorbitant. Es stellt sich mithin die Frage, welche Vorkehrungen die Sozialversicherungsträger ergreifen können, damit sie nicht schutzlos zusehen müssen, wie der Arbeitgeber immer weiter in die wirtschaftliche Krise rutscht und die Zahlung der Beiträge immer unwahrscheinlicher wird. Die anderen Gläubiger haben schließlich auch die Möglichkeit, beispielsweise Lieferungen an den strauchelnden Unternehmer nur noch gegen Vorkasse zu tätigen.

Den Sozialversicherungsträgern sind diesbezüglich jedoch stark die Hände gebunden. Das Verhältnis zwischen Arbeitgeber und Sozialversicherungsträger wird nämlich nicht durch Vertrag begründet, sondern entsteht kraft Gesetzes. Dispositionen der Einzugsstellen sind folglich de lege lata nicht möglich.[830] Im Sinne einer Gleichbehandlung wäre es also angebracht, über ähnliche Alternativen für die Sozialversicherungsträger nachzudenken.

Den Krankenkassen könnte eingeräumt werden, von den Arbeitgebern unter bestimmten Voraussetzungen die Hinterlegung eines Geldbetrages verlangen zu können, der sich bezüglich der Höhe an den Vormonaten orientieren sollte.[831] Diese Voraussetzungen müßten jedoch zwangsläufig an eine Krisensituation des jeweiligen Arbeitgebers geknüpft werden. Im übrigen käme es genau wie bei § 266 a Abs. 1 StGB zu einer frühzeitigen Bindung der noch vorhandenen Mittel, wodurch eine Insolvenz erst heraufbeschworen werden könnte.[832] Besser wäre es, eine Neugestaltung im Sinne eines ganzheitlichen Krisenmanagements vorzunehmen und die Aktivitäten nicht auf einige wenige Kriegsschauplätze zu beschränken.[833] Das wird man aber nur mittels eines effizienten Insolvenzrechts erreichen können.

---

[829] Cahn, S. 376.
[830] So auch der Hinweis von Cahn, S. 380.
[831] Ähnlich wird verfahren, wenn der Beitragsnachweis den Krankenkassen nicht rechtzeitig vorliegt, vgl. § 28 f Abs. 3, Satz 4 SGB IV.
[832] Diese Kritik übt Tag, BB 1997, S. 1117, hinsichtlich des Straftatbestands des § 266 a Abs. 1 StGB.
[833] Aufgrund der allgemeinen Interdependenz haben die einzelnen Eingriffe Auswirkungen auf den gesamten Wirtschaftsprozeß. Siehe hierzu Eucken, S. 254.

III. Rechtsgüterschutz durch effizientes Insolvenzmanagement

1. Die allgemeine Zielsetzung eines Insolvenzverfahrens

Die Anschauungen, welche Ziele mit einem Insolvenzverfahren verfolgt werden, haben sich im Laufe der Jahrzehnte stark gewandelt. Der vorläufige Höhepunkt dieses Änderungsprozesses wurde wohl mit Einführung der neuen Insolvenzordnung, die am 01. Januar 1999 in Kraft getreten ist, erreicht. Ob dieses Werk allerdings die hohen Erwartungen erfüllen kann, die daran gestellt werden, ist fraglich. Inwieweit dadurch masselose Insolvenzen verhindert werden können, bleibt noch immer abzuwarten.

Wenden wir uns zunächst dem Ausgangsproblem eines Insolvenzverfahrens zu. Das Insolvenzrecht ist nämlich auf eine Sondersituation zugeschnitten. Normalfall, von dem unsere Rechtsordnung ausgeht, ist die Zahlungsfähigkeit des Schuldners. Nun ist dies aber keineswegs immer so, vielmehr kann es vorkommen, daß der Schuldner nicht mehr in der Lage ist, alle seine Gläubiger zu befriedigen. Für diese Konstellation ist das Insolvenzrecht geschaffen worden.[834] Aufgabe des Insolvenzrechts ist die Schadensbegrenzung durch Verhaltensteuerung und kollektive Verwertung sowie die Verminderung der auftretenden Verteilungsrisiken.[835] Der Verlust volkswirtschaftlichen Kapitals durch Insolvenzen ist seit eh und je beachtlich. Diesem Phänomen mit Hilfe gesetzlicher Regelungswerke entgegenzuwirken, wird seit längerem gefordert.[836] Es darf bei diesem hehren Ziel jedoch nicht vergessen werden, daß Insolvenzrisiken nun einmal typische Gefahren sind, die eine gewerbliche Betätigung mit sich bringt.[837] Vor diesem Hintergrund wird aber deutlich, daß nur in Extremfällen dem Unternehmer seine Tätigkeit zum Schutz der Gläubiger untersagt wird.

Das Insolvenzrecht umfaßt nun alle Rechtsvorschriften, die sowohl das Insolvenzverfahren selbst als auch die Insolvenzabwehr durch freie Sanierung und die Abwicklung insolventer und masseloser Gesellschaften betreffen.[838] Die Insolvenz bedeutet Haftungsverwirklichung unter Knappheitsbedingungen, wie griffig formuliert wird.[839] Ziel des Insolvenzverfahrens ist es, die Gläubiger aus der vorhandenen Masse weitgehend einheitlich zu befriedigen. Es soll nicht so sein, daß einige wenige Gläubiger 100 % erhalten, während andere leer ausgehen. Dies würde eine nicht zu rechtfertigende Bevorzugung darstellen. Sollten dem zuwider dennoch Zahlungen vorgenommen werden, kommt es zwangsläufig zu einer Reduzierung der Quote für die verbleibenden

---

[834] Vgl. Eidenmüller, S. 17.
[835] Vgl. hierzu Drukarczyk/Schüler, Rn. 1.
[836] So etwa Doehring, KTS 1986, S. 622.
[837] K. Schmidt, DB 1982, S. 1045.
[838] Siehe die Ausführungen von Groß, S. 6.
[839] So hat es Eidenmüller, S. 18, auf den Punkt gebracht.

Gläubiger.[840] Diejenigen Gläubiger, die ihre Forderungen mittels Sicherungseigentum oder Eigentumsvorbehalt abgesichert haben, werden hierbei keinen oder zumindest nur einen verhältnismäßig geringen Schaden erleiden. Insoweit wird der Grundsatz von der einheitlichen Gläubigerbefriedigung ohnehin nur bedingt verwirklicht.[841] An diesem Umstand der sogenannten Masseauszehrung wird die neue Insolvenzordnung kaum etwas ändern können.[842] Auf der anderen Seite bleibt es jedem Gläubiger selbst überlassen, inwieweit er seine Forderungen abgesichert haben möchte oder nicht. Eine freie Wirtschaftsordnung hat sich hier zurückzuhalten. Wirtschaftliches Handeln ist aus der Natur der Sache mit Gefahren verbunden, die sich unter Umständen eben auch einmal verwirklichen können.

Erstrangiges Ziel einer jeden Insolvenzordnung ist und bleibt die optimale Befriedigung der Gläubiger, mithin auch der Sozialversicherungsträger. Wie dies allerdings am besten erreicht werden kann, ist eine Entscheidung des jeweiligen Einzelfalls. Die neue Insolvenzordnung stellt hierzu zwei Alternativen zur Verfügung, zum einen die Liquidation, das heißt die Verwertung des Schuldnervermögens gemäß § 1, Satz 1, 1. Alt. InsO, zum anderen eröffnet sie mit § 1, Satz 1, 2. Alt. InsO eine größere Flexibilität, in dem davon abweichend ein Insolvenzplan erstellt werden kann. Dieser ist in erster Linie als Sanierungsmittel für bankrotte Unternehmen gedacht.[843] Mit Einführung des neuen Insolvenzrechts wurde eine stärkere Akzentuierung auf die Möglichkeit der Sanierung gelegt. § 1 InsO weist auf diese Alternative ausdrücklich hin.[844] Die Zerschlagung der Vermögenswerte ist nicht mehr notwendige Folge. Der Gesetzgeber läßt es offen, welche Abwicklungsform gewählt werden soll. Liquidierung und Sanierung stehen nunmehr nebeneinander.[845] Der früher vorhandene Gegensatz „Fortführung des Unternehmens oder Insolvenz = Zerschlagung" existiert in dieser Schärfe heute nicht mehr.[846] Die Liquidation, das heißt die Zerschlagung, soll nur noch vorgenommen werden, wenn dies unausweichlich geworden ist.[847]

---

[840] Der Insolvenzverwalter hat dann aber die Möglichkeit, im Wege der Drittschadensliquidation diese sogenannte Differenzquote von dem geschäftsführenden Organ herauszuverlangen. Siehe K. Schmidt, JZ 1978, S. 662; Baumbach/Hueck-Schulze-Osterloh, § 64 Rn. 13; Liebs, S. 369.

[841] Siehe die grundlegende Kritik von Tiedemann, Bd. 2, S. 75.

[842] So der Hinweis von Jauernig, S. 177.

[843] Siehe hierzu Jauernig, S. 275.

[844] Festzuhalten bleibt aber, daß auch die neue Insolvenzordnung in der Sanierung eben nur eine Variante sieht. Vgl. hierzu Moosmayer, S. 24; Uhlenbruck, GmbHR 1995, S. 83; Bork, Rn. 4.

[845] Vgl. Moosmayer, S. 23.

[846] Darauf deutet Bittmann, wistra 1998, S. 321, hin.

[847] Dies unterstreicht Häsemeyer, S. 68.

Die bisherigen durchschnittlichen Konkursausfallquoten von circa 95 % ließen wenig Hoffnung in den Ausgang eines Konkursverfahrens setzen.[848] Die angestrebte gleichmäßige Befriedigung der Gläubiger verkam auf diese Weise zur Farce. Das alte Konkursrecht konnte seine ursprünglichen Ziele nicht erreichen.[849] Es wurde in diesem Zusammenhang vom Konkurs des Konkurses gesprochen.[850] Es könne nicht allein Aufgabe eines Konkursverfahrens sein, Arbeitnehmern aus öffentlichen Kassen ihren Lohn zukommen zu lassen und die gesicherten Gläubiger vor einer Beeinträchtigung ihrer Sicherheiten zu schützen.[851] Viel besser war es allerdings wohl tatsächlich nicht um das Insolvenzrecht bestellt.

Ursprünglich betrachtete man das Konkursverfahren als Instrument, unrentable Betriebe auszumerzen. Für die Lebensfähigkeit der modernen Marktwirtschaft wurde es als notwendig angesehen, unproduktive Unternehmen aus dem Wirtschaftsleben auszuschließen.[852] In diesem Zusammenhang auftretende Gläubigerverluste galten als Versicherungsprämie der Allgemeinheit für die „Sauberkeit" und Funktionsfähigkeit der Wettbewerbswirtschaft. Das Konkursverfahren wurde als ultima ratio des Wirtschaftslebens betrachtet.[853] Darüber hinaus wurde dem Konkurs eine abschreckende Wirkung zugesprochen. Die Teilnehmer des Wirtschaftslebens sollten dadurch angehalten werden, sich den dauernden Anpassungsprozessen in der Wirtschaft nicht zu verweigern.[854] Man versprach sich davon eine dynamisierende Wirkung, die letztlich der Effizienz der gesamten Wirtschaftsordnung zugute kommen sollte. Freilich existierte dieses System niemals in unverfälschter Reinheit.[855] Von Anfang an wurden vielfältige Eingriffe vorgenommen, insbesondere in Form von staatlichen Subventionen, die als Tribut an übergeordnete Interessen, wie etwa den Erhalt von Arbeitsplätzen, gezahlt wurden. Die Ordnung wurde dadurch immer mehr verwässert, ein Prozeß der sich bis in die heutigen Tage fortgesetzt hat.[856]

Trotzalledem wird die Insolvenz noch heute als makroökonomisch sinnvoller Ausleseprozeß verstanden. Die gebundenen Produktionsfaktoren werden freigesetzt, wodurch sie einer sinnvolleren Verwendung zugeführt werden können.[857] Nur solvente Unternehmer gelten als legitime Teilnehmer am

---

848 Wegner, S. 290; ebenso Drukarczyk/Schüler, Rn. 31.
849 Moosmayer, S. 9.
850 In dieser Schärfe Kilger, S. 142.
851 So die Kritik von Häsemeyer, 1. Auflage, S. 73.
852 Siehe hierzu die Ausführungen von Stürner, S. 762.
853 In dieser Klarheit Harneit, S. 51.
854 Der ständige Konkurrenzkampf ist Teil der modernen Wirtschaftspolitik nach Eucken, S. 237.
855 Vgl. Gerhardt, S. 184.
856 Man denke etwa an die drohende Insolvenz der Philipp Holzmann AG und die Aktivitäten der Bundesregierung. Siehe Frankfurter Allgemeine Zeitung v. 01.12.1999, Nr. 280, S. 17.
857 In diesem Sinne auch Moosmayer, S. 8. Ebenso Uhlenbruck, GmbHR 1995, S. 83.

Rechtsverkehr.[858] Mit der neuen Insolvenzordnung hat man nun aber versucht, den Erfordernissen einer modernen Rechts- und Wirtschaftsordnung etwas mehr gerecht zu werden.[859] Zwar geht es noch immer um die bestmögliche Befriedigung aller vermögensrechtlichen Gläubiger eines Schuldners, erstmals fand aber auch das Schuldnerinteresse explizit Niederschlag.[860] Man erkannte ganz offensichtlich die volkswirtschaftliche Sinnhaftigkeit der Sanierung erhaltenswerter Unternehmen.[861] Im übrigen wurde man sich bewußt, daß viele Unternehmen die wirtschaftliche Krise keineswegs provozieren, um sie dann für ihre kriminellen Machenschaften auszunutzen, sondern vielmehr in dieselbe aufgrund unglücklicher Umstände hineingeraten.[862] An diesem Punkt sollte man nun ansetzen und dem strauchelnden Unternehmer hilfreich die Hand geben, anstatt ihm zusätzlich mit der strafrechtlichen Keule einen deftigen Schlag zu verpassen. Das Insolvenzverfahren wäre durchaus der Rahmen, in dem eine Hilfestellung gegeben werden könnte.

Heute geht es verstärkt darum, die Sanierungsfähigkeit und die Reorganisationsmöglichkeiten im Rahmen eines Insolvenzverfahrens auszutesten.[863] Im Laufe der Jahre hat sich die Überzeugung durchgesetzt, daß es sowohl den marktteilnehmenden Unternehmern als auch den Gläubigern selbst dient, marktfähige Unternehmen marktfähig zu halten.[864] Auf die Befriedigungsquote der Gläubiger wird dies jedenfalls positive Auswirkungen haben. Eine geschlachtete Kuh kann eben nicht mehr gemolken werden. Dennoch sollte man die Sanierung nicht zu sehr auf Kosten der Gläubigerrechte gestalten. Ziel eines Insolvenzmanagements ist es, darüber dürfte kein Streit entstehen, nach dem bestmöglichen Modus zu suchen, der die zur Verfügung stehende Haftungsmasse maximiert. Dieser kann durchaus in der Fortführung des Unternehmens gefunden werden, wenn zum Beispiel die zu erwartenden Erträge größer sind als die Liquidationswerte der Aktiva.[865] Die Liquidation muß keineswegs immer für den Gläubiger die beste aller Optionen bei der Bewältigung eines Insolvenzverfahrens sein. Letztenendes ist es doch wohl so, daß eine gerechte und weitgehende Befriedigung der Gläubiger vor allem durch ein konstruktives Zusammenwirken aller Beteiligten ermöglicht wird.[866] Es zeichnete sich eine Tendenz ab, im Rahmen eines Konkursverfahrens der

---

[858] So K. Schmidt, ZGR 1986, S. 189, im Rahmen der vorbereitenden Diskussionen zu dem neuen Insolvenzrecht.
[859] Hierauf weist Uhlenbruck hin, KTS 1994, S. 169.
[860] Jauernig, S. 174.
[861] In diesem Sinne auch Uhlenbruck, GmbHR 1995, S. 83.
[862] Riesenfeld, S. 85, sieht in der Schaffung eines vernünftigen Sanierungskonzeptes eines der wichtigsten Aspekte des Insolvenzrechts.
[863] Darauf verweist der Staatsanwalt Folker Bittmann, wistra 1998, S. 321.
[864] Bittmann, wistra 1999, S. 10.
[865] Eidenmüller, S. 26.
[866] In diesem Sinne Gerhardt, S. 182.

Unternehmenserhaltung den Vorrang einzuräumen. Dies geschah vor allem deshalb, weil man sich durchaus der Ineffizienz der Konkursverfahren mit ihren niedrigen Deckungsquoten bewußt war.[867] Einen Betrieb, wenn möglich, am Leben zu erhalten, ist allein schon häufig aus jenem Grund ökonomisch sinnvoll, weil das Ganze grundsätzlich mehr ist als die Summe der Teile. Außerdem entstehen zusätzliche Kosten durch Ansprüche der zu entlassenden Arbeitnehmer, die sich aus Sozialplänen ableiten.[868] Dieser Gedanke fand seinen gesetzlichen Niederschlag erstmals 1927 in der Einführung der Vergleichsordnung, die sich die Aufrechterhaltung des Schuldnerbetriebs auf die Fahnen schrieb, wenngleich diese nur wenig Akzeptanz in der Kaufmannsschaft gefunden hat.[869]

Die Chancen, durch eine Sanierung eine höhere Befriedigungsquote für die Gläubiger zu erreichen, hängen ganz wesentlich davon ab, daß es frühzeitig zur Eröffnung des Insolvenzverfahrens kommt. Die Heilungsmöglichkeiten durch einen Arzt erhöhen sich ja ebenfalls, wenn er bereits im Anfangsstadium einer Krankheit konsultiert wird. Diese zeitliche Vorverlagerung war eines der Reformziele der neuen Insolvenzordnung.[870] Die Schuldner stellen den Eröffnungsantrag häufig nämlich viel zu spät.[871] Dem Gläubiger wird es hingegen in der Regel schwer fallen, das Insolvenzverfahren frühzeitig in Gang zu setzen. Er hat nämlich gegenüber dem Schuldner ein nicht unerhebliches Informationsdefizit. Informationen sind nun aber notwendig, um die wirtschaftliche Situation eines Unternehmens abschätzen zu können.[872] Um eine solche zeitliche Vorverlagerung zu bewerkstelligen, ist es notwendig für den Schuldner, diesbezüglich Anreize bereitzustellen.

Aus diesem Grunde ist in der neuen Insolvenzordnung keine Eingrenzung der strategischen Optionen mehr vorgesehen. Sofern sich die Beteiligten einigen, stellt die Insolvenzordnung jedenfalls keine Hindernisse in den Weg. Ein Verfahren, in das alle Parteien mit einbezogen werden, wird immer das effizientere und damit erfolgreichere sein.[873] Selbst eine Eigenverwaltung durch den Schuldner ist unter gewissen Voraussetzungen möglich.[874] Ist der Schuldner eine natürliche Person, bietet die Insolvenzordnung sogar in §§ 286 ff InsO die Option der Restschuldbefreiung, die auch gegen den Willen der Gläubiger durchsetzbar ist.[875] Für den Schuldner besteht demzufolge berechtigte Hoff-

---

[867] Diesen Schluß zieht Harneit, S. 50.
[868] Dies sollte nach Groß, S. 15, nicht vergessen werden.
[869] Vgl. die Ausführungen bei Doehring, KTS 1991, S. 56.
[870] Häsemeyer, S. 66.
[871] Diesen Hinweis gibt Warrikoff, S. 494.
[872] Hierzu die Ausführungen bei Hommel, S. 301.
[873] Ähnlich auch Cahn, S. 378.
[874] Vgl. hierzu Drukarczyk/Schüler, Rn. 46.
[875] Häsemeyer, S. 47.

nung, mit Eröffnung des Insolvenzverfahrens sich dem Licht am Ende des Tunnels mit großen Schritten zu nähern. Dies setzt allerdings gemäß § 286 InsO voraus, daß es sich bei dem Schuldner um eine natürliche Person handelt. Für juristische Personen ist entweder die Liquidation oder die Sanierung vorgesehen.[876] Im Rahmen einer Sanierung wird es jedoch ohnehin nicht selten zu einem teilweisen Schuldenerlaß kommen, was letztendlich auf nichts anderes als eine Restschuldbefreiung hinausläuft.

Teilweise wird bestritten, daß mittels einer frühzeitigen Insolvenzeröffnung höhere Befriedigungsquoten der Gläubiger erreicht werden könnten. Dies habe mit dem sogenannten Schereneffekt zutun. Danach würde im Falle der Überschuldung auf der einen Seite die Schuldenmasse weiter ansteigen und auf der anderen Seite die realisierbaren Werte des Aktivvermögens noch unter die Bilanzansätze fallen. Dies sei selbst.mit einer extrem schnellen Einleitung eines Insolvenzverfahrens nicht zu verhindern.[877] Diese These ist aber nur haltbar, wenn man die Liquidation des Unternehmens als Endergebnis des Insolvenzverfahrens ansieht. Dem sollte nach der neuen Insolvenzordnung aber nicht mehr so sein, kommt es tatsächlich zu einer Förderung der Sanierung.[878]

Gegen eine verstärkte Akzentuierung des Sanierungsgedankens innerhalb des Insolvenzverfahrens wird ins Feld geführt, damit gewähre man planwirtschaftlichen Grundsätzen den Einzug in unsere Wirtschaftsordnung. Eine solche Insolvenzordnung habe den Charakter einer Notstandsverfassung der Privatwirtschaft.[879] Sicherlich sind stets die verfassungsmäßigen Grundsätze beim Einsatz staatlicher Mittel im Auge zu behalten. Nichts anderes gilt für den Fall einer staatlichen Förderung von Sanierungen insolventer Unternehmen.[880] Inwieweit allerdings die Sanierungsförderung tatsächlich einen staatlichen Eingriff darstellt, ist äußerst fraglich.

Sicherlich wird es für den Schuldner einen Einschnitt bedeuten, wenn ihm gemäß § 80 Abs. 1 InsO das Verwaltungs- und Verfügungsrecht abgesprochen wird.[881] Die Eröffnung des Insolvenzverfahrens erfordere deshalb eine ökonomische Legitimation. Dies wird im übrigen daraus abgeleitet, daß der verbleibende Wert eines insolventen Unternehmens durch das Verfahren selbst bedroht sei, in dem direkte und indirekte Kosten entstehen. Das Insolvenz-

---

[876] Vgl. Bork, Rn. 387.
[877] So die Kritik von Roth, S. 171.
[878] Dem war allerdings noch 1993 so, als Roth seine Kritik veröffentlichte.
[879] So der Einwand von Balz, Rn. 4.
[880] Insofern ist Stürner, S. 764 f., zuzustimmen.
[881] Häsemeyer , S. 1, spricht davon, daß ein Eingriff in die Privatautonomie, wie ihn das Insolvenzverfahren darstellt, der besonderen Rechtfertigung bedarf. Ist dies auch grundsätzlich richtig, so schwächt sich dieser Rechtfertigungsdruck ab, je mehr in dem Insolvenzverfahren eine Hilfestellung für den Schuldner gesehen wird.

verfahren könne deshalb nur eröffnet werden, wenn die Gläubigeransprüche ernsthaft gefährdet seien.[882] Hiergegen ist aber einzuwenden, daß der einschneidende Charakter insoweit abgeschwächt werden kann, in dem eine Schuldnereigenverwaltung angeordnet wird und das Verfügungsrecht dem Schuldner erhalten bleibt, was gemäß §§ 270 ff. InsO möglich ist. Was die Kosten des Verfahrens angeht, so erhält der Schuldner etwas dafür im Gegenzug, nämlich die Beratung eines kompetenten Insolvenzverwalters, mit dem er gemeinsam den Weg aus der Krise gehen kann.

Andere Stimmen mahnen hingegen, das Insolvenzverfahren dürfe es dem Schuldner nicht zu leicht machen. Ansonsten mutiere es zum Instrument unternehmerischen Krisenmanagements,[883] was nicht ihre Aufgabe sein könne. Argumente, warum dem nicht so sein soll, werden hierzu jedoch nicht angeführt. Ist es nicht gerade Aufgabe einer guten Insolvenzordnung, ein Instrumentarium für ein Krisenmanagement zur Verfügung zu stellen und wurde nicht insbesondere dem alten Insolvenzrecht ein Versagen vorgeworfen, das sich vor allen Dingen in den niedrigen Befriedigungsquoten niedergeschlagen hat? Niedrige Befriedigungsquoten führen zwangsläufig ebenfalls zu einer hohen Ausfallquote der Sozialversicherungsträger. Umgekehrt führt eine effiziente Insolvenzgestaltung zu hohen Befriedigungsquoten und damit zu einer wesentlichen Verbesserung des Rechtsgüterschutzes.

Will man hier ernsthaft Verbesserung erreichen, sollte man den Mut besitzen, die konventionellen Wege zu verlassen und dem Insolvenzrecht einen neuen Zuschnitt verpassen. Jedenfalls ist nicht ersichtlich, was gegen ein Insolvenzrecht als Krisenmanagement einzuwenden wäre, wenn dadurch höhere Befriedigungsquoten erlangt und masselose Insolvenzen weiter reduziert werden würden. Ziel ist es stets, den Marktkräften so weit wie möglich freie Hand zu lassen. Eine Sanierung, die letztlich den Gläubigern zu höheren Befriedigungsquoten verhilft, wird jedoch kaum staatlicherseits aufoktroyiert werden müssen. Im Idealfall sollte am Ende eines Insolvenzverfahrens eben nicht mehr die Auflösung der betroffenen Gesellschaft, sondern ein umstrukturiertes Unternehmen stehen, das wieder wettbewerbsfähig ist und das seine Gläubiger befriedigen kann.

Eine „intelligente" Insolvenzordnung, die gegenüber dem status quo greifbare Verbesserungen aufweisen kann, muß dem in die Krise geratenen Schuldner Hilfestellungen anbieten. Sie muß aber dennoch eine Einbindung in unsere liberal geprägte Wirtschaftsordnung erfahren. Dieser Spagat erfordert eine Be-

---

[882] So die Auffassung von Hommel, S. 299; ebenso Drukarczyk/Schüler, Rn. 10.
[883] Diese Auffassung vertritt Uhlenbruck, GmbHR 1995, S. 84.

schränkung des Gesetzgebers, indem er lediglich die Rahmenbedingungen vorgibt und soweit möglich auf die Entfaltung der Marktkräfte vertraut. Das Resultat darf natürlich nicht sein, dem Chaos nun das Feld zu überlassen. So sind etwa die jeweiligen Pflichten des Schuldners in der Krise zu präzisieren.[884] Wie eine solche Präzisierung auszusehen hat, bedarf einer genaueren Betrachtung, was im folgenden geschehen soll. Eines sei an dieser Stelle vorweggenommen: nur mittels Förderung des Eigeninteresses des Schuldners an einem Insolvenzverfahren werden sich spürbare Verbesserungen erzielen lassen.

Mit Einführung der neuen Insolvenzordnung hat man hierbei den richtigen Weg eingeschlagen. Daß eine Einbeziehung gesamtwirtschaftlicher Interessen in das Insolvenzverfahren, wie es etwa in Frankreich geschehen ist, in Deutschland nicht vorgenommen wurde,[885] mag mancher beklagenswert empfinden. Dagegen spricht aber, daß damit einer staatlichen Lenkung Einzug gewährt worden wäre, die in Deutschland nicht populär ist. Die Reform sollte gerade eine Deregulierung bewirken, das heißt die Bewältigung der Krise sollte nicht mehr als wirtschaftspolitische Aufgabe aufgefaßt, sondern dem Markt selbst anvertraut werden.[886] Zweck ist es, ein rechtlich flexibles System zur Verfügung zu stellen, mit dessen Hilfe ein ergebnisoffener Suchprozeß durchgeführt wird, an dessen Ende die wirtschaftlich beste Verwertungsart herausgefiltert wurde.[887] Eine staatlich gelenkte Sanierungspolitik wollte man jedenfalls nicht mit der Insolvenzordnung einführen.[888] Der Gestaltungsfreiraum der neuen Insolvenzordnung erlaubt es, die Abwicklung innerhalb des Insolvenzverfahrens autonom und damit höchst individuell auf den jeweiligen Einzelfall zugeschnitten gestalten zu können. Die Insolvenzordnung hat somit die Aufgabe übernommen, als koordinierendes Instrument zu wirken.[889]

Jedenfalls ist mit Vehemenz einer Kriminalisierung des Schuldners entgegenzuwirken. Dieser ist durch die wirtschaftliche Krise sowieso gestraft genug. Die Kriminalisierung in diesem Bereich ist, wie so häufig, wenig effizient und häufig sogar kontraproduktiv.

2. Die Effizienz einer Insolvenzprophylaxe

Ganz gleich wie nun ein Insolvenzverfahren ausgestaltet wird, der Idealfall ist sicherlich der, daß es erst gar nicht zum Insolvenzfall kommt. Bleibt das Unternehmen solvent, wird es nur noch selten und vereinzelt zur Vorenthaltung der

[884] Ähnlich auch die Ausführungen von Ransiek, S. 396.
[885] Siehe die Darstellung bei Moosmayer, S. 93.
[886] BT-Drucks. 12/2443, S. 78.
[887] Balz, Rn. 7.
[888] Vielmehr seien Zwangseingriffe in die private Güterordnung als Hilfen zur Durchführung von Sanierungen zurückzuweisen; so BT-Drucks. 12/2443, S. 78.
[889] BT-Drucks. 12/2443, S. 77.

Sozialversicherungsbeiträge kommen. Wie überall, so gilt auch hier: „Vorbeugen ist wichtiger als Heilen. Insolvenzprophylaxe ist wichtiger als Sanierung und Reorganisation."[890] Ganz wird man Insolvenzen nicht vermeiden können, sind sie doch die latente Gefahr, die dem freien Wirtschaften innewohnt.[891] Eine effiziente Insolvenzprophylaxe mag jedoch erheblich zu einer Verminderung der Häufigkeit beitragen. Fraglich ist allerdings, was man sich unter Insolvenzprophylaxe vorzustellen hat. Darunter ist jedenfalls kein abgrenzbares Rechtsgebiet zu verstehen. Vielmehr handelt es sich um eine Materie, bei der Anfang und Ende des Regelungsbereichs nur vage zu bestimmen sind.[892]

Eine verstärkte Überwachung der Wirtschaft könnte dazu beitragen, Insolvenzen vermeiden zu helfen. Eine staatliche Wirtschaftsaufsicht hat gegenüber Kontrollen seitens des Wirtschaftsprivatrechts den Vorteil, daß sie schneller und effizienter eingreifen kann, wenn es um konkretisierende Entscheidungen zur Gefahrenabwehr geht.[893] In der Banken- und Versicherungsaufsicht wurde die Insolvenzprophylaxe zu einem eigenen aufsichtsrechtlichen Ziel ausgeformt und im Kreditwesengesetz als auch im Versicherungsaufsichtsgesetz gesetzlich festgelegt. Die entsprechenden Aufsichtsbehörden sind mit vielfältigen Aufsichts- und Korrekturkompetenzen ausgestattet. Sie können zum Beispiel die Erlaubnis versagen oder die weitergehende Tätigkeit untersagen.[894] Insbesondere ist es aber der gesetzlich gesicherte Informationsfluß zwischen Aufsichtsbehörde und Bank bzw. Versicherung, der für eine höhere Effizienz einer Insolvenzprophylaxe sorgt, an die die gewöhnliche Gewerbeaufsicht mit ihren Mitteln nicht heranreichen kann.[895]

In der allgemeinen Gewerbeaufsicht ist Hauptanknüpfungspunkt für einschreitende Maßnahmen der Aufsichtsbehörde der in § 35 GewO normierte Begriff der gewerberechtlichen Zuverlässigkeit. Ein Kriterium, das zu der Annahme der Unzuverlässigkeit führen kann, ist die mangelnde wirtschaftliche Leistungsfähigkeit des Gewerbetreibenden. So erwartet man von einem Gewerbetreibenden, daß er seinen Gewerbebetrieb, unabhängig von den Ursachen, aufgibt, wenn er sich anhaltend als wirtschaftlich leistungsunfähig erweist.[896] Tut er dies nicht, so gilt er als unzuverlässig und die Voraussetzungen für eine

---

[890] Hopt, Probleme der Insolvenzvermeidung, S. 28.
[891] Siehe etwa Eucken, S. 355 ff.
[892] Auf dieses Begrenzungsproblem deutet Hopt, Probleme der Insolvenzvermeidung, S. 28, hin.
[893] K. Schmidt, DB 1982, S. 1047. Zustimmend, obwohl ansonsten eher kritisch Münchener Kommentar-Mertens, § 823 Rn. 180.
[894] Vgl. §§ 46 ff. KWG, §§ 81 ff. VAG.
[895] Vgl. hierzu die Ausführungen bei K. Schmidt, DB 1982, S: 1046 m.w.N.
[896] BVerwGE 65, 1, 4.

Gewerbeuntersagung nach § 35 GewO sind gegeben.[897] Ein Mindestmaß an wirtschaftlicher Leistungsfähigkeit rechnet man demnach zu den gewerberechtlichen Minimalanforderungen, die für alle Gewerbezweige gelten. Eine Gewerbeuntersagung kann aufgrund seiner einschneidenden Wirkung aber nur als ultima ratio eingesetzt werden und ist hinsichtlich einer Insolvenzprophylaxe wenig hilfreich.

Einen Überwachungsstaat will keiner haben. Die ökonomischen Freiheiten, die den Kreislauf für das Blut unserer Wirtschaftsordnung bilden, können sich unter solchen Bedingungen nur unzureichend entwickeln. Im übrigen stellt sich die Frage, ob die Betroffenen von einem stark entwickelten Überwachungsinstrumentarium nicht mindestens genauso belastet werden würden wie von strafrechtlichen Maßnahmen. Ist die Wirtschaftsaufsicht hingegen nicht nur überwachend, sondern auch beratend tätig, wie dies in einigen Bereichen schon der Fall ist,[898] wird damit der ihr anhaftende Dirigismus abgeschwächt. Wird die Akzentuierung primär auf die Beratung und nur sekundär auf die Überwachung gelegt, könnte eine derartige Wirtschaftsaufsicht tatsächlich das Strafrecht ein gehöriges Stück zurückdrängen. Ein Ausbau dieser Beratungstätigkeit könnte bei entsprechender Ausgestaltung dazu beitragen, der Insolvenzanfälligkeit entgegenzuwirken,[899] was das Strafrecht nicht zu leisten vermag.

Die Gründe für eine Insolvenz liegen nicht selten in den fehlenden Kenntnissen der Existenzgründer. Die Hilfsmaßnahmen müssen hier deutlich vor Eröffnung eines Insolvenzverfahrens angesiedelt werden, da bereits die Wurzeln, aus denen sich die wirtschaftliche Tätigkeit nährt, ein gesundes Wachstum nicht erhoffen lassen. Aufgerufen sind die Handelskammern und andere berufsständische Institutionen, im Wege der Intensivierung ihrer Beratungsleistung präventive Insolvenzvermeidungsarbeit zu erbringen.[900] Dem Gesetzgeber verbleibt lediglich die Aufgabe, entsprechende Rahmenbedingungen zu schaffen und mit Fördergeldern unterstützend zu wirken.

Interessant sind in diesem Zusammenhang die Aktivitäten, die in Frankreich zu beobachten sind. Dort wurden sogenannte Frühwarnzentren eingerichtet. Unternehmen haben die Möglichkeit, sich an diese Zentren zu wenden und sie laufend mit ihren wirtschaftlichen Daten zu versorgen. Im Gegenzug erhalten diese Unternehmen dann rechtzeitig Warnhinweise auf eventuelle Krisensymptome. Klaus J. Hopt kritisiert hieran, daß es sich lediglich um freiwillige

---

[897] Vgl. Tettinger/Wank, § 35 Rn. 61.
[898] Vgl. etwa §§ 71 a ff. VwVfG, § 38 KrW-/AbfG, § 2 Abs. 2 9. BImSchV.
[899] Ebenso die Auffassung von Stober, S. 291.
[900] Diese interessante Alternative stammt von O. H. Jacobs, S. 162.

Informationen handele und deshalb von diesen Frühwarnzentren lediglich Beratungsfunktionen übernommen werden würden.[901] Was hieran aber schlecht sein soll, leuchtet nicht ein. Die meisten Unternehmer wären vielleicht dankbar für eine Beratungsstelle, an die man sich vertrauensvoll wenden könnte. Letztenendes ist jedoch zuzugeben, daß die Einrichtung solcher Beratungsstellen wohl tatsächlich überflüssig ist. Die prophylaktische Wirkung, die von ihnen zu erwarten wäre, ist auf andere Art und Weise mindestens genauso zu erreichen, nämlich indem die Attraktivität des Insolvenzverfahrens für den Schuldner erhöht wird.[902]

Insolvenzprophylaxe könnte aber auch auf andere Weise gefördert werden, etwa indem bestimmte Unternehmensverhaltenspflichten etabliert werden, die dann mit geeigneten Durchsetzungsstrategien versehen die Unternehmensleitung zu insolvenzvermeidendem Verhalten motivieren könnte.[903] Aufgebaut werden kann ein derartiges System nur, wenn die Verwaltung des Unternehmens über funktionierende Informationskanäle verfügt, die die wirtschaftliche Lage des Unternehmens authentisch widerspiegeln. Erst mit Hilfe fundierter Informationen kann von der Unternehmensführung erwartet werden, etwaigen Insolvenzrisiken entgegenzusteuern. Für die Geschäftsführung der GmbH leitet man diese Informationspflicht aus § 43 Abs. 1 GmbHG ab. Danach ist der Geschäftsleiter verpflichtet, sich über alle unternehmenspolitisch relevanten wirtschaftlichen Aspekte auf dem Laufenden zu halten. Hierzu zählen insbesondere Zahlen zur Rentabilität, Liquidität und Umsatz, die aus einer geordneten Rechnungslegung zu gewinnen sind.[904] Die Verwendbarkeit der Informationen zu einer effizienten Insolvenzvermeidung hängt ganz wesentlich von der Qualität der Daten ab. Zwangsläufig werden allerdings kleinere Unternehmen in der Regel nicht den gleichen Qualitätsstandard erreichen können wie größere, obwohl gerade die Kleineren besonders insolvenzanfällig sind. Hier also Fortschritte im Sinne einer Insolvenzvermeidung zu erreichen, wird nur möglich sein, wenn sie mit einer Professionalisierung der Rechnungslegung einhergeht. Eine solche Forderung dürfte allerdings utopisch sein.[905]

---

[901] Vgl. hierzu insgesamt Hopt, Probleme der Insolvenzvermeidung, S. 37 f.
[902] Hierzu unten unter III. 5.
[903] Auf diese Alternative verweist Hopt, Probleme der Insolvenzvermeidung, S. 29.
[904] Siehe hierzu Kübler, S. 259. Vgl. die Beispiele bei Hachenburg-Mertens, § 43 Rn. 24.
[905] Hopt, Probleme der Insolvenzvermeidung, S. 30, meint, der Umfang eines Selbstinformationssystems müsse von der Größe des Unternehmens abhängig gemacht werden. Von einem Einzelkaufmann könne nicht der gleiche Grad an Professionalität verlangt werden wie von einer Aktiengesellschaft. Dann werden Selbstinformationssysteme aber auch nur bei größeren Unternehmen im Sinne einer Insolvenzprophylaxe wirken können. Diese sind erfahrungsgemäß jedoch nicht so anfällig wie beispielsweise kleinere GmbHs.

Es darf nicht vergessen werden, daß die Erfüllung von solchen Dokumentations- und Informationspflichten Kosten verursacht, die mitunter nicht unerheblich sein werden. Diesen Belastungen müssen Grenzen gesetzt werden, die spätestens dort beginnen, wo eine vernünftige Kosten-Nutzen-Relation nicht mehr gegeben ist.[906] Eine solche zusätzliche Kostenverursachung wird natürlich ad absurdum geführt, wenn es um die Vermeidung von Insolvenzen geht. Insbesondere die insolvenzgefährdeten kleineren GmbHs hätten unter der Kostenlast unverhältnismäßig zu leiden, die aufgrund aufwendiger Rechnungslegungsvorschriften entstehen würden. Dem Kleinunternehmer fehlt nämlich auf der einen Seite das Know how, seine Buchhaltung entsprechend auf Vordermann zu bringen und auf der anderen das Geld, sich dieses Wissen von außen einzukaufen.

Die beste Methode, eine Insolvenz zu vermeiden, ist es, über ausreichend Geld zu verfügen. Am besten gewappnet ist dasjenige Unternehmen, das am reichsten ist.[907] Diesbezüglich Vorschriften festzuschreiben, hat aber die Folge, daß der Zutritt zu den Märkten für den einzelnen erschwert wird. Hierdurch kommt es zu wettbewerbsbeschränkenden Auswirkungen. Wettbewerb ist für unsere Wirtschaftsordnung aber unbedingt notwendig[908] und sollte so wenig wie möglich behindert werden. Wiederum im Banken- und Versicherungsgewerbe kennt man im Kreditwesengesetz und im Versicherungsaufsichtsgesetz eine Mindestgröße für das erforderliche Eigenkapital. Dieses Vorgehen jedoch einfach auf andere Geschäftszweige zu übertragen, wäre voreilig, vergleicht man doch Ungleiches miteinander. Der Grund für die Festlegung solcher Mindestkapitalgrößen liegt nämlich woanders. Sowohl beim Banken- als auch beim Versicherungswesen handelt es sich um Wirtschaftszweige, die in besonderem Maße auf das Vertrauen der Bevölkerung angewiesen sind. Es geht in beiden Fällen also um branchenspezifische Schutzinteressen.[909]

Dennoch wollen wir im folgenden einen genaueren Blick auf die Eigenkapitalausstattung von Unternehmen und deren Einfluß auf die Insolvenzanfälligkeit werfen.

---

[906] Kübler, S. 258 f.
[907] So der Zynismus von Gärtner, S. 501.
[908] Wie für den Rechtsstaat, so gelte nach Eucken, S. 250, auch für die Wettbewerbsordnung, daß diese einen Rahmen schaffen solle, innerhalb dessen die freie Betätigung des einzelnen durch die Freiheitssphäre des anderen begrenzt werde. Das Postulat der Freiheit kommt demnach in einer Wettbewerbsordnung am besten zur Geltung.
[909] K. Schmidt, DB 1982, S. 1048.

3. Die Pflicht zur ausreichenden Kapitalaufbringung

Wie bereits festgestellt wurde, liegt es häufig an einem Mangel an Eigenkapital, der die Unternehmen in die Insolvenzen treibt.[910] Sinnvoller Ansatzpunkt für eine wirksame Insolvenzprophylaxe könnte eine gesetzlich festgeschriebene Mindesthöhe an Eigenkapital sein. Sich dabei an der Rechtsform zu orientieren, hilft nicht weiter. Für die GmbH sieht § 5 Abs. 1 GmbHG eine Mindesthöhe des Stammkapitals von 25.000,- Euro vor. Niemand wird bei dieser Größenordnung allerdings ernsthaft von einer Schutzfunktion sprechen.

Zunächst ist einmal klarzustellen, was unter Unterkapitalisierung zu verstehen ist. Aus wirtschaftlicher Perspektive wird die Unterkapitalisierung bestimmt durch das Verhältnis des Eigenkapitals und seiner Funktion im Verhältnis zum Fremdkapital.[911] Nach Peter Ulmer versteht man darunter den Mangel an Eigenkapital, so daß der mittel- oder langfristige Finanzierungsbedarf zur Bewerkstelligung der Geschäftstätigkeit unter Berücksichtigung der Finanzierungsmethoden auch nicht durch Kredite Dritter gedeckt werden kann.[912] Die Schwelle zur Unterkapitalisierung markiert den Punkt, von dem an das bis dahin marktübliche Risiko der Gläubiger, das jeder eingehen muß, der sich am Wirtschaftsleben beteiligen möchte, in ein höheres Risiko umschlägt. Ein solches ist den betreffenden Gläubigern jedoch nicht gegen ihren Willen aufzudrängen.[913] Ist das Unternehmen nicht mehr in der Lage, Kredite von außen zu erhalten, wird häufig zur Deckung des Finanzierungsbedarfs auf Gesellschafterdarlehen zurückgegriffen. Damit hiervon für die Gläubiger keine Gefahr ausgeht, werden solche Darlehen gemäß § 32 a Abs. 1 GmbHG faktisch als Eigenkapital behandelt.[914]

Sinnvoller mag es sein, eine Eigenkapitalausstattung gesetzlich vorzuschreiben, die sich an dem konkreten Unternehmenszweck orientiert. Die Betriebswirtschaftslehre ist jedoch nicht in der Lage, der Rechtswissenschaft diesbezüglich verallgemeinerungsfähige Größenordnungen zu liefern.[915] Lediglich für das Kreditwesen und für die Versicherungsbranche gibt es momentan vorgeschriebene Eigenkapitalsgrößen, die mit dem Geschäftsumfang korrelieren müssen.[916] Verallgemeinerungsfähig sind diese Vorschriften jedoch nicht.[917] Wenn uns allerdings nun die Wirtschaftswissenschaftler darauf verweisen, generell sei eine solche Aussage nicht möglich, bleibt der Rechts-

---

[910] Hierzu der 3. Teil, III. 1.
[911] Roth, S. 177.
[912] Hachenburg-Ulmer, Anh. § 30 Rn. 16.
[913] Dahin plädiert Roth, S. 191.
[914] Vgl. die Ausführungen bei Kübler, S. 247 ff., der in der GmbH-Novelle eine Verkürzung des Gläubigerschutzes gegenüber desjenigen, der von der Rechtsprechung entwickelt wurde.
[915] Dahingehend Wüst, S. 710.
[916] Vgl. §§ 10, 10 a KWG, § 53 c VAG.
[917] Siehe oben unter III. 2.

wissenschaft wohl kaum etwas anderes übrig, als dies als gegeben hinzunehmen. De lege lata sind die Registergerichte deshalb nicht in der Lage, entsprechend unterkapitalisierten Gesellschaften die Eintragung zu verweigern,[918] wovon eine nicht zu unterschätzende insolvenzvermeidende Wirkung ausgehen könnte.

Letztlich ist zu fragen, ob nicht doch Möglichkeiten denkbar sind, wodurch das Wirtschaften mit nicht ausreichendem Eigenkapital unterbunden werden kann. Reicht man den Spielball an den Gesetzgeber weiter, steht diesem ein weiter Gestaltungsraum offen. Sieht man einmal davon ab, daß einige Unternehmen ihre Tätigkeit mit unzureichender Kapitalausstattung beginnen, könnten die bereits existierenden Gesellschaften dazu verpflichtet werden, die Eigenkapitalausstattung einer ständigen Anpassung zu unterziehen. Bezugsgröße könnten beispielsweise Umsatzziffern sein.[919] Es wird der Rechtswissenschaft allerdings nichts anderes übrig bleiben, als auf Forschungsergebnisse aus der Wirtschaftswissenschaft zu warten. Die Jurisprudenz sollte hier nicht eigenmächtig auf fremdes Terrain vorstoßen.

4. Die Bestellung eines vorläufigen Insolvenzverwalters

Die neue Insolvenzordnung sieht vor, einen vorläufigen Insolvenzverwalter zu bestellen. Anders als der mit ähnlichen Befugnissen ausgestattete Sequester ist damit die Rechtsstellung des vorläufigen Insolvenzverwalters weitgehend gesichert und hat seinen gesetzlichen Niederschlag in §§ 21, 22, 56, 58 ff. InsO gefunden. Durch ihn wird eine Gefährdung des Schuldnervermögens, etwa durch Vernachlässigung oder gar Einstellung des schuldnerischen Unternehmens, verhindert.[920] Hierin kommt das Ziel des Gesetzgebers zum Ausdruck, masselose Insolvenzen vermeiden zu helfen, was äußerst begrüßenswert ist. Die Anordnung der vorläufigen Insolvenzverwaltung ist de lege lata gemäß § 21 Abs. 2 Nr. 1 InsO zwar eine Sicherungsmaßnahme, sie könnte aber dahingehend ausgestaltet werden, daß der Verwalter auch eine beratende Funktion übernimmt. Er könnte auf diese Weise dazu beitragen, die Insolvenz praktisch im Keim zu ersticken und insofern prophylaktisch wirken.

Nach § 22 Abs. 2 InsO ist es möglich, einen vorläufigen Insolvenzverwalter einzusetzen, ohne daß dem Schuldner ein allgemeines Verfügungsverbot auferlegt wird. Dem Insolvenzgericht ist damit ein weiter Spielraum eingeräumt, den Pflichtenkreis zu definieren.[921] So kann beispielsweise festgelegt werden, daß die Bestellung zur Unterstützung des Schuldners sinnvoll ist, ohne daß

---

[918] Auf diese Problematik weist auch K. Schmidt, Gesellschaftsrecht, S. 247 f., hin.
[919] So der Vorschlag von Wüst, S. 715.
[920] Siehe die Ausführungen bei Häsemeyer, S. 130.
[921] Dieser Auffassung ist auch Uhlenbruck, KTS 1994, S. 178.

Gründe für ein Verfügungsverbot vorliegen.[922] Es bestehen folglich bereits nach der neuen Insolvenzordnung in ihrer heutigen Form Möglichkeiten, die Tätigkeit eines Insolvenzverwalters derart auszugestalten, daß diesem keineswegs mehr ein Totengräberimage anhaften muß, sondern er vielmehr als wohlmeinender Arzt willkommen geheißen werden könnte.

Sieht der Schuldner in dem Insolvenzverwalter einen Helfer in der Not, wird dies positive Auswirkungen auf seine Einstellung zu einem Insolvenzverfahren haben. Galt bisher der Begriff Insolvenzverfahren gewissermaßen als Synonym für Geschäftsauflösung, könnte er im Idealfall in Zukunft als rettender Hafen verstanden werden.

5. Die Erhöhung der Attraktivität des Insolvenzverfahrens für den Schuldner

Es ist nach Mitteln und Wegen zu suchen, die das Insolvenzverfahren für den Schuldner attraktiver machen. Eine frühzeitige Insolvenzverfahrenseröffnung ist nun einmal der beste Garant für hohe Befriedigungsquoten und gegen masselose Insolvenzen. Dazu ist es aber notwendig, das Insolvenzverfahren von dem ihm anhaftenden Makel zu befreien.

Bereits seit Jahren wurde immer wieder bemängelt, daß die Anträge auf Insolvenzeröffnung viel zu spät gestellt werden.[923] Wie die niedrigen Befriedigungsquoten in der Insolvenz zeigen, konnte der Konkurs eine annähernd adäquate Befriedigung der Gläubiger nicht sicherstellen. Die Insolvenzeröffnung sollte idealerweise zeitlich so gelagert sein, daß sowohl die Unternehmensinteressen als auch die Gläubigerinteressen möglichst optimal zur Geltung kommen. Diese grundsätzlich widerstreitenden Interessen können um so besser zum Ausgleich gebracht werden, je früher die Insolvenz eröffnet wird.[924] Steht dem Unternehmer das Wasser noch nicht bis zum Hals, ist die Flexibilität einfach größer, um auf die unternehmerische Herausforderung einer wirtschaftlichen Krise reagieren zu können. Dieser Umstand wurde durchaus wahrgenommen und entsprechend kritisiert. Man war sich darüber im klaren, daß dem nur mit Hilfe einer möglichst frühzeitigen Insolvenzeröffnung entgegengesteuert werden kann. Die Hoffnung, diese mit Hilfe von strafrechtlichen Sanktionen fördern zu können, mußte sich jedenfalls als Trugschluß herausstellen.[925]

Der Eröffnungszeitpunkt sollte derart gelagert sein, daß eine gläubigerschädigende Verfahrensverzögerung weitgehend ausgeschlossen werden

---

[922] So der Hinweis bei HK-Kirchhof, § 22 Rn. 25.
[923] Vgl. K. Schmidt, ZGR 1986, S. 188.
[924] Vgl. hierzu K. Schmidt, JZ 1982, S. 174.
[925] Ebenso kritisch Roth, S. 172.

kann. Eine Sanierung sollte durch das Insolvenzverfahren gefördert und nicht vereitelt werden, im übrigen sollten auch möglichst keine privaten Rettungsmaßnahmen verhindert werden.[926] Sanierungsversuche auf der einen Seite und Eröffnung des Insolvenzverfahrens auf der anderen Seite müssen kein Gegensatzpaar darstellen.[927] Ein effizientes Insolvenzverfahren wirkt vielmehr im Sinne eines präventiven Gläubigerschutzes.[928] Einem gesetzlich verankerten Insolvenzverhütungsverfahren als Alternative müßten justitiable Indikatoren beigefügt werden. Die Betriebswirtschaftslehre hat bis heute aber noch kein überzeugendes Modell zur Früherkennung von Insolvenzen liefern können. Ein solches Modell müßte schließlich mit solcher Überzeugungskraft ausgestattet sein, daß sich die Banken bei ihren Kreditvergabeentscheidungen darauf stützen könnten.[929] Ansonsten bliebe ein solches Insolvenzverhütungsverfahren reine Makulatur, auf das genauso gut verzichtet werden kann. Solange die Wirtschaftswissenschaften diesbezüglich keine Fortschritte machen, wird ein Insolvenzverhütungsverfahren eine Illusion bleiben. Man wird folglich auf eine Verstärkung des Eigeninteresses des Schuldners an der Eröffnung des Insolvenzverfahrens bauen müssen.

Die frühzeitige Insolvenzeröffnung hat den Vorteil, daß das strauchelnde Unternehmen auf diese Weise wieder in geregelte Bahnen gelenkt werden kann. Die Übersicht, an der es nicht selten in einer Extremsituation wie der wirtschaftlichen Krise fehlt, kann im Insolvenzverfahren wieder zurückgewonnen werden. Die Frage, ob die Abwendung von Insolvenzen nicht Vorrang vor der Durchführung von Insolvenzverfahren habe, muß in dieser Schärfe dann nicht mehr gestellt werden.[930] Vielmehr sollte beides, also die Insolvenzprophylaxe und die Erhöhung der Attraktivität des Insolvenzverfahrens für den Schuldner, Hand in Hand gehen, im Sinne eines effizienten Prozesses. Zunächst ist darauf zu achten, daß insolvenzgefährdende Situationen von vornherein vermieden werden und im Falle, daß sich die Insolvenz nicht vermeiden läßt, sollte ein leistungsstarkes Insolvenzrecht mit fähigen Insolvenzverwaltern bereitstehen, durch das die kränkelnden Unternehmen wieder gesunden werden.

Dies wird aber nur möglich sein, wenn der Schuldner die Eröffnung des Insolvenzverfahrens nicht mehr als „last exit“ empfinden wird. Erst dann können sinnvolle Sanierungsversuche innerhalb eines solchen Verfahrens angegangen werden. Sieht er in der Insolvenzeröffnung hingegen eine Strafmaßnahme, an deren Ende in der Regel die Exekution, das heißt die Liquidation des Unter-

[926] In diese Richtung gehen die Wunschvorstellungen von K. Schmidt, JZ 1982, S. 166.
[927] So aber wohl noch Hopt, Probleme der Insolvenzvermeidung, S. 30.
[928] Siehe die Ausführungen bei K. Schmidt, AG 1978, S. 334 ff.
[929] Ein solches gibt es nicht nach Heinsius, S. 155, der Chefsyndikus einer Großbank gewesen ist.
[930] Dieses Gegensatzpaar baut aber noch K. Schmidt, ZGR 1986, S. 209, auf.

nehmens steht, wird ein kooperatives Verhalten kaum zu erwarten sein. Nach der neuen Insolvenzordnung ist es dem Schuldner nicht verwehrt, sich konstruktiv einzubringen. Sanierungsvorschläge können durchaus von seiner Seite kommen. Es ist ja noch nicht einmal zwingend, daß er die Verfügungsbefugnis über die Vermögensmasse verliert. Nach §§ 270 ff. InsO existiert die Option der Schuldnereigenverwaltung.

Bewegt man sich erst einmal in den gesicherten Bahnen des Insolvenzverfahrens, vermindert sich dadurch unmittelbar der Zeitdruck, der ansonsten auf den in wirtschaftliche Not geratenen Unternehmen lastet. Nach § 64 GmbHG muß innerhalb von drei Wochen Insolvenzantrag gestellt werden, will sich der Geschäftsführer nicht Schadensersatzansprüchen ausgesetzt sehen. In diesem kurz bemessenen Zeitraum ist es sicherlich nicht möglich, ein seriöses Sanierungskonzept zu erarbeiten. Diese Frist ist deshalb als reine Gläubigerschutzbestimmung anzusehen.[931] Wird nun aber der Schuldner in dem Verfahren aktiv eingebunden, ist die Chance erheblich vergrößert, gemeinsam mit einem kompetenten und krisenerfahrenen Insolvenzverwalter einen Weg aus dem Dunkel des Tunnels zu finden.

Es werden allerdings auch Bedenken gegen eine allzu leichtfertige Insolvenzeröffnungspraxis geäußert.[932] Der Schuldner soll nicht ohne Grund die Vorzüge des Insolvenzverfahrens genießen dürfen. Anträge, die unsubstantiiert oder willkürlich gestellt werden, sollten demnach ausgeschieden werden, um auf diese Weise einer Mißbrauchsgefahr vorzubeugen.[933] Für ein gesundes Unternehmen sind jedoch die Vorteile, die sich aus einem Insolvenzverfahren ergeben sollten, nicht ersichtlich. Mißbräuche sind deshalb wohl eher unwahrscheinlich.[934] Diese Bedenken bestehen nur, wenn der verschuldete Unternehmer sich mit Hilfe des Insolvenzverfahrens seiner Schulden entledigen kann. Sie sind allerdings kaum stichhaltig, da es ja vor allen Dingen gerade im Interesse der Gläubiger darum geht, durch die Erhöhung der Attraktivität des Insolvenzverfahrens für den Schuldner eine zeitliche Vorverlagerung der Eröffnung und als Folge dessen höhere Befriedigungsquoten zu erreichen. Der gedankliche Ansatzpunkt, die Vorteile eines Insolvenzverfahrens für den Schuldner herauszustreichen, hat ja seinen Ursprung nicht in altruistischem Gedankengut, sondern in dem Bestreben, die Effizienz des Verfahrens zu

---

[931] So auch die von Ransiek, S. 161, vertretene Auffassung.

[932] Auf die Gefahr der Ausnutzung von Vergünstigungen eines Insolvenzverfahrens weisen Leipold/Favoccia, S. 275, hin.

[933] Auf die mißbräuchliche Ausnutzung im amerikanischen Recht weist Riesenfeld, S. 91, hin. Ebenso Ransiek, S. 393.

[934] Letztlich ist ein Insolvenzverfahren stets mit Kosten verbunden, die der Schuldner nicht ohne Grund zu zahlen bereit sein wird. Allein schon deshalb wird der solvente Schuldner auf die Eröffnung eines Insolvenzverfahrens nicht erpicht sein. Siehe hierzu Schlosser, S. 11.

erhöhen.[935] Ziel des Insolvenzverfahrens muß es weiterhin sein, eine möglichst weitgehende Befriedigung der Gläubiger zu erreichen. In § 1 InsO wurde dies auch weiterhin explizit herausgestrichen.

Vieles spricht dafür, eine Lanze für die frühzeitige Eröffnung eines Insolvenzverfahrens zu brechen. Die Begeisterung sollte aber nicht dazu verleiten, das Insolvenzverfahren ad absurdum zu führen. Wirklich Sinn wird ein Insolvenzverfahren nur machen, wenn das Vermögen des Schuldners nicht mehr zur vollständigen Befriedigung aller Gläubiger ausreicht.[936] Steht diese Situation unmittelbar bevor oder ist sie zumindest absehbar, haben wir natürlich eine vergleichbare Ausgangslage. Reicht das Vermögen zur Begleichung der Schulden hingegen aus, ist eine Gefährdung von Befriedigungsquoten ohnehin nicht gegeben. Ebensowenig wird es nach der hier vertretenen These zu einer Vorenthaltung der Beiträge zur Sozialversicherung kommen.

Sollte nun aber tatsächlich die Attraktivität des Insolvenzverfahrens soweit gehen, daß sich die Schuldner zu früh in die schützenden und helfenden Arme des Insolvenzverfahrens retten würden, ist dagegen bereits de lege lata Kraut gewachsen. Das Insolvenzverfahren kann nämlich jederzeit gemäß § 212 InsO wieder eingestellt werden, wenn der Insolvenzgrund weggefallen ist. Man sollte hier dem Motto folgen, daß es besser sei, das Insolvenzverfahren zu früh als zu spät einzuleiten. Wird es zu spät eingeleitet, kann der Insolvenzverwalter meist nichts anderes mehr tun, als abzuwickeln. Wir haben dann keine Verbesserung gegenüber der Situation nach dem alten Insolvenzrecht. Sollte es hingegen tatsächlich einmal zu früh eingeleitet werden, ist aufgrund der Regelung des § 212 InsO nichts Irreversibles passiert. Hierin wäre wohl auch kein Mißbrauch des Insolvenzverfahrens zu erblicken. Führen die Beratungen und Verhandlungen mit dem Insolvenzverwalter zu dem Schluß, daß das Unternehmen gar nicht insolvent ist, wird dies ein Resultat zur Freude aller sein. Jedenfalls ist es dem Ziel keineswegs gegenläufig, den Gläubigern zu einer möglichst hohen Befriedigungsquote zu verhelfen.

IV. Die zivilrechtliche Haftung der Akteure

1. Im allgemeinen

Die Effizienz des Strafrechts ist insbesondere im Wirtschaftsrecht äußerst fragwürdig. Aus dem Subsidiaritätsprinzip folgt, daß die Regelungsmöglichkeiten primär in dem Rechtsgebiet auszuschöpfen sind, auf das sich das Strafrecht beziehen soll.[937] So kann etwa der Ausbau von Verkehrssicherungspflichten

---

[935] Die Fortführung des Unternehmens kann eben durchaus im Interesse des Gläubigers sein, worauf Karsten Schmidt schon 1982 hingewiesen hat. Vgl. K. Schmidt, JZ 1982, S. 166.
[936] Bork, Rn. 2.
[937] Haffke, S. 174.

gemäß § 823 Abs. 2 BGB wichtige Vermeidungsanreize nach sich ziehen, was zur Entbehrlichkeit von strafrechtlichen Regelungen führt. Die zivilrechtliche Haftung wird von den Verantwortlichen nämlich häufig schmerzhafter und unangenehmer empfunden werden als strafrechtliche Sanktionen.[938] Im Zusammenhang mit dem Insolvenzrecht ist dabei an eine persönliche Haftung des Unternehmers zu denken, selbst wenn es sich bei dem Unternehmen um eine GmbH handelt. Die Beschränkung der Haftung wäre also aufzuheben. Einer persönlichen Haftung käme sicherlich eine Abschreckungswirkung zu.[939] Es stellt sich dann aber die Frage, welche Aufgabe darüber hinaus das Strafrecht zu spielen hätte. Die Funktion des Strafrechts könnte wohl nur noch symbolischer Natur sein.[940] Dies kann und soll aber gerade nicht Aufgabe des Strafrechts sein. Auf die strafrechtlichen Regelungen muß vielmehr verzichtet werden.

Die meisten Urteile, die in Verbindung mit § 266 a Abs. 1 StGB ergingen, waren zivilrechtlicher Art. Es ging dabei meist um Schadensersatzansprüche der Sozialversicherungsträger gegenüber den Geschäftsführern, die auf § 823 Abs. 2 BGB in Verbindung mit § 266 a Abs. 1 StGB gestützt wurden.[941] Hier drängt sich der Verdacht auf, das Strafrecht sei zur Durchsetzung anderer Ansprüche mißbraucht worden. Ein solches Vorgehen verstößt allerdings gegen das Subsidiaritätsprinzip des Strafrechts. Stünde hier ein haftungsrechtlicher Durchgriff bereit, ist zu vermuten, daß die Anwendungshäufigkeit des § 266 a Abs. 1 StGB erheblich abnehmen würde. Allerdings muß eine Ausweitung zivilrechtlicher Regelungen nicht unbedingt eine Entlastung für die Betroffenen bedeuten. Nicht allein vom Strafrecht können nämlich einschneidende Wirkungen ausgehen. So wird davor gewarnt, daß aus der Keule des Strafrechts unter Umständen eine Keule des Zivilrechts werden kann.[942] Auf eine zivilrechtliche Durchgriffshaftung auf die Organe und Gesellschafter eines Unternehmens trifft dies aber nicht zu. Im Gegenteil, eine zivilrechtliche Regelung würde die Gläubiger zwar zur Eintreibung ihrer berechtigten Forderungen befähigen, gleichzeitig auf einen darüber hinausgehenden Strafanspruch verzichten.

2. Die Haftung der Geschäftsführer

Wenden wir uns zunächst der persönlichen Haftung der Geschäftsführer zu. Diese ist in Ansätzen gemäß §§ 43, 64 Abs. 2 GmbHG bereits geregelt. Aller-

[938] Mit besonderem Bezug zum Umweltrecht siehe Kloepfer, Rn. 146.

[939] Lüderssen, Krise des Strafanspruchs, S. 47 f., gibt zu bedenken, daß der Strafanspruch des Staates mehr und mehr hinter den materiellen Ausgleichsanspruch des Opfers zurücktreten könnte.

[940] Für die strafbewehrte Insolvenzantragspflicht vgl. Ransiek, S. 152. Ähnlich auch die Kritik bei Haffke, S. 169 f., am Straftatbestand des § 266 b StGB.

[941] Zum Beispiel BGHZ 134, 304 ff.; BGH NJW 1998, S. 1306; BGH VersR 1996, S. 1538; BGH wistra 1992, S. 144.

[942] K. Schmidt, Gesellschaftsrecht, S. 246, etwa spricht von der Keule des Haftungsdurchgriffs.

dings droht § 84 GmbHG zusätzlich mit strafrechtlichen Sanktionen, der eine Bestrafung des Geschäftsführers bei Nichtbeachtung vorsieht. Ob diese Schärfe notwendig ist, darf bezweifelt werden. Aufgrund der Abschreckungswirkung der persönlichen Inanspruchnahme ist für ein zusätzliches Strafbedürfnis kein Platz.[943] Auf eine persönliche Einstandspflicht der Geschäftsführer in zivilrechtlicher Hinsicht nicht ganz zu verzichten, erscheint jedenfalls sinnvoll. Auf diese Weise bekommen die Träger der Entscheidungsgewalt ein gewisses Maß an Eigenrisiko aufgebürdet. Es wird dadurch versucht, die Gefahr einzudämmen, daß die Geschäftsführer zwar die Erfolge zum eigenen Vorteil abschöpfen, die Mißerfolge aber zu Lasten des Fremdkapitals externalisieren.[944]

Eine Haftung der Geschäftsführer ist dennoch mit Zurückhaltung einzusetzen. Schließlich sind die Gesellschafter die Herren der Gesellschaft, denen der wirtschaftliche Erfolg oder Mißerfolg zuzurechnen ist. Nur bei gravierenden Verfehlungen sollte deshalb eine Haftung der Geschäftsführer zulässig sein. Inwieweit dies bei dem Versäumnis der Insolvenzantragspflicht zutrifft, hängt wesentlich von der Schutzwirkung ab, die man § 64 Abs. 1 GmbHG zugesteht. Nach der Rechtsprechung sollen durch die Insolvenzantragspflicht die insolventen Unternehmen vom Geschäftsverkehr ausgeschlossen werden, damit Dritte keinen Schaden durch Geschäftsbeziehungen mit diesen konkursreifen Unternehmen erleiden.[945]

Wird der Insolvenzantrag dennoch verspätet gestellt, können die Gläubiger eines insolvent gewordenen Schuldners gemäß § 823 Abs. 2 BGB in Verbindung mit § 64 Abs. 1 GmbHG Schäden, die ihnen durch diese verzögerte Insolvenzantragsstellung entstanden sind, gegenüber den Geschäftsführern des insolventen Unternehmens geltend machen.[946] Die Höhe des Ersatzanspruchs soll sich danach richten, ob der Anspruchsteller zu den Neu- oder Altgläubigern zählt. Die Altgläubiger sollen nur den Quotenschaden beanspruchen, während die Neugläubiger vollen Ersatz fordern können.[947] Die soeben zitierten Entscheidungen bezogen sich allerdings nur auf Vertragsgläubiger. Das Verhältnis zur Sozialversicherung entsteht jedoch kraft Gesetzes, worüber eine höchstrichterliche Entscheidung noch aussteht. Ob der Schutzzweck die Sozialversicherungsbeiträge mitumfaßt, ist mithin nicht gesichert.

Je weiter der Schutzzweck der Insolvenzantragspflicht nach § 64 Abs. 1 GmbHG wirkt, um so eher könnte gegebenenfalls auf einen Straftatbestand wie

---

[943] Dieser Schluß kann, folgt man Ransiek, S. 398, gezogen werden.
[944] Vgl. Roth, S. 181 m.w.N.
[945] BGHZ 126, 181, 194; BGH NJW 1995, S. 399.
[946] Hachenburg-Ulmer, § 64 Rn. 47 ff.; Lutter/Hommelhoff, § 64 Rn. 13 ff.; Rowedder, § 64 Rn. 19 ff.
[947] Ausführlich BGHZ 126, 181, 190 ff. m.w.N.

§ 266 a Abs. 1 StGB verzichtet werden, weil die Sozialversicherungsträger dann auf diese Weise an die nicht gezahlten Beiträge herankämen. Es müßte also zunächst festgestellt werden, ob die Krankenkassen zu den Neu- oder Altgläubigern zählen. Dies richtet sich wiederum danach, ob die jeweils ausstehenden Sozialversicherungsbeiträge vor oder nach Eintritt der Insolvenzreife entstanden sind. Die Beitragsansprüche der Sozialversicherungsträger entstehen nach § 22 Abs. 1 SGB IV regelmäßig mit Fälligkeit des Arbeitsentgelts.[948] Die Einzugsstellen werden demnach in der Insolvenz meist sowohl zu den Neu- als auch zu den Altgläubigern zu zählen sein. Zumindest teilweise wären die Sozialversicherungsträger demnach auf den Quotenschaden verwiesen.

Die Schwierigkeiten, die sich bei § 266 a Abs. 1 StGB ergeben, sind mittels eines zivilrechtlichen Haftungsdurchgriffs auf die Geschäftsführer nicht aus der Welt zu schaffen. Außerdem werden Ungerechtigkeiten nicht beseitigt, die bestehen, wenn der Geschäftsführer die Gesellschafter auf die desolate wirtschaftliche Lage aufmerksam macht, von seiten der Gesellschafter aber nichts geschieht.[949] Anstatt das Haftungsrisiko einseitig auf die Geschäftsführer abzuwälzen, sollte es eher denjenigen zugeordnet werden, die den größten Einfluß in der GmbH haben,[950] nämlich den wirtschaftlichen Eigentümern, das heißt den Gesellschaftern.[951] Die Gesellschafterhaftung wäre also eine mögliche Alternative, auf die im folgenden näher eingegangen wird.

3. Der Durchgriff auf die Gesellschafter

Grundsätzlich steht der nur beschränkt haftende Unternehmer mit unseren überkommenen Rechtstraditionen nicht im Einklang. Nach diesen Überzeugungen sollten den Unternehmer die wirtschaftlichen Folgen seines Handelns treffen. Dies hatte sowohl positiv als auch negativ in vollem Umfang zu gelten. Die GmbH wurde deshalb bei ihrer Einführung despektierlich als Gesellschaft mit beschränkter Hochachtung bezeichnet.[952] Hieraus erklärt sich, weshalb immer wieder versucht wurde, den unternehmerisch tätigen Gesellschafter zur Verantwortung zu ziehen.[953]

Die Struktur der GmbH bringt es mit sich, daß die Gesellschafter nicht bloß Kapitalanleger sind, wie dies bei der Aktiengesellschaft der Fall ist. In der

---

[948] BSGE 52, 152, 156. Vgl. hierzu Tag, Diss., S. 91.
[949] Hier sei abermals auf den exemplarischen Fall von BGHZ 134, 304 ff., verwiesen.
[950] Die Gesellschafter als Herren der Gesellschaft, wie sie von Ulmer, GmbHR 1984, S. 261, genannt wurden.
[951] So auch die Kritik von Roth, S. 200. Gegen den alleinigen Zugriff auf die Geschäftsführer Wüst, S. 712 f.
[952] Siehe die Nachweise bei Wüst, S. 710.
[953] Roth, S. 200; ähnlich auch K. Schmidt, JZ 1978, S. 666.

GmbH findet sich in der Regel vielmehr ein überschaubarer Kreis von Unternehmern zusammen.[954] Die Gesellschafter haben recht umfassende Kompetenzen und sind sogar zu Weisungen gegenüber den Geschäftsführern berechtigt. In gewissem Umfang haben die Gesellschafter sogar die Möglichkeit in die laufende Geschäftsführung mittels Weisungen einzugreifen.[955] Haben die Gesellschafter aber die Entscheidung der geschäftsführenden Organe selbst veranlaßt, ist nicht einzusehen, warum sie nicht selbst und unmittelbar haften sollen.[956]

Aufgrund dieser individualistischen Struktur der GmbH mag es sinnvoll sein, die Kompetenz über die Fortsetzung der Gesellschaft generell auf die Gesellschafterversammlung zu übertragen. Die Tragweite einer solchen Entscheidung ist von derartigem Ausmaß, daß sie deutlich über die Kompetenzen einer laufenden Geschäftsführung hinausgeht.[957] Aus dem Gedanken, der § 49 Abs. 3 GmbHG zugrundeliegt, könnte der Schluß gezogen werden, Fragen, die die wirtschaftliche Krise des Unternehmens betreffen, sind von den Gesellschaftern zu erörtern und eben auch zu entscheiden.[958] Nach § 49 Abs. 3 GmbHG hat nämlich der Geschäftsführer die Gesellschafterversammlung einzuberufen, wenn die Hälfte des Stammkapitals verloren ist. Alles in allem sollte demnach die Entscheidungskompetenz, ob ein Insolvenzantrag zu stellen ist oder nicht, den Gesellschaftern zugewiesen werden.[959] Sicherlich darf all dies nicht darauf hinauslaufen, die Rechtssubjektivität der juristischen Person bei Bedarf einfach aus den Angeln heben zu dürfen. Bei der Frage nach der Strafmündigkeit von Unternehmen wurde mit guten Argumenten für die rechtliche Selbständigkeit juristischer Personen plädiert.[960] Diese Verfestigung der juristischen Person kann dann aber nicht immer ohne weiteres zur Disposition stehen.[961] Es muß also nach Lösungswegen gesucht werden, auf denen die auftretenden Durchgriffsprobleme gelöst werden können, ohne deshalb gleich vollends die juristische Person als selbständige Rechtsträgerin beiseite zu schieben.

Grundsätzlich ist bei einer Gesellschaft, die in der Rechtsform der GmbH betrieben wird, vorgesehen, daß die Gesellschafter nicht persönlich haften,

---

[954] Zöllner verweist gar auf den Charakter der GmbH als Personengesellschaft im Innenverhältnis. Siehe Zöllner, S. 381.
[955] Zu diesem Komplex vgl. Hommelhoff, ZGR 1978, S. 127 ff.
[956] Ebenso Ransiek, S. 399. Für eine Gesellschafterhaftung spricht sich auch Wüst, S. 712 f., aus.
[957] Zu den Grenzen der gesetzlichen Geschäftsführungsbefugnis siehe Lutter/Hommelhoff, § 37 Rn. 7 ff. Für eine Haftungserweiterung aufgrund des Ausnahmecharakters einer solchen Entscheidung siehe auch Roth, S. 201.
[958] In diesem Sinne Ransiek, S. 400.
[959] Ransiek, S. 399 f. und Roth, S. 201.
[960] Ausführlich im 3. Teil, II. 4.
[961] So die Kritik von K. Schmidt, Gesellschaftsrecht, S. 232.

sondern daß die Gläubiger darauf verwiesen sind, sich an das Gesellschaftsvermögen zu halten.[962] Darüber hinausgehende Zusatzverpflichtungen der Gesellschafter darf es demnach nur in Ausnahmefällen geben.[963] Ein solcher Ausnahmefall ist beispielsweise gegeben, wenn die Rechtsform der GmbH gerade deshalb gewählt wird, um sie bei wirtschaftlichem Mißerfolg auf Kosten der Gläubiger liquidieren zu können und durch neue schuldenfreie Gesellschaften zu ersetzen. Ein solcher Unternehmer sollte persönlichen haftungsrechtlichen Konsequenzen nicht entgehen können.[964]

Ebenso ist im Falle der Unterkapitalisierung ein Zugriff auf das persönliche Vermögen wünschenswert. Gerade in der GmbH wird nicht selten mit völlig unzureichender Finanzdecke gewirtschaftet.[965] Stattet der Unternehmer die Gesellschaft nun aber nicht mit genügend Kapital aus, so daß eine Tätigkeit entsprechend des Unternehmenszwecks nicht möglich ist, scheint es zumutbar zu sein, die Gesellschafter persönlich in Regreß zu nehmen. Hierzu existieren unterschiedliche Lösungsansätze. So wird die Durchgriffshaftung zum einen auf der Innenhaftung der Gesellschafter gegenüber der Gesellschaft aufgebaut. Die Gläubiger erhalten die subsidiäre Befugnis, diesen Innenhaftungsanspruch selbst gegenüber den Gesellschaftern geltend zu machen.[966] Zum anderen wird teilweise ein direkter Zugriff auf die Gesellschafter befürwortet, so etwa im Falle eines Rechtsformmißbrauchs.[967] Letztlich ist auch eine Gesellschafterhaftung über § 826 BGB konstruierbar. Die bedingt vorsätzliche Gläubigerschädigung, die danach notwendig ist, wird dem Unternehmer in der wirtschaftlichen Krise nachweisbar sein.[968] So widerspricht es dem Anstandsgefühl aller billig und gerecht Denkenden, wenn der Gesellschafter gewissermaßen auf Kosten der Gläubiger spekuliert und sich hinter der beschränkten Haftung versteckt.[969] Wirtschaftet er mit unzureichender Kapitalausstattung, kann hierin der Schädigungsvorsatz gesehen werden.[970] Als weitere Regreßmöglichkeit gegen die Gesellschafter bei eindeutiger Unterkapitalisierung wird der Weg über die teleologische Reduktion des § 13 Abs. 2 GmbHG angesehen. Der Haftungsausschluß könnte damit ebenfalls ausgehebelt werden.[971]

---

[962] Kübler, S. 226

[963] Wüst, S. 711.

[964] So auch K. Schmidt, Gesellschaftsrecht, S. 242.

[965] Vgl. Roth, S. 170 f. m.w.N.

[966] K. Schmidt, Gesellschaftsrecht, S. 251, sieht hierin die einzig überzeugende Haftungsabwicklung.

[967] Vgl. die Ausführungen bei Serick, S. 203 ff.

[968] Streitig. Hachenburg-Mertens, Anh. § 13 Rn. 15. Für eine Haftung nach § 826 BGB spricht sich auch Ulmer, GmbHR 1984, S. 261, aus. Ulmer sieht § 826 BGB allerdings nur extrem gelagerten Fällen in Betracht kommen. Kübler, S. 315, sieht die Voraussetzung hingegen als eng an. Wüst, S. 714, meint, die Schädigungsabsicht sei nur schwer nachzuweisen.

[969] Vgl. Flume, S. 87.

[970] BGH NJW 1979, S. 2105; OLG Karlsruhe BB 1978, S. 1333.

[971] Darauf weist Ulmer, GmbHR 1984, S. 262, hin. Ebenso Kübler, S. 315 f.

Die Frage nach der gesellschaftsrechtlichen Konstruktion ist hier aber nicht zu entscheiden. In erster Linie interessiert uns die Frage nach dem „Ob" und weniger nach dem „Wie". Es scheint aber doch einhellige Auffassung zu sein, daß in bestimmten Fallkonstellationen auf das persönliche Vermögen der Gesellschafter zugegriffen werden kann. Ob man diesen Zugriff dann Durchgriffshaftung nennt oder anders, spielt letztlich keine Rolle mehr.[972] Fest steht aber auch, daß eine Durchgriffshaftung nicht unvertretbar hoch ausgeweitet werden darf. Jede Alternativlösung, selbst wenn sie außerstrafrechtlich wäre, hat sich an den Grundsätzen der Verhältnismäßigkeit zu orientieren. Mutiert die strafrechtliche Keule zur zivilrechtlichen, ist nämlich wenig gewonnen.

Ausdruck dieser Verhältnismäßigkeit ist es, Vorkehrungen zu treffen, die die persönliche Haftung einer Beschränkung unterwerfen. Es kann nicht sein, daß den Gläubigern generell ein Befriedigungsrecht gegenüber den Gesellschaftern persönlich eingeräumt wird. Man würde ansonsten die Existenz der Kapitalgesellschaften ad absurdum führen. Sollte aber der Unternehmer beispielsweise trotz einer sich abzeichnenden Krise weiter wirtschaften, so müssen den Gläubigern diejenigen Befriedigungsmöglichkeiten eingeräumt werden, die sie aufgrund des Weiterwirtschaftens verlieren.[973] Außerdem muß die Frage, ob ein weitergehendes Haftungsrisiko eingegangen wird, von denjenigen entschieden werden können, die von der Haftung schließlich getroffen werden.[974] Die Entscheidungskompetenz und die damit korrespondierende Haftung müssen Hand in Hand gehen. Insoweit kann konsequenterweise eine Durchgriffshaftung der Gesellschafter in der Insolvenz nur konstruiert werden, wenn diesen auch die Entscheidungsmacht über die Eröffnung des Insolvenzverfahrens zukommt.

Man sollte sich natürlich stets vor Augen halten, daß eine Durchgriffshaftung die Ausnahme ist und lediglich als Notbremse fungieren darf. Sie sollte folglich nur subsidiär zur Anwendung kommen.[975] Mit der Durchgriffshaftung der Gesellschafter bewirkt man letztlich eine Umverteilung des Risikos, die nur bei Fortführung trotz wirtschaftlicher Krise gerechtfertigt sein kann.

V. Die Umverteilung des Risikos bei Fortführung des Unternehmens in der Krise

Möchte der Unternehmer trotz Krisenanzeichen seine Geschäfte weiterführen, so muß ihm dies nicht zwangsläufig verwehrt werden. Auf der anderen Seite

---

[972] In diesem Sinne ist wohl auch K. Schmidt, Gesellschaftsrecht, S. 233, zu verstehen, der sich ansonsten mit der Durchgriffshaftung etwas schwer tut. Er spricht von einem terminologischen Problem. Hans-Joachim Mertens spricht von einer Stichwortfunktion des Begriffs des Durchgriffs, in Hachenburg-Mertens, Anh. § 13 Rn. 36.

[973] Roth, S. 207 f.

[974] Diese Voraussetzung verlangt auch Ransiek, S. 399.

[975] Diese Einschränkung macht Wüst, S. 712.

sollte er dies nicht auf Kosten der Gläubiger tun dürfen. Es ist nach Wegen zu suchen, die den Unternehmer möglichst wenig in seinen Entscheidungskompetenzen beschneiden und dennoch die Gläubiger nicht über Gebühr gefährden.

Eine Möglichkeit bestünde darin, an die Informationspflicht des Geschäftsführers gegenüber den Gesellschaftern, die de lege lata nach § 49 Abs. 3 GmbHG bereits besteht, besondere Rechte und Pflichten anzuknüpfen. Im Sinne einer Insolvenzvermeidung müßte man allerdings diese Pflicht auf einen früheren Zeitpunkt vorverlagern. Ist bereits die Hälfte des Stammkapitals verloren, werden Rettungsmaßnahmen kaum noch fruchten können.[976] Dies gilt um so mehr, da der Schutzfunktion des Stammkapitals bei einer gemäß § 5 Abs. 1 GmbHG minimalen Höhe von gegenwärtig 25.000,- Euro nur eine unwesentliche Bedeutung zukommen kann. Indem der Geschäftsführer seiner Informationspflicht nachkommt, müßte er sich seines Haftungsrisikos entledigen und den „schwarzen Peter" an die Gesellschafter weitergeben können. Die Gesellschafter sind es aber auch, die aufgrund der personalisierten Struktur der meisten GmbHs[977] die Verantwortung für derartig weitreichende Entscheidungen treffen sollten. Die Gesellschafter werden mit den notwendigen Informationen versorgt und sollten gerechterweise das Risiko tragen müssen, daß aus dieser Entscheidung erwächst.

Möchte der Unternehmer, obwohl sich eine Krise abzeichnet, seine Geschäfte weiterführen, so kann ihm dafür ein Preis abverlangt werden. Der Preis könnte etwa der Einsatz seiner persönlichen Haftung sein.[978] Die Risiken in einer solchen Sondersituation müssen billigerweise neu verteilt werden. Aufgrund dieser Risikoneuverteilung könnte auf das private Vermögen der Gesellschafter zugegriffen werden.[979] Ein solcher Sonderweg hätte zudem den Vorteil, daß auf die komplizierte Durchgriffsdogmatik verzichtet werden könnte. Vor allen Dingen wäre ein solches Vorgehen weniger dirigistisch, weil man den Marktkräften Platz lassen würde.

Will man erreichen, daß das Haftungsrisiko bei Fortführung der Geschäfte trotz wirtschaftlicher Krise umspringt und aus der beschränkten Haftung eine persönliche wird, kommt man um eine Definition, wann diese Situation gegeben ist, nicht herum. Schließlich kommen auf den Unternehmer erhebliche Konse-

---

976 Auch Hopt, Probleme der Insolvenzvermeidung, S. 31, ist der Meinung, dieser Zeitpunkt sei spät.

977 Erneut sei hier auf Zöllner, S, 381, verwiesen.

978 Ähnlich auch Roth, S. 193 ff., der im übrigen ebenfalls den Gesellschaftern auch im Falle der Unterkapitalisierung einen Entscheidungsspielraum zugesteht, mit der unter Umständen eintretenden Folge der persönlichen Haftung.

979 Vgl. die Ausführungen bei Ransiek, S. 395 f.

quenzen zu, die denen der Insolvenzstraftatbestände nicht wesentlich nachstehen. Erhält nun das prognostische Element erneut Einzug, wäre aus rechtsdogmatischer Sicht wenig gewonnen. Auf die Unsicherheiten, die im Zusammenhang mit der Festlegung des Tatbestands der Überschuldung existieren, wurde eingehend hingewiesen.[980] Einen Ausweg könnte der Vorschlag von Günter H. Roth aufzeigen. Zweifel an der Überlebensfähigkeit einer GmbH sieht er als gegeben an, wenn diese nicht mehr in der Lage ist, Kredit zu marktüblichen Konditionen zu erhalten.[981] Damit koppelt man die Feststellung der Krise keineswegs von den bekannten Insolvenztatbeständen ab.[982] Eine Bank als Kreditgeber orientiert sich nun einmal in erster Linie an den bilanziellen Vorgaben des potentiellen Kreditnehmers. Die Fragen nach Zahlungsfähigkeit und Überschuldung bleiben also weiterhin virulent. Der Vorteil besteht aber darin, daß es hier den Marktkräften überlassen bleibt, das letzte Wort über die wirtschaftliche Situation des betreffenden Unternehmens zu sprechen.

Dennoch spricht einiges gegen eine solche Fortführungsmöglichkeit bei persönlicher Haftung. Für den Unternehmer würde sie sich wahrscheinlich nicht selten als fatale Falle entpuppen. Ohne den Beruhigungseffekt eines Insolvenzverfahrens wird der krisenbelastete Unternehmer die Tragweite einer Entscheidung, nun mit persönlichem Haftungsrisiko fortzufahren, häufig nicht abschätzen können. Die Folge wäre der totale Zusammenbruch. Ist bei ihm persönlich nichts zu holen, wäre das Ende vom Lied wiederum die masselose Insolvenz. Wir wären keinen Schritt weiter auf unserem Weg zu höheren Befriedigungsquoten. Gelingt es hingegen tatsächlich, die Attraktivität des Insolvenzverfahrens für den Schuldner zu erhöhen, ist fraglich, ob es einer Alternative in der soeben aufgezeigten Art überhaupt bedarf. Kann sich der Schuldner im Rahmen eines Insolvenzverfahrens der Unterstützung seitens eines kompetenten Insolvenzverwalters sicher sein, wird der Weg zum Insolvenzgericht bestimmt wesentlich früher gegangen werden. Im Interesse aller Beteiligten wäre dies wohl der beste Weg.

---

[980] 2. Teil, IV. 2. a), (d).
[981] Roth, S. 182 ff.
[982] In diesem Sinne auch Ransiek, S. 397.

5. Teil: Zusammenfassung

Das Sozialversicherungsaufkommen stellt einen bedeutenden volkswirtschaftlichen Faktor dar. Für das Funktionieren unserer Gesellschaftsordnung spielt die soziale Absicherung des einzelnen eine große Rolle. Mehr oder weniger seit Einführung eines organisierten Sozialversicherungssystems unter Bismarck ist man sich über die Wichtigkeit der Erhaltung des Sozialversicherungsaufkommens bewußt. Es gilt deshalb heute weitgehend uneingeschränkt als schützenswertes Rechtsgut. Der Straftatbestand des Vorenthaltens der Sozialversicherungsbeiträge kann diesen Schutz allerdings nicht gewähren.

Typischerweise tritt das Vorenthalten der Sozialversicherungsbeiträge in der Insolvenz des Arbeitgebers auf. Es handelt sich bei § 266 a Abs. 1 StGB um eine Insolvenzstraftat im weiteren Sinne. Die GmbHs haben sich als besonders anfällig für Insolvenzen erwiesen. Die Insolvenz stellt sowohl die Wirtschaftswissenschaften als auch die Rechtswissenschaften vor erhebliche Probleme. Die Feststellung der Zahlungsunfähigkeit und der Überschuldung sind nicht einfach. Sollen an diese Insolvenztatbestände zudem Strafbarkeiten angeknüpft werden, ist eine Kollision mit dem strafrechtlichen Bestimmtheitsgebot unvermeidlich.

Ist die wirtschaftliche Krise unzweifelhaft gegeben, wird es dem Unternehmer meist sowohl rechtlich als auch tatsächlich unmöglich sein, die Beiträge an die Sozialversicherung abzuführen. Der Unternehmer wird zu normgemäßem Verhalten nicht fähig sein. Mangels Vorrangigkeit der Sozialversicherungsbeiträge kann es selbst durch die Vorverlagerung der Strafbarkeit über die Rechtsfigur der omissio libera in causa nicht zu einer Verurteilung nach § 266 a Abs. 1 StGB kommen. Die GmbH sieht sich in der Insolvenz einer ausweglosen Normenkollision gegenüberstehen. Es kann von dem Unternehmer in dieser Situation nicht verlangt werden, dem Zahlungsgebot des § 266 a Abs. 1 StGB nachzukommen. Daß dies auf die Präventionswirkung des Straftatbestands fatale Auswirkungen hat, liegt auf der Hand.

Ein Blick auf die gerichtlichen Entscheidungen zu § 266 a Abs. 1 StGB deutet klar darauf hin, daß es dabei nur um die Herleitung einer zivilrechtlichen Haftung geht. Sie ergehen von Zivilgerichten, in dem § 266 a Abs. 1 StGB in Verbindung mit § 823 Abs. 2 BGB als Schutzgesetz verwendet wird. Die Geschäftsführer der GmbH werden über § 14 StGB in Anspruch genommen. Der ohnehin bedenkliche Zustand einer Strafbarkeitsausweitung über § 14 StGB wird hier zudem noch mit zivilrechtlichen Konsequenzen belegt. Das Strafrecht bzw. § 266 a Abs. 1 StGB fungiert als Krücke zur Durchsetzung anderweitiger Ansprüche. Bedenkt man, daß die Präventionswirkung des § 266 a Abs. 1 StGB gegen Null geht, spricht alles für seine Abschaffung.

Da das Vorenthalten vor allen Dingen in der Insolvenz auftritt, wird man einen hohen Schutzfaktor des Sozialversicherungsaufkommens allein durch die Vermeidung von Insolvenzen bewirken können. Grundsätzlich ist dies auf zwei Arten möglich: Erstens durch Insolvenzprophylaxe, das heißt, die Entstehung einer insolvenzähnlichen Situation sollte von vornherein vermieden werden. Zweitens durch effizientes Insolvenzmanagement, das heißt, das Unternehmen überlebt die Insolvenz und wird nicht zerschlagen. Den Gläubigern bleibt ihr Schuldner erhalten.

Der Staat muß hier Anreize schaffen, daß diese Ziele erreicht werden. Die neue Insolvenzordnung geht sicherlich in die richtige Richtung. Sie reicht aber bei weitem noch nicht aus. Das Eigeninteresse des Schuldners an dem Insolvenzverfahren muß bestärkt werden. Je früher das Insolvenzverfahren eröffnet wird, desto größer sind die Rettungsmöglichkeiten. Die Kompetenz eines krisenerfahrenen Insolvenzverwalters kann zudem erheblich dazu beitragen, daß die Zerschlagung des Unternehmens vermieden wird. Für den Erfolg der Tätigkeit des Insolvenzverwalters ist aber ebenfalls eine frühe Eröffnung notwendig. Eine frühzeitige Verfahrenseröffnung wird man jedoch nicht erreichen können, wenn über dem Schuldner ständig das Damoklesschwert der Strafbarkeit schwebt. Eine Entkriminalisierung in diesem Bereich ist also im Interesse aller.

Freilich sind die Gefahren, die mit der Unternehmensführung verbunden sind, nicht einfach der Allgemeinheit aufzubürden. Eine gerechte Risikoverteilung muß hier bewirkt werden. Mit der größeren Flexibilität des Zivilrechts wird dies besser zu bewerkstelligen sein als mit Hilfe des starren Strafrechts. Die Entscheidung für oder gegen die Fortführung des Unternehmens in der Krise sollte beim Unternehmer belassen werden, nur eben mit einer neuen Risikoneuverteilung.

Das Sozialversicherungsaufkommen konnte mit Hilfe des § 266 a Abs. 1 StGB nicht ausreichend geschützt werden. Stimuliert man die zivilrechtliche Kreativität, indem das Strafrechts zurückgedrängt wird, im konkreten Fall also durch die Abschaffung des § 266 a Abs. 1 StGB, sind die Chancen für einen besseren Rechtsgüterschutz exzellent. Man muß nur den Mut dazu haben.

Literaturverzeichnis

Achenbach, Hans:
Das Zweite Gesetz zur Bekämpfung der Wirtschaftskriminalität, NJW 1986, S.1835 ff.

Achinger, Hans:
Sozialpolitik als Gesellschaftspolitik, 2. Aufl., Frankfurt am Main 1971.

Ackermann, Bruni:
Die Strafbarkeit juristischer Personen im deutschen Recht und in ausländischen Rechtsordnungen. Frankfurt am Main, etc. 1984.

Albrecht, Peter-Alexis; Hassemer, Winfried; Voß, Michael:
Rechtsgüterschutz durch Entkriminalisierung, Baden-Baden 1992.

Albrecht, Peter-Alexis:
Entkriminalisierung als Gebot des Rechtsstaats, KritV 1996, S. 330 ff.

Albrecht, Peter-Alexis; Braum, Stefan:
Defizite europäischer Strafrechtsentwicklung, KritV 1998, S. 460 ff.

Arzt, Gunther, Weber, Ulrich:
Strafrecht, Besonderer Teil, LH2, Delikte gegen die Person (Randbereich), Schwerpunkt: Gefährdungsdelikte, Bielefeld 1983 (zit.: LH 2).

dies.:
Strafrecht, Besonderer Teil, LH 3, Vermögensdelikte (Kernbereich), 2. Aufl., Bielefeld 1986 (zit. LH 3).

dies.:
Strafrecht, Besonderer Teil, LH 4, Wirtschaftsstraftaten, Vermögensdelikte (Randbereich), Fälschungsdelikte, 2. Auflage, Bielefeld 1989 (zit.: LH 4).

Balz, Manfred:
Die Ziele der Insolvenzordnung, Kölner Schrift zur Insolvenzordnung, S. 3 ff., Herne, Berlin, 1997.

Baumann, Jürgen:
Über die notwendigen Veränderungen im Bereich des Vermögensschutzes, JZ 1972, S. 1 ff.

ders.:
Grundbegriffe und System des Strafrechts, 5. Aufl., Stuttgart, etc. 1979 (zit.: Grundbegriffe).

Baumann, Jürgen; Weber, Ulrich; Mitsch, Wolfgang:
Strafrecht, Allgemeiner Teil, 10. Aufl., Bielefeld 1995.

Baumbach, Adolf; Hueck, Alfred:
GmbH-Gesetz, 16. Aufl., München 1996 (zit.: Baumbach/Hueck-Bearbeiter).

Baumgarte, Christian:
Die Mitteilungen in Zivilsachen (MiZi) als Erkenntnisquelle für die Strafverfolgungsbehörden in Wirtschaftsstrafverfahren, wistra 1991, S. 171 ff.

Bente, Ulrich:
Die Strafbarkeit des Arbeitgebers wegen Beitragsvorenthaltung und Veruntreuung von Arbeitsentgelt (§ 266 a StGB), Frankfurt am Main 1992 (zit.: Diss.).

ders.:
Strafbarkeit des Arbeitgebers gem. § 266 a StGB auch bei unterbliebener Lohnzahlung?, wistra 1992. S. 177 ff.

ders.:
Anmerkung zu OLG Celle Urteil, wistra 1996, S. 115 f.

ders.:
Anmerkung zu BGH Urteil, wistra 1997, S. 105 ff.

Bieneck, Klaus:
Die Zahlungseinstellung aus strafrechtlicher Sicht, wistra 1992, S. 89 ff.

Bittmann, Folker:
Zahlungsunfähigkeit und Überschuldung nach der Insolvenzordnung, wistra 1998, S 321 ff. und wistra 1999, S. 10 ff.

ders.:
Keine Strafbarkeit nach § 266 a Abs. 1 StGB ohne Lohnzahlung, wistra 1999, S. 441 ff.

Bleckmann, Albert:
Staatsrecht II – Die Grundrechte, 4. Aufl., Köln, etc. 1997.

Bork, Reinhard:
Einführung in das neue Insolvenzrecht, 2. Aufl., Tübingen 1998.

Bottke, Wilfried:
Standortvorteil Wirtschaftskriminalrecht: Müssen Unternehmen „strafmündig" werden?, wistra 1997, S. 241 ff.

Brender, Markus:
Die Neuregelung der Verbandstäterschaft im Ordnungswidrigkeitenrecht, Rheinfelden, etc. 1989.

Bruns, Hans-Jürgen:
Die Befreiung des Strafrechts vom zivilistischen Denken, Berlin 1938.

Busch, Richard:
Grundfragen der strafrechtlichen Verantwortlichkeit der Verbände, Leipzig 1933.

Bühler, Christoph:
Sozialversicherung und Strafrecht nach Inkrafttreten des Zweiten Gesetzes zur Bekämpfung der Wirtschaftskriminalität (2. WiKG), RV 1988, S. 86 ff.

Cahn, Andreas:
Die Haftung des GmbH-Geschäftsführers für die Zahlung von Arbeitnehmerbeiträgen zur Sozialversicherung, ZGR 1998, S. 367 ff.

Canaris, Claus-Wilhelm:
Die Haftung für fahrlässige Verletzungen der Konkursantragspflicht nach § 64 GmbHG, JZ 1993, S. 649 ff.

Dierlamm, Alfred:
Der faktische Geschäftsführer im Strafrecht – ein Phantom?, NStZ 1996, S. 153 ff.

Doehring, Carl:
Insolvenzen und Wirtschaftskriminalität im Blickfeld neuerer statistischer Daten, KTS 1986, S. 623.

ders.:
Statistische Ergebnisse von Insolvenzen in der Hochkonjunktur, KTS 1991, S. 55 ff.

Dörner, Wolfgang:
Die Unternehmensbewertung, Wirtschaftsprüfer-Handbuch 1985/86, Band I, S. 1053 ff., 9. Aufl., Düsseldorf 1985.

Drukarczyk, Jochen; Schüler, Andreas:
Zahlungsunfähigkeit, drohende Zahlungsunfähigkeit und Überschuldung als Insolvenzauslöser, Kölner Schrift zur Insolvenzordnung, S. 57 ff., Herne, Berlin, 1997.

Eichenhofer, Eberhard:
Sozialrecht, 2. Aufl., Tübingen 1997.

Eidam, Gerd:
Straftäter Unternehmen, München 1997.

Eidenmüller, Horst:
Unternehmenssanierung zwischen Markt und Gesetz, Köln 1999.

Eisenberg, Ulrich:
Kriminologie, 4. Aufl., Köln, etc. 1995.

Entwurf eines Gesetzes zur Bekämpfung der Unternehmenskriminalität, in Deutsche Wiedervereinigung: Die Rechtseinheit/Arbeitskreis Strafrecht, Bd. III, Unternehmenskriminalität, Köln, etc., 1996, S. 143 ff. (zit.: Entwurf zur Bekämpfung der Unternehmenskriminalität)

Eucken, Walter:
Grundsätze der Wirtschaftspolitik, 6. Aufl., Tübingen 1990.

Fichte, Johann Gottlieb:
Grundlage des Naturrechts, nach Prinzipien der Wissenschaftslehre, 3. Nachdruck, Hamburg 1979.

Figge, Gustav:
Sozialversicherungs-Handbuch für die Praxis, 8. Aufl., Köln 1994.

Fischer, Thomas:
Anmerkung zu OLG Düsseldorf Urteil, WiB 1997, S. 923.

Fisseler, Markus:
Die Strafbarkeit der Nichtzahlung von Beiträgen zur sozialen Sicherung, Würzburg 1985.

Flume, Werner:
Allgemeiner Teil des Bürgerlichen Rechts, Bd. 1./2., Die juristische Person, Berlin, etc. 1983.

Franzheim, Horst:
Das Tatbestandsmerkmal der Krise im Bankrottstrafrecht, NJW 1980, S. 2500 ff.

Freisler, Roland:
Zur Befreiung des Rechtsdenkens, DJ 1936, S. 1568 ff.

Fritz, Hans-Joachim:
Die Selbstanzeige im Beitragsstrafrecht gemäß § 266 a Absatz 5 StGB, Regensburg 1997.

Gärtner, Rudolf:
Substanzerhaltung und Wirtschaftsaufsicht, BB 1971, S. 499 ff.

Gemeinschaftskommentar zum Kündigungsschutzgesetz und zu sonstigen kündigungsschutzrechtlichen Vorschriften, 5. Aufl, Neuwied, Kriftel 1998 (zit.: KR-Bearbeiter).

Gerhardt, Walter:
Aspekte zur Wechselwirkung zwischen Konkursrecht und Wirtschaftsleben, Festschrift für Friedrich Weber, S. 181 ff, Berlin, New York 1975.

Gierke, Otto von:
Das Wesen der menschlichen Verbände, Nachdruck, Darmstadt 1954.

Gitter, Wolfgang:
Sozialrecht, 4. Aufl., München 1996.

Groß, Paul J.:
Sanierung durch Fortführungsgesellschaften, 2. Aufl., Köln 1988.

Grub, Volker; Rinn, Katja:
Die neue Insolvenzordnung – ein Freifahrschein für Bankrotteure, ZIP 1993, S. 1583 ff.

Günther, Klaus:
Von der Rechts- zur Pflichtverletzung. Ein „Paradigmawechsel" im Strafrecht?, in: Vom unmöglichen Zustand des Strafrechts, S. 445 ff., Frankfurt am Main 1995 (zit.: Von der Rechts- zur Pflichtverletzung).

Haack, Michael:
Überschuldung – ein deskriptives Tatbestandsmerkmal?, NJW 1981, S. 1353.

Hachenburg, Max:
Gesetz betreffend die Gesellschaften mit beschränkter Haftung, 8. Aufl., Berlin, New York, Bd. 1, §§ 1-34, 1992; Bd. 2, §§ 35 – 52, 1997; Bd. 3, §§ 53 – 85, 1997 (zit.: Hachenburg-Bearbeiter).

Häsemeyer, Ludwig:
Insolvenzrecht, 1. Aufl., Köln, etc. 1992 (zit.: 1. Auflage).

ders.:
Insolvenzrecht, 2. Aufl., Köln, etc. 1992.

Haffke, Bernhard:
Symbolische Gesetzgebung? Das Wirtschaftsstrafrecht in der Bundesrepublik Deutschland, KritV 1991, S. 165 ff.

Hamm, Rainer:
Auch das noch: Strafrecht für Verbände, NJW 1998, S. 662 f.

Handbuch des Staatsrechts der Bundesrepublik Deutschland , Bd. VI., Freiheitsrechte, Heidelberg 1989 (zit.: Handbuch des Staatsrechts).

Harneit, Paul:
Überschuldung und erlaubtes Risiko, Köln 1984.

Harriehausen, Gerhard:
Spezialprävention, Handwörterbuch des Wirtschafts- und Steuerstrafrechts, 3.. Ergänzungslieferung, Heidelberg 1988.

Hartung, Wolfgang:
Probleme bei der Feststellung der Zahlungsfähigkeit, wistra 1997, S. 1 ff.

Hassemer, Winfried:
Generalprävention, in Hassemer, Winfried; Lüderssen, Klaus; Naucke, Wolfgang: Hauptprobleme der Generalprävention, Frankfurt am Main 1979 (zit.: Generalprävention).

ders.:
Symbolisches Strafrecht und Rechtsgüterschutz, NStZ 1989, S. 553 ff.

Heidelberger Kommentar zur Insolvenzordnung, Heidelberg 1999 (zit.: HK-Bearbeiter).

Heine, Günter:
Die strafrechtliche Verantwortlichkeit von Unternehmen; Baden-Baden 1995.

Heinsius, Theodor:
Das Unternehmen in der Krise – Probleme der Insolvenzvermeidung aus rechtsvergleichender Sicht , in Birk, Rolf; Kreuzer, Karl: Das Unternehmen in der Krise, Probleme der Insolvenzvermeidung aus rechtsvergleichender Sicht, S. 147 ff., Frankfurt am Main 1986.

Hellmann, Uwe:
Anmerkung zu BGH Urteil, JZ 1997, S. 1005 ff.

Herzog, Felix:
Nullum Crimen Sine Periculo Sociali oder Strafrecht als Fortsetzung der Sozialpolitik mit anderen Mitteln, in Klaus Lüderssen; Cornelius Nestler-Tremel; Ewa Weigend: Modernes Strafrecht und ultima-ratio-Prinzip, Frankfurt am Main, etc. 1990 (zit.: Strafrecht als Sozialpolitik).

ders.:
Gesellschaftliche Unsicherheit und strafrechtliche Daseinsvorsorge, Heidelberg 1991 (zit.: Daseinsvorsorge).

Hettinger, Michael:
Zur Strafbarkeit der „fahrlässigen actio libera in causa“, GA 1989, S. 1 ff.

Hill, Hermann:
Einführung in die Gesetzgebungslehre, Heidelberg 1982.

Hillenkamp, Thomas:
32 Probleme aus dem Strafrecht, Allgemeiner Teil, 9. Aufl., Neuwied, etc. 1999.

Hirsch, Hans-Joachim:
Die Frage der Straffähigkeit von Personenverbänden, Opladen 1993.

Hoffmann, Günther:
Zahlungsunfähigkeit und Zahlungseinstellung, MDR 1979, S. 713 ff.

Holzkämper, Volker:
Die Haftung des GmbH-Geschäftsführers für nicht abgeführte Beiträge zur Sozialversicherung und der Einwand der Zahlungsunfähigkeit der GmbH, BB 1996, S. 2142 ff.

Hommel, Jürgen:
Überschuldungsmessung nach neuem Insolvenzrecht: Probleme und Lösungsmöglichkeiten, ZfB 1998, S. 297 ff.

Hommelhoff, Peter:
Unternehmensführung in der mitbestimmten GmbH, ZGR 1978, S. 119 ff.

Hruschka, Joachim:
Extrasystematische Rechtfertigungsgründe, Festschrift für Eduard Dreher, S. 189 ff., Berlin 1977 (zit.: FS f. Dreher).

ders.:
Über Tun und Unterlassen und über Fahrlässigkeit, Festschrift für Paul Bockelmann, S. 421 ff., München 1979 (zit.: FS f. Bockelmann).

ders.:
Die actio libera in causa – speziell bei § 20 StGB mit zwei Vorschlägen für die Gesetzgebung, JZ 1996, S. 64 ff.

Jacobs, Otto H.:
Insolvenzprophylaxe und Reorganisationsverfahren, in Birk, Rolf; Kreuzer, Karl: Das Unternehmen in der Krise, Probleme der Insolvenzvermeidung aus rechtsvergleichender Sicht, S. 157 ff., Frankfurt am Main 1986.

Jakobs, Günther:
Strafrecht, Allgemeiner Teil, 2. Aufl., Berlin, New York 1991.

Jauernig, Othmar:
Zwangsvollstreckungs- und Insolvenzrecht, 21. Aufl., München 1999.

Jescheck, Hans-Heinrich; Weigend, Thomas:
Lehrbuch des Strafrechts, Allgemeiner Teil, 5. Aufl., Berlin 1996.

Kaiser, Günther:
Kriminologie. Eine Einführung in die Grundlagen, 9. Aufl., Heidelberg 1993 (zit.: Einführung).

ders.:
Kriminologie. Ein Lehrbuch, 3. Aufl., Heidelberg 1996 (zit.: Kriminologie).

Kant, Immanuel:
Metaphysik der Sitten, in zwei Teilen, Nachdruck der Ausgabe Königsberg, Nicolovius, 1797, Erlangen 1990.

Kaufmann, Arthur:
Das Schuldprinzip, 2. Aufl., Heidelberg 1976 (zit.: Schuldprinzip).

Kilger, Joachim:
Der Konkurs des Konkurses, KTS 1975, S. 142 ff.

Kleinknecht, Theodor; Meyer-Goßner, Lutz:
Strafprozeßordnung, 44. Aufl., München 1999.

Kloepfer, Michael:
Umweltrecht, 2. Aufl., München 1998.

Kölner Kommentar zum Aktiengesetz, 2. Aufl., Köln, etc.
Band 2, §§ 76 – 117 AktG, 1996 (zit.: Kölner Kommentar-Bearbeiter).

Kube, Edwin:
Prävention von Wirtschaftskriminalität, Wiesbaden 1984.

Kübler, Friedrich:
Gesellschaftsrecht, 5. Aufl., Heidelberg 1998.

Lackner, Karl; Kühl, Kristian:
Strafgesetzbuch, Kommentar, 22. Aufl., München 1997.

Larenz, Karl:
Methodenlehre der Rechtswissenschaft, 6. Aufl., Berlin, etc. 1991.

Leipold, Dieter; Favoccia, Daniela:
Die Reform des Insolvenzrechts auf dem Prüfstand der Dogmatik, in Leipold, Dieter: Insolvenzrecht im Umbruch, S. 273 ff., Köln, etc. 1991.

Leipziger Kommentar, Großkommentar zum Strafgesetzbuch, 11. Aufl., Berlin, New York 1992 ff. (zit.: LK-Bearbeiter).

Lenckner, Theodor:
Wertausfüllungsbedürftige Begriffe im Strafrecht und der Satz „nulla poena sine lege", JuS 1968, S. 304 ff.

Liebl, Karlhans:
Rechtsformen und Kriminalisierung, GmbHR 1983, S. 113 ff.

Liebs, Rüdiger:
Die Nichtbeachtung des Zahlungsverbots in der Krise des Unternehmens – zur Haftung der Geschäftsleitung und des Aufsichtsrats, Festschrift für Fritz Rittner, S. 369 ff. München 1991.

Liszt, Franz von:
Der Zweckgedanke im Strafrecht, ZStW Bd. 3 (1883), S. 1 ff.

Löwisch, Manfred:
Kommentar zum Kündigungsschutzgesetz, 7. Aufl., Heidelberg 1997.

Lüderssen, Klaus:
Der Begriff der Überschuldung in § 84 GmbHG, Gedächtnisschrift für Armin Kaufmann, S. 675 ff., Köln, etc. 1989 (zit.: Überschuldung).

ders.:
Die Krise des öffentlichen Strafanspruchs, Frankfurt am Main 1989 (zit.: Krise des Strafanspruchs).

ders.:
Entkriminalisierung des Wirtschaftsrechts; Baden-Baden 1998 (zit.: Wirtschaftsrecht).

ders.:
Die Wiederkehr der „Befreiung des Strafrechts vom zivilistischen Denken" – eine Warnung, Festschrift für Ernst-Walter Hanack, S. 487 ff. Berlin, New York 1999 (zit.: FS f. Hanack).

Lutter, Marcus; Hommelhoff, Peter:
GmbH-Gesetz, Kommentar, 14. Aufl., Köln 1995.

Martens, Hans H.:
Zur Reform des Beitragsstrafrechts in der Sozialversicherung, wistra 1985, S. 51 ff.

ders.:
Das neue Beitragsstrafrecht der Sozialversicherung (§ 266 a StGB), wistra 1986, S. 154 ff.

Martens, Hans.H.; Wilde, Klaus:
Strafrecht und Ordnungsrecht in der Sozialversicherung, 4. Aufl., Sankt Augustin 1987.

Marxen, Klaus:
Die strafrechtliche Organ- und Vertreterhaftung – eine Waffe im Kampf gegen die Wirtschaftskriminalität, JZ 1988, S. 286 ff.

ders.:
Kurzkommentar zu OLG Frankfurt am Main, Urteil vom 09.12.1994 - 24 U 254/93, EWiR 1995, S. 391 f.

Matzen, Klaus:
Der Begriff der drohenden und eingetretenen Zahlungsunfähigkeit im Konkursstrafrecht, Baden-Baden 1993.

Maurach, Reinhart; Zipf, Heinz:
Strafrecht, Allgemeiner Teil, 8. Aufl., Heidelberg 1992.

Maydell, Bernd Baron von:
Die Rolle des Sozialrechts, in Birk, Rolf; Kreuzer, Karl: Das Unternehmen in der Krise, Probleme der Insolvenzvermeidung aus rechtsvergleichender Sicht, S. 115 ff., Frankfurt am Main 1986.

Meyer-Landrut, Joachim:
Überschuldung als Konkursgrund, Festschrift für Karlheinz Quack, Berlin, New York 1991.

Mohr, Randolf:
Bankrottdelikte und übertragende Sanierung, Köln 1993.

Moosmayer, Klaus:
Einfluß der Insolvenzordnung 1999 auf das Insolvenzstrafrecht, Dissertation, Pfaffenweiler 1997.

Müller-Gugenberger, Christian; Bieneck, Klaus:
Wirtschaftsstrafrecht, 3. Aufl., Münster, Köln 2000 (zit.: M-G-Bearbeiter).

Müller, Hans-Peter:
Bilanzierungsprobleme bei der Erstellung eines Überschuldungsstatus nach § 19 Abs. 2 InsO, Kölner Schrift zur Insolvenzordnung, S. 97 ff., Herne, Berlin 1997.

Müller, Rudolf; Wabnitz, Heinz-Bernd; Janovsky, Thomas:
Wirtschaftskriminalität, 4. Aufl., München 1997.

Münchener Kommentar zum Bürgerlichen Gesetzbuch, 3. Aufl., München, Bd. 5, §§ 705 – 853, 1997 (zit.: Münchener Kommentar-Bearbeiter).

Palandt, Otto:
Bürgerliches Gesetzbuch, 59. Aufl., München 2000 (zit.: Palandt-Bearbeiter).

Pape, Gerhard; Voigt, M.E. Joachim:
Die Haftung des GmbH-Geschäftsführers für nicht abgeführte Sozialversicherungsbeiträge der Arbeitnehmer, WiB 1996, S. 829 ff.

Pohl-Sichtermann, Rotraut:
Geldbuße gegen Verbände - § 26 OWiG -, Bochum 1974.

Ransiek, Andreas:
Unternehmensstrafrecht:: Strafrecht, Verfassungsrecht, Regelungsalternativen, Heidelberg 1996.

Reck, Reinhard:
Auswirkungen der Insolvenzordnung auf die Insolvenzverschleppung, Bankrottstraftaten, Betrug und Untreue, ZinsO 1999, S. 195 ff.

Reiß, Wolfram:
Besteuerungsverfahren und Strafverfahren, Köln 1987.

Renger, Walter:
Betrügerische Wirtschaftshandlungen und ihre Verfolgung vom Standpunkt des wirtschaftlichen Prüfungswesens, in Theodor Mommsen: Moderne Wirtschaftsdelikte, S. 67 ff., Lübeck 1954.

Reske, Winfried; Brandenburg, Achim; Mortsiefer, Hans-Jürgen:
Insolvenzursachen mittelständischer Betriebe, Göttingen 1976.

Rieger, Wilhelm:
Einführung in die Privatwirtschaftslehre, Nachdruck der Ausgabe Erlangen 1928, Erlangen 1964.

Riesenfeld, Stefan:
Das amerikanische Sanierungsverfahren – ein rechtsvergleichender Überblick -, KTS 1983, S. 85 ff.

Rönnau, Thomas:
Die Strafbarkeit des Arbeitgebers gemäß § 266 a I StGB in der Krise des Unternehmens, wistra 1997, S. 13 ff.

Rosin, Heinrich:
Das Recht der Arbeiterversicherung, 1. Bd., Berlin 1893.

Rotberg, Hans Eberhard:
Für Strafe gegen Verbände! Einige Grundsatzfragen, in Hundert Jahre deutsches Rechtsleben, Festschrift zum hundertjährigen Bestehen des Deutschen Juristentages 1860 – 1960, Band II, S. 193 ff., Karlsruhe 1960.

Roth, Günter H.:
Unterkapitalisierung und persönliche Haftung, ZGR 1993, S. 170 ff.

Rowedder, Heinz:
Gesetz betreffend die Gesellschaften mit beschränkter Haftung, 3. Aufl., München 1997 (zit.: Rowedder-Bearbeiter).

Roxin, Claus:
Strafrecht, Allgemeiner Teil, 3. Aufl., München 1997.

Schlüchter, Ellen:
Der Grenzbereich zwischen Bankrottdelikten und unternehmerischen Fehlentscheidungen, Tübingen 1977 (zit.: Bankrottdelikte).

dies.:
Die Krise im Sinne des Bankrottstrafrechts, MDR 1978, S. 265 ff.

dies.:
Zweites Gesetz zur Bekämpfung der Wirtschaftskriminalität, Heidelberg 1987 (zit.: 2. WiKG).

Schlosser, Peter:
Die Eröffnung des Insolvenzverfahrens, in Leipold, Dieter:: Insolvenzrecht im Umbruch, S. 9 ff., Köln, etc. 1991.

Schmidt, Eberhard:
Vergeltung, Sühne und Spezialprävention, ZStW Bd. 67 (1955), S. 177 ff.

Schmidt, Karsten:
Konkursantragspflichten bei der GmbH und bürgerliches Deliktsrecht, JZ 1978, S. 661 ff.

ders.:
Konkursgründe und präventiver Gläubigerschutz, AG 1978, S. 334 ff.

ders.:
Sinnwandel und Funktion des Überschuldungstatbestandes, JZ 1982, S. 165 ff.

ders.:
Insolvenzprophylaxe durch Wirtschaftsaufsicht?, DB 1982, S. 1044 ff.

ders.:
Das Insolvenzverfahren neuer Art, ZGR 1986, S. 178 ff.

ders.:
Gesellschaftsrecht, 3. Aufl., Köln, etc. 1997 (zit.: Gesellschaftsrecht).

Scholz, Franz:
Kommentar zum GmbH-Gesetz, Bd. 1, §§ 1-44, 8. Aufl. 1992; Bd. 2, §§ 45-85, 8. Aufl., Köln 1995 (zit.: Scholz-Bearbeiter).

Schünemann, Bernd:
Unternehmenskriminalität und Strafrecht, Köln, etc. 1979 (zit.: Unternehmenskriminalität).

ders.:
Alternative Kontrolle der Wirtschaftskriminalität, in Gedächtnisschrift für Armin Kaufmann, S. 629 ff. Köln, etc. 1989 (zit.: GS f. Kaufmann).

ders.:
Plädoyer zur Einführung einer Unternehmenskuratel, in Deutsche Wiedervereinigung: Die Rechtseinheit/Arbeitskreis Strafrecht, Bd. III, Unternehmenskriminalität, S. 129 ff., Köln, etc. 1996 (zit.: Unternehmenskuratel).

Schulin, Bertram:
Sozialrecht, 4. Aufl., Düsseldorf 1991 (zit.: Sozialrecht).

ders.:
Einführung in das Sozialgesetzbuch, 25. Aufl., München 1999 (zit.: Einführung).

Serick, Rolf:
Rechtsform und Realität juristischer Personen, 2. Aufl. Tübingen 1980.

Statistisches Bundesamt:
Strafverfolgung 1997, Wiesbaden 1999 (zit.: Strafverfolgungsstatistik).

Stein, Ursula:
Die Normadressaten der §§ 64, 84 GmbHG und die Verantwortlichkeit von Nichtgeschäftsführern wegen Konkursverschleppung, ZHR 148 (1984), S. 207 ff.

Stober, Rolf:
Allgemeines Wirtschaftsverwaltungsrecht, 11. Aufl., Stuttgart, etc. 1998.

Stürner, Rolf:
Möglichkeiten der Sanierung von Unternehmen durch Maßnahmen im Unternehmens- und Insolvenzrecht, ZIP 1982, S. 761 ff.

Stypmann, Rolf:
Statische oder dynamische Überschuldungskonzeption?, wistra 1985, S. 89 ff.

Systematischer Kommentar zum Strafgesetzbuch, 7. Aufl., Neuwied, Kriftel 1999.

Tag, Brigitte:
Das Vorenthalten von Arbeitnehmerbeiträgen zur Sozial- und Arbeitslosenversicherung, Heidelberg 1994 (zit.: Diss.).

ders.:
Anmerkung zu BGH Urteil, BB 1997, S. 1115 ff.

Terstegen, Otto:
Die sogenannte „Weiße-Kragen-Kriminalität" unter besonderer Berücksichtigung des Entwurfs, in Strafrechtspflege und Strafrechtsreform, S. 81 ff., Wiesbaden 1961.

Tettinger, Peter J.; Wank, Rolf:
Gewerbeordnung, 6. Aufl., München 1999.

Teubner, Gunther:
Recht als autopoietisches System, Frankfurt am Main 1989.

Tiedemann, Klaus:
Tatbestandsfunktionen im Nebenstrafrecht, Tübingen 1969 (zit.: Tatbestandsfunktionen).

ders.:
Wirtschaftsstrafrecht und Wirtschaftskriminalität, Band 1 und Band 2., Reinbek 1976 (zit.: Bd. 1; Bd. 2).

ders.:
Grundfragen bei der Anwendung des neuen Konkursstrafrechts, NJW 1977, S. 777 ff.

ders.:
Handelsgesellschaften und Strafrecht: Eine vergleichende Bestandsaufnahme, Festschrift für Thomas Würtenberger, S. 241 ff. Berlin 1977 (zit: FS f. Würtenberger).

ders.:
Auslegung, Handwörterbuch des Wirtschafts- und Steuerstrafrechts, 1. Ergänzungslieferung, Heidelberg 1986 (zit.: Auslegung).

ders.:
Die „Bebußung" von Unternehmen nach dem 2. Gesetz zur Bekämpfung der Wirtschaftskriminalität, NJW 1988, S. 1169 ff.

ders.:
Wirtschaftsstrafrecht – Einführung und Übersicht, JuS 1989, S. 689 ff.

ders.:
Strafrecht in der Marktwirtschaft, Festschrift für Walter Stree und Johannes Wessels, S. 527 ff., Heidelberg 1993 (zit.: Strafrecht in der Marktwirtschaft).

ders.:
Kommentar zum GmbH-Strafrecht, 3. Aufl., Köln 1995 (zit.: GmbH-Strafrecht).

ders.:
Insolvenz-Strafrecht, 2. Aufl., Berlin, New York 1996 (zit.: Insolvenz-Strafrecht).

Tröndle, Herbert; Fischer, Thomas:
Strafgesetzbuch, 49. Aufl., München 1999.

Uhlenbruck, Wilhelm:
Gesetzliche Konkursantragspflichten und Sanierungsbemühungen, ZIP 1980, S. 73 ff.

ders.:
Konkursantrag der Sozialversicherungsträger, Rpfleger 1981, S. 377 ff.

ders.:
Die Insolvenzrechtsreform – Notwendigkeit und Grenzen, Schimmelpfeng-Review, S. 46 ff., Nr. 31, 1983 (zit.: Insolvenzrechtsreform).

ders.:
Die GmbH & Co., KG in Krise, Konkurs und Vergleich, 2. Aufl., Köln 1988 (zit.: GmbH & Co. KG).

ders.:
Probleme des Eröffungsverfahrens nach dem Insolvenzrechts-Reformgesetz 1994, KTS 1994, S. 169 ff.

ders.:
Die neue Insolvenzordnung, GmbHR 1995, S. 81 ff.

ders.:
Strafrechtliche Aspekte der Insolvenzrechtsreform 1994, wistra 1996, S. 1 ff.

Ulmer, Peter:
Gesellschafterdarlehen und Unterkapitalisierung bei GmbH und GmbH & Co. KG, Festschrift für Konrad Duden, S. 661 ff., München 1977 (zit.: FS f. Duden).

ders.:
Die GmbH und der Gläubigerschutz, GmbHR 1984, S. 256 ff.

Volk, Klaus.
Zur Bestrafung von Unternehmen, JZ 1993, S. 429 ff.

Wank, Rolf:
Das Einbehalten von Sozialversicherungsbeiträgen, DB 1982, S. 645 ff.

Warrikoff, Alexander:
Die Möglichkeiten zum Unternehmenserhalt nach dem neuen Insolvenzrecht, KTS 1996, S. 489 ff.

Weber, Ulrich:
Konzeption und Grundsätze des Wirtschaftsstrafrechts (einschließlich Verbraucherschutz), ZStW 96 (1984), S. 376 ff.

ders.:
Das Zweite Gesetz zur Bekämpfung der Wirtschaftskriminalität (2. WiKG), NStZ 1986, S. 481 ff.

Wegner, Carsten:
Neue Fragen bei § 266 a Abs. 1 StGB – eine systematische Übersicht, wistra 1998, S. 283 ff.

Weisemann, Ulrich:
Geschäftsführerhaftung für fällige Sozialversicherungsbeiträge, NZA 1996, S. 199 ff.

Welzel, Hans:
Das deutsche Strafrecht, 11. Aufl., Berlin 1969.

Willoweit, Dietmar:
Deutsche Verfassungsgeschichte, 3. Aufl., München 1997.

Winkelbauer, Wolfgang:
Die strafbefreiende Selbstanzeige im Beitragsstrafrecht (§ 266 a Abs. 5 StGB), wistra 1988, S. 16 ff.

Wöhe, Günter:
Einführung in die Allgemeine Betriebswirtschaftslehre, 19. Aufl., München 1996.

Wüst, Günther:
Das Problem des Wirtschaftens mit beschränkter Haftung, JZ 1992, S. 710 ff.

Zacher, Hans F.:
Abhandlungen zum Sozialrecht, Heidelberg 1993.

Zöllner, Wolfgang:
100 Jahre GmbH, JZ 1992, S. 381 ff.

Peter Lang · Europäischer Verlag der Wissenschaften

Stephanie Puls

Dagobert Duck und die *Luxemburg-Sparer*

Zugleich eine Untersuchung zu den vorgeleisteten Begünstigungen durch neutrale Handlungen

Frankfurt/M., Berlin, Bern, Bruxelles, New York, Oxford, Wien, 2001.
XXIV, 356 S.
Europäische Hochschulschriften: Reihe 2, Rechtswissenschaft. Bd. 3126
ISBN 3-631-37747-9 · br. DM 98.–*

Mit Einführung der Zinsabschlagsteuer transferierten zahlreiche Anleger unter Mitwirkung inländischer Kreditinstitute in großem Umfang Kapital zu ausländischen Finanzplätzen. Zum Teil handelte es sich hierbei um steuerunehrliche Anleger. Die Untersuchung geht der Frage nach, ob sich Bankmitarbeiter durch das Zurverfügungstellen eines speziellen und auf Verschleierung angelegten Transfersystems wegen Beihilfe zur Steuerhinterziehung strafbar gemacht haben. Im Zentrum steht die Problematik der Beihilfe in Gestalt vorgeleisteter Begünstigungen durch neutrale und berufstypische Handlungen. Die Autorin bejaht die Beihilfestrafbarkeit unter bestimmten Voraussetzungen. Daneben werden die stattgefundenen Bankendurchsuchungen und Beschlagnahmen auf ihre strafprozessuale Zulässigkeit hin untersucht.

Aus dem Inhalt: Steuerrechtlicher Hintergrund der Kapitalverlagerungen · Übersicht über das Transfersystem · Verantwortlichkeit der Mitarbeiter der Kreditinstitute · Rechtmäßigkeit der Durchsuchungen und Beschlagnahmen

FSC
www.fsc.org
MIX
Papier | Fördert gute Waldnutzung
FSC® C083411

Kolibri 360 GmbH
Ferdinand-Jühlke-Straße 7
99095 Erfurt, Deutschland
produktsicherheit@kolibri360.de

Druck:
CPI Druckdienstleistungen GmbH
im Auftrag der
Kolibri 360 GmbH
Ferdinand-Jühlke-Str. 7
99095 Erfurt